传统文化涵养大学生价值观论丛

# 孟子 十二讲

汪荣有 主编

沈 薇 著

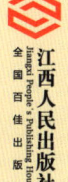

江西人民出版社
Jiangxi People's Publishing House
全国百佳出版社

图书在版编目（CIP）数据

《孟子》十二讲 / 汪荣有主编 . — 南昌：江西人民出版社，2020.6

（传统文化涵养大学生价值观论丛）

ISBN 978-7-210-11916-6

Ⅰ . ①孟… Ⅱ . ①汪… Ⅲ . ①儒家②《孟子》—研究 Ⅳ . ① B222.55

中国版本图书馆 CIP 数据核字（2020）第 005758 号

《孟子》十二讲

汪荣有 主编　沈薇 著

**策划组稿**：王一木
**责任编辑**：张志刚
**封面设计**：上尚设计
**出版发行**：江西人民出版社
**经　　销**：各地新华书店
**地　　址**：江西省南昌市三经路 47 号附 1 号
**编辑部电话**：0791-88612505
**发行部电话**：0791-86898815
**邮　　编**：330006
**网　　址**：www.jxpph.com
E-mail：jxpph@tom.com　web@jxpph.com
2020 年 6 月第 1 版　2020 年 6 月第 1 次印刷
**开　　本**：787 毫米 ×1092 毫米　1/16
**印　　张**：13.75
**字　　数**：225 千
ISBN 978-7-210-11916-6
**定　　价**：48.00 元
赣版权登字—01—2019—848
版权所有　侵权必究
**承印厂**：南昌市红星印刷有限公司
赣人版图书凡属印刷、装订错误，请随时向承印厂调换

# 序

习近平总书记强调：文化自信是更基础、更广泛、更深厚的自信。文化也是一个国家、一个民族的"根"与"魂"。中华优秀传统文化，"可以为治国理政提供有益启示，也可以为道德建设提供有益启发"，而"没有文明的继承和发展，没有文化的弘扬和繁荣，就没有中国梦的实现"。要大力弘扬和学习中国优秀传统文化，涵养当代青少年价值观，使他们成为全面发展、对社会有用的人才。

课题组立足新时代理论与实践，提出"以优秀传统文化涵养当代大学生价值观方法"的重大课题研究设想，并组建由五位博士构成的传统文化研究团队。方案以课题方式申报后，立刻引发省内专家高度重视，最终以重点项目资助形式对"以优秀传统文化涵养当代大学生价值观方法研究"（编号：JXJG-17-18-2）予以立项。课题无论基于理论或实践，在新的历史时期都具有重要理论与现实意义。

课题研究主要基于四大方面展开：第一是基础理论部分。理论部分主要立足校内公选课程，对授课教案进行学理提升，最终形成融趣味性、哲理性、时代性及政治性四个特色的《传统文化涵养大学生价值观论丛》，主要包括《〈论语〉十二讲》《〈中庸〉十二讲》《〈孟子〉十二讲》《〈老子〉十二讲》及《〈大学〉十二讲》。一方面是强化团队成员对经典的深入研究，同时通过教学方式展开，形成具有教学特色的理论著作，这是融合"教"与"学"相互提升的辩证过程，是打通高校教学与科研的重要尝试，具有典型示范意义。第二是实证分析部分。实证分析主要基于两大层面展开。第一，是对公选课程授课对象的调查与对比分析。主要是通过对授课对象进行两次调查，即授课前调查与授课后调查，授课前调查主要目的在于获取授课对象对传统文化认知的基础数据，分析把握其伦理认知特征；授课后调查则主要是在学期结束之后，以同一份问卷、对同一授课对象进行传统文化认知再调查，然后对两次调查数据进行对比分析，监测传统文化公选课开设的效果及问题，并根据结果进行策略式改良，为大学生传统文化教学提供认知数据库，进而对大学生传统文化"认知—行为"效果进行策略式的努力。第二，是通过更加完善的问卷对全国大学生进行传统文化"认知—行为"大调查，与第一次调查有所不同的是，第二次调查范围更广，包括年龄分布、地域分布、来源分布、专业分布等等，力求有所扩大，调查所获得的数据更加充分，也更具有普遍性意义，是对第一次特定对象调查的补充与扩展。第三是慕课部分。在微时代的今天，慕课是知识共享的最佳、也是最有效的方式之一。为进一步提升课题成果效果的转化，课题组设计了32讲慕课。其中，《论语》8讲，《大学》《中庸》《孟子》以及《道德经》各6讲。慕课内容讲解同样是依照趣味性、哲理性、时代性及政治性方案进行备课与讲解，为了播放、学习方便，课题组对慕课的每讲设计都力求精益求精，时间控制在10分钟左右。通过慕课方式一方面把传统经典形象化、知识化；另一方面也达到了高效传播、弘扬中国经典哲学的目的。第四是文化实践部分。从某种意义看，理论、慕课及实证分析都还是停留在认知层面，主要是通过理论方式弘扬中国优秀传统经典。然而，教育的目的不只是认识论意义层面，问题的关键则在于通过认知教育催生受众行动的自觉。传统文化教育只有让受教育者知行合一，才是真正成功的教育。正是基于这一理念，课题组专门设置了文化实践部分。第一，主要是通过课程实践方式，让授课学生进行传统文化项目实践，包括家书、诚信、爱国、敬老等等，使受教育者在接受认知教育的同时，也获得实践认知的机会，提升与巩固传统文化课堂的教育效果。第二，主要借助学校团委暑期下乡平台，进行更大层面、更深入的传统文化实践活动，如从宏观层面到曲阜孔子学院、河南鹿邑的老子故里进行传统文化认知与探访；从微观层面以"凡人善举的精神探访"为文化主题的"三下乡"暑期实践活动等等。一方面，在拓展、深化传统文化理论认知的同时，也让受众能够近距离接近经典、在日常实践中感悟经典，达到涵养价值观的目的。

　　本次集中出版的《传统文化涵养大学生价值观论丛》从不同层面对中国传统经典进行了卓有成效的阐发，效果显著。在提升当代大学生价值认知的同时，也在一定意义上促进了团队成员学术水准的提升，真正达到了教学相

长、互通有无，对教学与学科建设都具有双重意义。团队成员先后发表与传统文化教育、教学的高质量论文多篇，其中多篇被相关微信平台转载以后，在学生中反响很大！其中，《〈论语〉十二讲》重点分析了《论语》中的"君子"思想，尽力还原孔子所阐述的"君子"这一人物形象的道德人格特征。在掌握当代大学生道德人格现状、成因基础上，探寻当代大学生道德人格培育与孔子"君子"理想的契合点，从实践层面为塑造大学生健康的道德人格提出合理化建议，为高校开展大学生的道德人格教育工作提供有益借鉴。课程紧密结合大学生道德人格缺失的典型案例，从家庭教育、学校教育及个人主观能动性发挥三个方面分析大学生道德人格缺失的主要成因，重新审视当前大学生在道德人格方面存在的主要问题，从生活教育视角为当代大学生价值观培育提出合理化建议。《〈老子〉十二讲》立足中国优秀传统文化经典之《道德经》，紧密联系当代大学生生活实践，以人所熟知的成语为突破口，深刻阐述老子的"道"、"德"智慧。讲解思路力求依照成语本义、道德释义、经典案例、生活启迪几个部分展开，尽最大努力做到学理研究与实践智慧的统一、传统经典与意识形态的统一、理论阐发与价值凝练的统一，使《道德经》课程真正成为高校思想政治理论课、人文素质拓展课、人生价值指导课沟通的桥梁与纽带。《〈孟子〉十二讲》立足传统经典《孟子》，从"生命教育"入手，涵养当代大学生价值观。阐发主线是：自然生命—精神生命—社会生命。其中，孟子的自然生命观旨在教育当代大学生要珍爱生命、认识死亡；孟子的精神生命观主要是教育当代大学生要知道孝悌感恩、自我反省；孟子的社会生命观则包含群体生命和个体生命两部分，群体生命观教育突出当代大学生要明晓"和谐共生"，而个体生命观教育则凸显大学生的"自知之明"，要求大学生具有感悟自身角色定位的能力，达到人与自然及社会的和谐。《〈中庸〉十二讲》立足传统经典《中庸》，基于日常生活实践，涵养当代大学生价值观。课程将首先采用大规模、有针对性的数据调研，通过详细材料分析，力图准确把握当前大学生"意志软弱"问题，掌握该群体思想发展态势；其次，挖掘《中庸》思想内涵，辩证把握其对当下社会生活的影响；再次，重点梳理中西方人格理论的产生及发展，力争对大学生人格完善予以理论上的借鉴与指导；最后，在有针对性的论述中提出中庸思想对大学生人格完善的借鉴措施，进而提出当代大学生人格完善的具体方法。《〈大学〉十二讲》立足传统经典《大学》，分别从原典、释意、解读三个方面做了详细的注解和阐释。紧紧围绕《大学》的"三纲八目"，阐述如何造就大人格、大能力、大生活的学问。对内，提高当代大学生个人的道德修养，成就高尚人格；对外，指导性地提出为人处世的方式方法。课程强调知识传授与能力提升相结合；人文精神与科学精神相结合；传统文化与当代生活相结合，让《大学》所提出的"修身齐家治国平天下"的精神成为当代大学生人生路上的最佳指引。总之，《传统文化涵养大学生价值观论丛》立足中华优秀传统经典，基于生活教育涵养当代大学生价值观，立足传统智慧，阐发当前社会多元、多样、多变特色，突出市场经济条件下的物化与金钱化对当代大学生价值观的消极影响，通过对经典文本梳理，汲取精华，特别是其中关于人格的修养理论、修养方法及修养途径，对大学生健康成长和全面发展大有裨益。

毋庸置疑，《传统文化涵养大学生价值观论丛》五个分册立足马克思主义立场、观点和方法，深入挖掘优秀传统文化中蕴含的思想政治教育资源，丰富拓展了高校思想政治理论课教学内容与教学方式，增强了高校思想政治理论课的吸引力，在提升教师队伍素质的同时，在很大程度上增强了思政课教育的感召力。同时，《传统文化涵养大学生价值观论丛》立足公选课教学，辅之以慕课视频教学，对思政课教学方法创新、增强课程教学的灵活性也具有重要推动作用。多层次的立体教学方式培育了优秀团队，也推动了学科发展。

《诗经》云："如切如磋，如琢如磨。""以优秀传统文化涵养当代大学生价值观方法研究"课题从开始方案设计到最后各种成果的完成，凝聚了汪荣有副校长及团队成员太多心血！我们期待课题相关成果面世后，能使学习者有所收益！又由于这是一个重大时代议题，若有阐发不当，也期待大家进一步批评与指正！

"雄关漫道真如铁，如今迈步从头越！"我们正在努力，我们必须努力！

"以优秀传统文化涵养当代大学生价值观方法研究"课题组<br>
二〇二〇年四月

# 目录

## 第一讲 孟子其人

第一节　可靠典籍中的孟子　　2
第二节　孟母教子　　5
第三节　古代贤达眼中的孟子　　10
第四节　孟子的伟大之处　　13

## 第二讲 《孟子》七篇

第一节　《孟子》精髓　　18
第二节　《孟子》的行文特征　　22
第三节　如何读《孟子》　　25

## 第三讲 人性之争

第一节　告子和孟子之辩　　32
第二节　荀子和"人性本恶"论　　39

# 第四讲
# 人性本善

第一节　四端之心　　　　　　　　　　44
第二节　人性本善　　　　　　　　　　50

# 第五讲
# 立志励志

第一节　人生当立志　　　　　　　　　60
第二节　人生须励志　　　　　　　　　63

# 第六讲
# 浩然之气

第一节　善养吾浩然之气　　　　　　　76
第二节　浩然之气的历史传承　　　　　81

# 第七讲
# 君子三乐

第一节　亲情之乐　　　　　　　　　　92
第二节　问心无愧之乐　　　　　　　　98
第三节　教育之乐　　　　　　　　　　103
第四节　快乐的内涵　　　　　　　　　113

## 第八讲
## 以义为利

| 第一节 义利之辨 | 120 |
| --- | --- |
| 第二节 孟子"义利之辨"的整体解读 | 123 |
| 第三节 以义为利 | 129 |

## 第九讲
## 既仁且智

| 第一节 仁者无敌 | 134 |
| --- | --- |
| 第二节 人生的境界智慧 | 144 |
| 第三节 知人者智 | 151 |

## 第十讲
## 《孟子》与儒家

| 第一节 儒分为八 | 160 |
| --- | --- |
| 第二节 《孟子》与四书 | 169 |
| 第三节 《孟子》与十三经 | 175 |
| 第四节 《孟子》与心学 | 178 |

## 第十一讲
## 孟子与当今社会

| 第一节 孟子安身立命思想与社会主义核心价值观 | 184 |
| --- | --- |
| 第二节 孟子民本思想与社会主义生态文明建设 | 187 |
| 第三节 孟子修身思想与党的建设 | 192 |

# 第十二讲
## 孟子与当代大学生

第一节　"反身以诚"与大学生诚信意识　　198
第二节　推己及人与大学生利他精神　　201
第三节　舍生取义与大学生正确价值观的养成　　203
第四节　耻感教育与大学生良好心态的建立　　205
第五节　反求诸己与大学生自我批评意识的形成　　207
第六节　孟子生命观与大学生生命教育　　208

后记　　212

# 第一讲 孟子其人

中华文化强调"民为邦本""天人合一""和而不同",强调"天行健,君子以自强不息""大道之行也,天下为公";强调"天下兴亡,匹夫有责",主张以德治国、以文化人;强调"君子喻于义""君子坦荡荡""君子义以为质";强调"言必信,行必果""人而无信,不知其可也";强调"德不孤,必有邻""仁者爱人""与人为善""己所不欲,勿施于人""出入相友,守望相助""老吾老以及人之老,幼吾幼以及人之幼""扶贫济困""不患寡而患不均",等等。像这样的思想和理念,不论过去还是现在,都有其鲜明的民族特色,都有其永不褪色的时代价值。这些思想和理念,既随着时间推移和时代变迁而不断与时俱进,又有其自身的连续性和稳定性。我们生而为中国人,最根本的是我们有中国人的独特精神世界,有百姓日用而不觉的价值观。我们提倡的社会主义核心价值观,就充分体现了对中华优秀传统文化的传承和升华。

——习近平总书记在北京大学师生座谈会上的讲话,2014.5.4

## 第一节　可靠典籍中的孟子

除了"至圣"孔子，儒家被尊为"圣人"的有好几位，孔门七十二贤之首的颜回被推为"复圣"，曾子称过"宗圣"，子思被尊为"述圣"。然而，经过历史的沉淀、选择，冠之以"亚圣"之名的是孟子。罗贯中在《三国演义》第六十回中写道："松闻曹丞相文不明孔孟之道，武不达孙吴之机，专务强霸而居大位，安能有所教诲，以开发明公耶？"[①]两宋之后，世人更是常用"孔孟之道"指代儒家学说，到今日已成约定俗成的习惯。

### 一、司马迁笔下的孟子

孟子是后世之人对他的尊称，本名孟轲，中国历史上伟大的思想家、哲学家、政治家、教育家，生活在距今约2000多年的战国中期。具体的出生时间一般认为在公元前380年前后，卒于公元前300年左右，享年约80岁。（还有一种说法，称其生卒年为公元前327—前289年；有说为公元前385年—前304年）这都是后人们的考证推测。我们可以肯定的是，他在距离孔子家乡曲阜很近的邹地（今山东邹城市）出生，距孔子逝世已超过一百年，他们并非一个时代的人。

关于孟子的生平，目前最可靠的典籍是《史记·孟子荀卿列传》。鲁迅先生称《史记》是"史家之绝唱，无韵之离骚"，盛赞司马迁的历史智慧和文学功底。他仅用一百四十字便简单清晰透彻地勾勒出孟子的生平：

"孟轲，驺人也。受业子思之门人。道既通，游事齐宣王，宣王不能用。适梁，梁惠王不果所言，则见以为迂远而阔於事情。当是之时，秦用商君，富国强兵；楚、魏用吴起，战胜弱敌；齐威王、宣王用孙子、田忌之徒，而诸侯东面朝齐。天下方务于合纵连衡，以攻伐为贤，而孟轲乃述唐、虞、三代之德，是以所

---

[①] 罗贯中：《三国演义》，人民文学出版社，2006年版。

如者不合。退而与万章之徒序《诗》《书》，述仲尼之意，作《孟子》七篇。"①

太史公开门见山，明确了孟子的名字是轲，邹国人（今山东邹城）。后面讲他"受业子思之门人"，这是肯定孟子所继承的是儒家学说，孟子的老师应为子思的弟子或再传弟子，与孔子有很深的渊源。

"道既通"，是说孟子天赋极佳，又通过后天的刻苦钻研，学业上有所成，贯通了儒家之道。再后面介绍的是孟子学成之后所进行的政治活动，即游历诸国，说服那些国家的君主，理解自己的政治理念，并且自上而下地推行。这里我们一定要注意的是，孟子是真的想要救人民于水火之中，做官不是他的追求。事实上，他一生在齐国呆得最久，齐国办了一个叫稷下学宫的机构，在齐国的都城临淄，正对稷山的西南门附近，是齐王招揽人才，著书讲学的一个学术中心。儒、道、法、阴阳、五行等学派的著名学者都曾汇聚于此，他们一边布道讲学，一边著述育人。此外，稷下学宫还兼有政治咨议功能。

就儒学而言，曾在稷下学宫中有影响的儒家学者，有孟子。他曾长期活动在此，开坛讲学，但不是直接为官从政，更多的是以知识分子的姿态阐发和传播思想，向齐国国君建言献策。《盐铁论·论儒》中记："齐宣王褒儒尊学，孟轲、淳于髡之徒受上大夫之禄，不论职而论国事。盖齐稷下先生千有余人。"

"则见以为迂远而阔於事情"，国君们都很尊重孟子，觉得他学问好、德性好，他所到之处，礼节不失周到甚至隆重。但国君们又觉得孟子的那套政治理念不切合实际，没法助力他们称王称霸。司马迁评价孟子"所如者不合"，此处应为现代人所讲的格格不入、不合时宜之意。旅美著名学者黄仁宇在《孔孟》中谈到这个时代背景："孟子开始游说的时候，也正是商鞅受刑，苏秦、张仪提倡合纵连横之季。战国七雄，已经准备长时期的大厮杀。虽然这时候的战事还没有像战国末年的那样剧烈——凡是年龄十五岁以上的都要向防地报到，降卒四十万或四十五万一起坑埋，所以这时已不再是春秋时代竞技式的战争了。"②孟子生活的战国中期，群雄大战，真正是："国无宁日，岁无宁日""邦无定交，土无定主"的混战局面。各个国家为保持自己的生存和扩大国土的势力，君主们都相继称王，独霸一方。一方面加强中央集权，改革图强，

---

① 司马迁《史记》，中华书局，2011年版。
② 黄仁宇：《赫逊河畔谈中国历史》，九州出版社，2015年版。

加强军备；另一方面，在外交上频频争取别国的"合纵""连横"。

最后"退而与万章之徒序《诗》《书》，述仲尼之意，作《孟子》七篇"。这里的"退"，不能简单地理解为退让之意，也不是躲避，而是皈依，告别政治、皈依学术，从试图推行政治理念直接救民于水火到立万世之言留与后人，这是孟子一生中重要的转变，也体现了他的伟大人格。"述仲尼之意"，是肯定孟子实则继承了孔子的"道"，是孔子思想的继承者、发扬者。

## 二、《孟子》中的相关记载

除了《史记》，关于孟子的生平，《孟子》中有提到孟子的父亲去世较早，孟子的母亲去世的时候，丧礼办得非常隆重，有些人就站出来抨击孟子。

鲁平公将出。嬖人臧仓者请曰："他日君出，则必命有司所之。今乘舆已驾矣，有司未知所之。敢请。"

公曰："将见孟子。"

曰："何哉？君所为轻身以先于匹夫者，以为贤乎？礼义由贤者出。而孟子之后丧逾前丧。君无见焉！"

公曰："诺。"

乐正子入见，曰："君奚为不见孟轲也？"

曰："或告寡人曰，'孟子之后丧逾前丧'，是以不往见也。"

曰："何哉君所谓逾者？前以士，后以大夫；前以三鼎，而后以五鼎与？"

曰："否。谓棺椁衣衾之美也。"

曰："非所谓逾也，贫富不同也。"

乐正子见孟子，曰："克告于君，君为来见也。嬖人有臧仓者沮君，君是以不果来也。"

曰："行或使之，止或尼之。行止，非人所能也。吾之不遇鲁侯，天也。臧氏之子焉能使予不遇哉？"

——《孟子·梁惠王下》

抨击者认为孟轲的父亲去世时丧礼甚为寒酸，孟母的丧礼却办得考究，这叫"后丧逾前丧"，不敬、不妥！孟子则说，这不是一回事，礼仪要因时制宜。父亲去世时，我尚年幼，家中贫困，受到约束就没法隆重操办。现在不一样了，有条件而不隆重地为母亲办丧仪，是天大的不孝。足见，孟子不仅懂礼，还甚明理。

也可见，孟子的父亲去世较早，在他的成长过程中，母亲的教育无疑起了重要作用。这也是关于孟子的生平，各种历史传说中都离不开其母的原因所在。

## 第二节　孟母教子

一代又一代，孩童们刚会说话的时候，就会吟诵："昔孟母，择邻处。子不学,断机杼。"这是编在蒙学读物《三字经》中且置于文首的句子,流传甚广。

### 一、孟母断织

《韩诗外传》收录了孟母断织的故事。孟子小的时候，他的母亲在家中一边织布，一边看着他学习，母慈子孝、其乐融融的场景。可孟子本来是在那好好地背着书，突然间就停止了，隔了一段时间，才能接着往下背诵。孟母心如明镜，当然知道儿子是因为走神分心所以遗忘了书中的内容，却依然和颜悦色地问道："孩子，你背得好好的，怎么就中途停止了呢？"孟子恭恭敬敬地回答："母亲您有所不知，书中有些地方我突然间就忘记了，想好久才能记起来。"孟母不再言语。过了许久，原本好好地在织布的孟母突然间拿起刀割断所织的布，用这种特殊的方式来告诫儿子读书要聚精会神，不能随意打断。孟子是很聪慧的，瞬间领悟了母亲的意思，惭愧不已，从此以后读书时都专心致志,不再因为分心而遗忘了书中的内容。我们民间教子有句俗语"轻轻讲、重重知"，做父母的给个提示，有心又懂事的孩子自然就明白了，不用又打又骂。

现在的孩子课业普遍负担重，竞争激烈，作为家长工作繁忙的同时，还要抽时间花精力辅导孩子的功课，苦不堪言。在这个问题上，时常有鸡飞狗跳的新闻曝出来，甚至成为社会热点，占据各大网站热点讨论区。

2018年11月，一封"致未来亲家书"刷爆朋友圈,刷爆未来儿媳,附带送房、送车，只求现在接走辅导作业。很快，"送未来女婿"版也刷爆了，足见家长之普遍艰难。

2018年10月29日，南京总医院接诊一位33岁年轻妈妈，因陪孩子写作业气到脑梗，随后引起大量同病相怜家长的共鸣，纷纷吐槽自己辅导孩子写作业时的悲惨遭遇。

2018年9月22日微博热搜：深夜12点一爸爸问老师"睡了没"，他闺女当时还在写作业，怒气随即爆发。做老师的也难，作业少了，没法验证教学质量；作业多了，又是负担。而且每个孩子每个家庭情况不一样，很难有统一标准。

家长辅导学生作业的相关话题很多，这也折射出现在家长普遍面临的学生辅导问题，家长气到脑梗只是个例，不能一概而论地说所有家庭都存在问题，但我们需要通过个例审视家庭教育，思考家长如何做好作业辅导，从而配合好老师共同使学生在知识和人格上得到成长。家长的情绪决定家庭教育氛围。每个人的性格禀赋不同，导致在处理事情时的表现也不一样。有人性格急躁、易怒，有人大大咧咧、不温不火、不紧不慢，上述事件中的这位母亲肯定不是后者。家长的角度，上了一天班，回到家身心俱疲，做饭、收拾完差不多8点了，还要辅导孩子写作业，孩子还不听话。小学生的角度，认知处于初步发展阶段，对知识的理解能力较差，注意力、自制力较差。可见，家长和小学生本来就不在一个频道上，如果方式不当，出现冲突和矛盾在所难免。这时就需要家长起主导作用，首先，下班不能把工作上的情绪带回家；其次，学会控制自己的情绪，认识到孩子身心发展的规律性，对孩子要有足够的耐心和爱心。再次，家庭教育要讲究方法。家长的教育智慧往往决定家庭教育的成败。我们今天回看孟母如何处理孩子的学业，就会发现，她实在是个充满智慧的母亲。

## 二、买肉啖子

"买肉啖子"，说的是孟子少年时，有一次东家邻居杀猪，孟子听到猪的叫唤声不解，就问母亲："东家为什么杀猪？"孟母一时间没考虑太多，随口一说："因为要给你吃肉啊。"不久便后悔了，孟母心想："我怀着这个孩子时，多么的讲究啊！但凡席子摆得不正，我绝不入座；只要肉割得不正，我坚决不吃。现在他稍稍懂事，而我却在言语间欺骗他，这样不对啊，对他的成长也不好啊！"于是，孟母主动买了东家的猪肉给孟子吃，以证明她没有欺骗儿子。这显然不是溺爱，是言而有信。

世上的每位父母都希望自己的子女能够踏踏实实地做人，有一个美好的未来和光明的前途。然而，有些人自己本身存在许多缺点，比如总想贪图一些小便宜，或者撒一些无关痛痒的小谎，而且在孩子面前毫不掩饰。这样的父母对孩子的教育不能称为成功的教育，因为他们违背了父母教子的"定理"——言传不如身教。父母的一言一行，会给孩子带来深远的影响。"东家豚肉"的故事说明孟母不仅重视客观环境对少年孟子的影响，也注重言传身教，以自己的一言一行，一举一动来启发教育孟子。

### 三、孟母三迁

当然，最广为人知的还是"孟母三迁"的故事，以至于现在很多人说孟子的母亲是最早定义"学区房"概念的人。这个故事出自汉代赵岐所写的《孟子题词》："孟子生有淑质，幼被慈母三迁之教。"

大体上一个人的人格是在六岁以前基本形成的，从此根深蒂固。六岁以后，活动范围逐渐扩大，自然而然就会受到周围环境的影响，使原本已经塑造完成的脆弱人格模式，遭逢强烈的考验，这时是"染于苍则苍，染于黄则黄"，环境十分重要。起初，孟子居住在邹城以北马鞍山下，附近是一片墓地，山麓坟茔处处，不时看到丧葬的情形。村中儿童追逐嬉戏，也三五成群地模仿大人们的丧仪，扮演丧葬的过程，孟子也参与其中，有时还抢人家的供果吃。孟母突然发现，一向伶俐听话的儿子，已受到了不良环境的影响，为了给儿子寻找一个好的生活、学习环境，孟母开始了漫长的迁居活动。

经过一番周折，孟母携子迁到了城西一个"日中为市"的交易集市，新居与市场为邻，远远近近的百姓们，手拎肩挑一些自己的土产来到集市交易，讨价还价，市场上行商坐贾，拍卖喧闹，这场面对孩子来说是颇有吸引力的。而且他家的邻居是一个杀猪的屠夫，孟子就用泥巴捏成小猪，模仿他邻居的样子用竹片杀掉，沿街叫卖，学会了锱铢必较的模样。

孟母忐忑不安，再次迁居。孟母既不愿儿子成为一个默默无闻的人，也不屑于儿子沾染唯利是图的市侩气，她一定要选择一个适合儿子成长的环境，她第三次把家搬到了县城南关的学宫旁。学宫附近常常有读书人来往，高雅的气韵，从容的风范，优雅的举止与循规蹈矩的礼仪行为，都给附近居民不少潜移默化的影响，尤其是初解人事的孩子们，常群集在大树底下，演练学宫中揖让进退的礼仪，有模有样，一片庄严肃穆的景象，远远察看的孟母内心深处大为高兴，她由衷地发出感叹："这才是孩子们最佳的居住环境！"并把孟子送入学宫读书，留下了"孟母三迁"的美谈。

后来，大家就用"孟母三迁"来表示孩子要接近好的人、事、物，才能学习到好的习惯，成长为品德高尚才干出众的人。孟母去世后，与孟子的父亲合葬于邹城北25里的马鞍山麓，后人认为孟子成名，是孟母三迁教子之功，故林地称"孟母林"。孟母林东向与孟子林遥遥相望，占地578亩，山上山下遍植桧柏、古木葱郁、浓荫蔽地，墓冢累累，已被公布为山东省重点文物保护单位。

## 四、孟子休妻

在《韩诗外传》里，还有孟子欲休妻的故事。说有一天孟子回家，推门进屋，发现妻子独自一个人在房间，便无所顾忌地将两腿叉开坐着。孟子非常生气。因为古人称这种双腿向前叉开坐为箕踞，箕踞向人是非常不礼貌的。孟子一声不吭就走出去，看到母亲便说："我要把妻子休回娘家去。"孟母问他："这是为什么？"孟子说："她既不懂礼貌，又没有仪态。"孟母又问："因为什么而认为她没礼貌呢？""她双腿叉开坐着，箕踞向人，"孟子回道："所以要休她。""那你又是如何知道的呢？"孟母问。孟子便把刚才的一幕说给孟母听，孟母听完后说："那么没礼貌的人应该是你，而不是你妻子。难道你忘了《礼记》上是怎么教人的？进屋前，要先问一下里面是谁；上厅堂时，要高声说话；为避免看见别人的隐私，进房后，眼睛应向下看。你想想，卧室是休息的地方，你不出声、不低头就闯了进去，已经先失了礼，怎么能责备别人没礼貌呢？没礼貌的人是你自己呀！"一席话说得孟子心服口服，从此再不敢提休妻子回娘家的话了。

现代社会，生活节奏快，人与人之间的交流常常受到各种因素的制约，矛盾频频爆发。尤其是婆媳关系，已然成为婚姻关系中默许又难以调和的矛盾之一，诸如"我和你妈掉水里先救谁"的问题，成为了矛盾不和谐的导火索，婆媳关系是一种极其微妙的关系，两人共同深爱着一个男人，不要说什么母爱是伟大的，其实这两个人内心深处，都有自己期待的索取标准和欲望。所以要拿捏这个关系需要丈夫的智慧，要有妻子的睿智处理机制，更需要婆婆本身的素养和格局，相见好同住难，是不变的真理，不同的年纪有着不一样的价值观与生活方式，即使是自己的父母也会有诸多矛盾与分歧，更何况是因为一个男人而强拉在一起的关系。孟母的伟大正在于此，不因为是自己的儿子就误听误信误劝，而是公正对待，而孟子也的确是君子，换作他人，结果可不一定了。

总之，孟母教子的故事启迪着一代又一代人的心灵，已经成为启蒙和立身教育的楷模。孟母本人也成为名垂千秋万世的模范母亲，被称为"四大贤母"之一和"母教一人"。山东省邹城市一直有在孟子生日纪念孟母孟子的传统。"母教文化""孟子思想"是邹城最重要的文脉之一，是邹鲁文化圈乃至整个儒学文化圈的活态文化基因，更是中华民族不可多得的优秀传统文化。

在孟子故里山东邹城，每年逢夏历四月初二的孟子生日，都会举办纪念孟母孟子大典。2019年四月初二上午9时，在孟庙内，伴随"启扉——"声起，释奠雅乐《凝安之曲》奏响，棂星门缓缓开启，孟氏后裔及海内外各界2000余人，在文舞生和武舞生的引领下，庄重地步入亚圣殿前。随后，《浩然之曲》奏起，60名学生齐声诵读孟子名言。武舞者手持干戚，文舞者手持翟籥，翩翩起舞，孟氏后裔及社会各界人士代表依次向孟母孟子敬献花篮、三鞠躬，并恭读祝文：

"……岁在己亥……两岸同胞、四海宾朋，同以诚敬之心、端庄之容，谨备鲜花蔬果，献以乐舞，恭祭我中华圣母——孟母、亚圣先师——孟子……邹鲁荡荡，洙泗洋洋。孟母之德，日月之光。天性敦淳，慈贤共襄。道贯古今，德配天壤。治家有道，教子有方……"

祝文高度颂扬孟母功德，深切追思孟子对中华优秀文化作出的杰出贡献。第三次专程赶到山东邹城参加纪念孟母大典的浙江大学博士马庆凯表示："在庄严庄重的氛围下，让人能更好地体会和感悟母教力量和孟子思想的博大精深，这是书斋里永远也学不到的。"

# 第三节　古代贤达眼中的孟子

孟子生活的时代，天下纷乱，战争频起，各诸侯国为了扩张势力，保存发展自己，重用纵横家策士和法家人物，而传统的儒家学说因讲仁义，施仁政，反对战争，不被各诸侯采用。面对"杨朱、墨翟之言盈天下"的局面，孟子站在儒家的立场上，对杨墨之道进行了批判。孟子认为杨墨之说是邪说，误国误民，如果不加以制止，孔子思想就无法发扬光大。在中国古代思想史上，孟子也是第一个为了维护孔子之道而辟杨拒墨的人。

## 一、西汉扬雄竭力推崇孟子

孟子之后，西汉扬雄竭力推崇孟子。扬雄是西汉后期著名学者，哲学家、文学家、语言学家，他一生著作颇丰，其少而好赋，前期作了大量辞赋以讥时政，然其结果不尽如人意，顾辍而不复，并将其归为"童子雕虫篆刻"一类；由此，扬雄的著述开始转向以哲学为主，依《易》作《太玄》，像《论语》而作《法言》，通过这两本著作，建立起了以维护圣人之道为出发点，以儒家伦常为核心的思想体系。他仿效孟子，力辟异端，维护正统，继承与发展了孟子思想，在中国思想史产生了重要影响。

扬雄以孟子的后继者自居，仿效孟子辟杨墨之道，对西汉后期兴起的诸子学说进行了批判。扬雄和孟子一样，认为诸子学说和儒家学说是不相容的，如果任由诸子学说发展而不加以制止，必定会使人不明是非，偏离正道。

但孟子批判诸子是围绕着儒家的纲常伦理来进行的，扬雄以孟子的继承者自居，对诸子的批判与孟子是一脉相承的，扬雄认为"吾见诸子之小礼乐也，不见圣人之小礼乐也"，[①] 圣人和诸子的根本区别是是否"小礼乐"，这不仅是对孟子诸子批判的发展，也是对后世儒家批判道、佛等教产生了深远影响。

此外，扬雄论人性，试图调和孟子、荀子的观点，他既不主张"性善

---

[①] 扬雄：《法言》，中华书局，2012年版。

论"，也不主张"性恶论"，而是主张"人之性也，善恶混"。是指人性绝不是单一的善或恶，而是善恶相混，人性中同时存在着善良和邪恶两方面因素，这个世界上没有绝对善的人，也没有绝对恶的人。有关扬雄人性论的思想来源，人们更多地认为是对孟子和荀子人性论思想的调和。但扬雄的人性论与孟子的人性论有明显的一致之处，即都承认人生来就具有的某一种特质，同时又强调后天的作用对人性实现的决定作用，而且孟、扬二者的人性论是一种平等论，孟子认为"人皆可以为尧舜"，扬雄认为："申韩庄周不乖寡圣人而渐诸篇，则颜氏之子，闵氏之孙，其如台。"也就是说不管性善或者善恶相混，他们认为只要通过后天的努力，人都可以成为圣人、君子。但是扬雄的人性论又是对孟子人性论的极大发展，孟子的性善论在解决现实问题时难免会遇到这样的困境：既然人性是善的，那么现实社会中的性恶又是从何而生？而扬雄的性善恶相混论则解决了这个问题，扬雄认为人性中同时存在着善良和邪恶两方面的因素，这个世界上没有绝对善的人，也没有绝对恶的人，他的这个观点在解释现实中的人的时候就能很好地解决为什么社会上有善的人，同时也有恶的人了，这无疑是对孟子性善论的极大发展。

## 二、开创"孟学"的大功臣赵岐

赵岐（约108—201），东汉经学家，初名嘉，字邠卿、台卿。京兆长陵人，在今陕西省咸阳市东北一带，任并州刺史，因"党锢之祸"被免职。后任议郎、太常等职，去世时年九十四岁。

赵岐是开创"孟学"的大功臣，撰有《孟子章句》一书，认为"儒家惟有《孟子》，闳远微妙，缊奥难见，宜在条理之科。于是乃述己所闻，证以经传，为之章句，具载本文，章别其指，分为上、下，凡十四卷"。[①] 赞誉孟子"著书七篇，二百六十一章，三万四千六百八十五字。包罗天地，揆叙万类，仁义道德，性命祸福，粲然靡所不载。帝王公侯遵之，则可以致隆平，颂清庙；卿大夫士人蹈之，则可以尊君父，主忠信；守志厉操者仪之，则可以崇高节，抗浮云。有风人之托物、二雅之正言，可谓直而不倨，曲而不屈，命世亚圣之大才者也"。

---

① 邓秉元：《孟子章句讲疏》，华东师范大学出版社，2011年版。

赵岐对孟子的评价极为透彻,"孟子……长师孔子之孙子思,治儒术之道,通五经……命世亚圣之大才者也",将孟子定格于仅次于孔子的"亚圣"尊位上。

### 三、推崇孟子的韩愈

唐代韩愈崇拜孟子,视孟子是孔子学说的继承人。在他的文章中,尤其极力推崇孟子,"始吾读孟轲书,然后知孔子之道尊"(《原道》)。他正是从读孟子开始受到启发才走上了尊孔弘儒的道路。韩愈说"孟子醇乎醇者也"而荀子与扬雄则是"大醇而小疵"(《读荀》),即认为孟子纯粹地继承了孔子的思想,更近于孔子之嫡传,扬雄与荀子大体纯正而略有欠缺。因此对孟子在儒家诸子的地位上,他才会认为"自孔子没,群弟子莫不有书,独孟轲氏得其宗",就是说孔子诸位弟子传下来的书籍很多,但是只有孟子是真正领悟了孔子学问的真谛。他称赞孟子"尝推尊孟氏,以为功不在禹下者",认为孟子的功绩可以与"三王"之一的禹相提并论,可谓是对孟子推崇备至。就孟学发展史上而言,韩愈当为倡言道统第一人。

### 四、孟学发展的关键人物——王安石

宋代王安石服膺孟子,他写道:"沉魄浮魂不可招,遗编一读想风标。何妨举世嫌迂阔,故有斯人慰寂寥",这首诗充分说明了王安石对孟子发自肺腑的欣赏。

孟子升格运动(周予同先生最早在1933年提出孟子升格运动这一概念)将《孟子》上升为经部,宋代成为了孟学发展的关键时期。在宋代孟子升格运动中,王安石可谓是推动孟学发展的关键人物,并且在《孟子》官学化历程中,起到了至关重要的作用。同时孟子对于王安石其人及其诗文创作都产生了极大的影响,王安石将孟子视为学习楷模与改革知音。王安石诗歌中将孔孟并举,比如"孔孟如日月,委蛇在苍冥。光明所照耀,万物成冬春"。王诗还经常化用孟子语,通过用字、用词、用事三方面对《孟子》一书进行接受。在宋代升格运动的境域下王安石对孟子的尊崇,对后世孟学的发展产生了深远的影响。王安石一派不仅在思想上"尊孟",而且在行动上也付诸实践。由于他们掌握着当时的国家权力,所以"孟子升格运动"此时已在政治上获得朝廷支持,元丰六年(1083)十月,孟子首次受封,诏封邹国公。元丰七年(1084)

五月，孟子首次被允许配享孔庙。政和五年（1115），政府承认兖州邹县孟庙，诏以乐正子配享，公孙丑以下十七人从祀。

"亚圣"作为官方尊称，先始于元文宗至顺元年（1330）。虽然是汉人王朝，但明朝历代帝王们并没有像他们的先辈们那样尊崇孔孟，特别是亚圣孟子，其就曾被朱元璋搬出了庙堂，好在有铁杆粉丝为孟子说了不少好话，朱元璋才将其重新供奉起来，即使如此，朱元璋仍是不待见孟子，而且还删除了其不少言论。但是明代的许多大哲学家都崇拜孟子，于是才有了宋明理学的光芒。明世宗嘉靖九年（1530），"亚圣"的称谓最终定格，清代则沿袭明制，尊称孟子为亚圣，由此"亚圣"之称家喻户晓。

## 第四节　孟子的伟大之处

宋代大儒朱熹说过："圣贤千言万语，只是教人做人而已。"从孟子的思想来看，他认为人追求的第一个理想目标是完善自己，但完善自己不是人生的全部，还有一个更远大的目标，就是治国平天下、兼济天下。

列举部分孟子语录可知：

1."居天下之广居，立天下之正位，行天下之大道。得志，与民由之；不得志，独行其道。富贵不能淫，贫贱不能移，威武不能屈，此之谓大丈夫。"（《孟子·滕文公下》）

这是说大丈夫应居住在天下最广大的居所里，站立在天下最正大的位置上，行走在天下最广阔的道路上，能实现志向就与百姓一起去实现，不能实现志向时就独自施行这一个原则，富贵不能使他折腰，贫贱不能使他改变，武力不可以使他屈服。这表现出孟子强烈的自尊自强精神和一定程度上的人格独立，他认为君子不能因外在的环境而改变自我的道义准则。

2."故天将降大任于斯人也，必先苦其心志，劳其筋骨，饿其体肤，困乏其身，行拂乱其所为，所以动心忍性，增益其所不能。……然后知生于忧患而死于安乐也。"（《孟子·告子下》）

这是说上天将要降落重大责任在这样的人身上，一定要事先使他的内心痛苦，使他的筋骨劳累，使他经受饥饿，以致肌肤消瘦，使他受贫困之苦，使他做的事颠倒错乱，总不如意，通过那些来使他的内心警觉，使他的性格坚定，增加他不具备的才能。这段话千百年来常用作鼓励逆境中的人们。

3."规矩，方员（方圆）之至也；圣人，人伦之至也。欲为君尽君道，欲为臣尽臣道，二者皆法尧舜而已矣。不以舜之所以事尧事君，不敬其君者也；不以尧之所以治民治民，贼其民者也。孔子曰：'道二：仁与不仁而已矣。'暴其民甚，则身弑国亡；不甚，则身危国削。名之曰'幽厉'，虽孝子慈孙，百世不能改也。诗云'殷鉴不远，在夏后之世'，此之谓也。"（《孟子·离娄上》）

孟子指出：圆规和曲尺，是方与圆的准则；圣人的作为，是人与人之间关系的准则。想要做君主，就要走君主的道路；想要做臣子，就要走臣子的道路。这二者不过是效法尧舜罢了。不以舜之所以侍奉尧的作为来侍奉君主，就是不敬奉自己的君主；不以尧之所以治理民众的作为来治理民众，就是残害自己的百姓。孔子说："道路只有两条，爱民与不爱民而已。"残暴虐害老百姓太过分则身被杀、国亦亡；不太过分，则自身危险、国力削弱，这就称之为"昏暗乱常和暴虐嗜杀"，即使有孝子及孙子，历百世也改变不了。《诗经》上说："殷商可以借鉴的教训并不遥远，就是在前一代的夏朝。"说的正是这个意思。

4."人之所以异于禽兽者几希，庶民去之，君子存之。舜明于庶物，察于人伦，由仁义行，非行仁义也。"（《孟子·离娄下》）

孟子认为人区别于禽兽的地方只有很少一点点，一般的人丢弃了它，君子保存了他。舜明白万事万物的道理，明察人伦关系，因此能遵照仁义行事，而不是勉强地施行仁义。

5."尽其心者知其性也，知其性则知天矣。存其心，养其性，所以事天也。夭寿不贰，修身以俟之，所以立命也。"（《孟子·尽心上》）

孟子认为充分运用心灵思考的人，是知道人的本性的人。知道人的本性，就知道天命。保持心灵的思考，涵养本性，这就是对待天命的方法。无论短命还是长寿都一心一意地修身以等待天命，这就是安身立命的方法。看得出，孟子谈天命，谈人的本性，没有消极被动的神秘色彩，而是充满了积极主动的个体精神。对待天命，不过是保持心灵的思考，涵养人之所以为人的本性罢了；所谓安身立命，也不过是一心一意地进行自身修养而已。用我们今天的话来说，就是要加强知识学习和思想修养，充实自己的心灵。

6."古之人，得志泽加于民，不得志修身见于世；穷则独善其身，达则兼善天下。"(《孟子·尽心上》)

孟子认为，古代的贤人，得志的时候，就为民造福，不得志的时候，就加强自己的品德修养，使自己的德望昭显于世。窘迫潦倒时，就完善自身的修养，顺利亨通时，就为天下人多做好事。

7."老吾老以及人之老，幼吾幼以及人之幼，天下可运于掌。"(《孟子·梁惠王上》)

孟子一生都在宣传、追求王道仁政。孟子王道仁政的基本内涵是关心百姓的福利，为人民提供生活、生产的基本条件，他在各种场合反复阐述这一主张。他对魏国梁惠王说："尊敬自己的长辈，进而尊敬别人的长辈；关爱自己的晚辈，进而关爱别人的晚辈。如果这样做了，治理天下就会像在手中转动东西那样容易。"

8."爱人不亲，反其仁；治人不治，反其智；礼人不答，反其敬。行有不得者皆反求诸己，其身正而天下归之。《诗》云：永言配命，自求多福。"(《孟子·离娄上》)

孟子坚持，无论做什么事情，最重要的是自我觉悟。无论在事业追求上，还是在人生道路上遇到的问题，都要首先检查自己，审视自己的意识是否纯正，方法和态度是否正确，实行仁义的觉悟和力量是否充足。孟子认为爱别人却得不到别人的亲近，就该反问自己是否仁爱了；管理别人却没有管理好，就该反问自己是否真有能力；礼貌待人，别人却不以礼相答，就该反问自己是否做得不够恭敬。实际上，这也是儒家学者们严于律己的人生态度。它要求人们，无论遇到什么问题，都要先从内心严格要求自己，检讨自身的行为是否遵循了正道，自觉地追求自我完善，而不可轻言放弃，这样才能真正有所作为。

9."恻隐之心，仁也。羞恶之心，义也。恭敬之心，礼也。是非之心，智也。仁、义、礼、智，非由外铄我也，我固有之也，弗思耳矣。"(《孟子·告子上》)

孟子说："同情别人的心，人人都有；知道羞耻的心，人人都有；对别人恭敬的心，人人都有；明辨是非的心，人人都有。同情心属于仁，羞恶心属于义，恭敬心属于礼，是非心属于智。这仁义礼智，不是外人强加给我的，是我本来就有的，不过是没有去思考追求罢了。"

10."古之君子,过则改之;今之君子,过则顺之。古之君子,其过也如日月之食,民皆见之;及其更也,民皆仰之。今之君子,岂徒顺之?又从为之辞。"(《孟子·公孙丑下》)

孟子说古代的君子,有了过失就改正;现在的君子,有了过失却将错就错。古代的君子,他们的过失就像日食、月食一样,老百姓都看得到;等到他们改正的时候,老百姓依然敬仰他们。现在的君子,哪里只是将错就错,甚至于为了掩盖过失寻找种种借口。

上述是孟子关于修身、治国、达济天下的一些理论总结,正如哲学大师张岱年先生说:"孟子是中国古代伟大的思想家、哲学家、教育家。孟子的精神境界之崇高,在学术史上影响之深远,仅次于孔子。孟子继承并发挥了孔子'仁'的学说,对于中华民族精神文明的发展作出了巨大的贡献。"①

孟子是"亚圣"。从学问渊源上讲,他算是孔子的嫡传。他受业于孔子的孙子子思门下,而子思又受业于对孔子思想"独得其宗"的曾子,这就显示了孟子的正统地位。这个正统地位,连野心极大、用心极深、篡位之欲极强的唐代韩愈都不敢有任何微词。但是,孟子的"亚圣"地位不是靠嫡统,而是靠他对儒门的巨大贡献。

孟子对儒家的贡献,至少有三点:第一,他把孔子的"仁"发展到"义",表明他更注重对人的外在行为的评价,希望人把仁心表现出来,施及于人;第二,孟子不仅把孔子的"仁"从道德角度发展为"义",还从政治角度将之发展为"仁政",也就是他的"王道"。孟子这套理论,使得学统、道统与政统融合无间,合二而一,从而"学"与"仕"不再有任何学理上的隔膜,"学而优则仕"变成了"直通车","士"变"士大夫"也成顺理成章之事;第三大贡献就是"性善论",孟子的性善论是儒家哲学、伦理学和政治学的基础。基于此,这位出生于战国年间的儒家代表人物,成为仅次于孔子的一代儒学宗师,有亚圣之称,与孔子合称为"孔孟"。

---

① 《张岱年全集》,中华书局,2017年版。

# 第二讲 《孟子》七篇

有一首古诗《枫桥夜泊》："月落乌啼霜满天，江枫渔火对愁眠。姑苏城外寒山寺，夜半钟声到客船。"这是唐代诗人张继所作。台湾作家张晓风在《不朽的失眠》一文中写道："他落榜了！一千二百年前。榜纸那么大那么长，然而，就是没有他的名字。"张继落榜后非常的失落，离开京城，在苏州古城的某个夜晚宿在客船上，触动愁情，写下这首不朽的诗歌。

我们前面讲孟子的生平"所如者不合"，他推行的政治理念不被国君们所采纳，也是有几分失落的，但他没有沉沦，而是"退而与万章之徒序《诗》《书》，述仲尼之意，作《孟子》七篇"。失之东隅，收之桑榆。今天的我们才能幸运地读到《孟子》七篇，感受孟子的伟大人格、学习孟子的伟大思想。

## 第一节 《孟子》精髓

"孟子者,七篇止,讲道德,说仁义。"① "七篇"指的就是《孟子》一书由《梁惠王》《公孙丑》《滕文公》《离娄》《万章》《告子》《尽心》等七个篇章构成。雍正在继位的第三年,为孟府亲书"七篇贻矩"匾额,意思是要求孟氏后人要以"七篇"作为修身处世、励志为人的规矩。

在谈及《孟子》七篇之精髓时,孟子第七十六代嫡孙孟令继说:第一,先祖孟子上承孔子思想的统绪,下启宋明理学的端倪,继往开来,被后世尊称为"亚圣"。在"七篇"当中记载了孟子一生的主要言论、活动和思想学说,总共有三万五千多字,包含了修身、持家、处世、报国的谆谆教诲。第二,作为我国比较大的家族,千百年来,孟氏后裔人丁兴旺,虽然分散居住于大江南北及海外,但都以"七篇"作为传家处世的祖训箴言。雍正题写的"七篇贻矩"匾额,也有对孟氏后人以"七篇"为家规家训的赞许之意。第三,特别是亚圣府,更是以"气养浩然""居仁由义""规矩之道"作为家规家训传承至今。"气养浩然"指的是养正气,敢担当;"居仁由义"指的是行仁义,明是非;"规矩之道"指循规矩,知廉耻,这里面都包含了我们先祖的智慧。

### 一、气养浩然

"我善养吾浩然之气。其为气也,至大至刚,以直养而无害,则塞于天地之间。""养浩然之气"的信仰和追求影响着孟氏子孙。

唐代著名诗人孟浩然,孟子第三十三代后裔,公元689年出生在襄阳城中一个"家世重儒风"的书香之家,他少时苦读诗书,接受的是正统的儒家教育,儒家推崇的人生理想和目标是"治国平天下",这一点,孟浩然也不例外,少有凌云之志,"执鞭慕夫子,捧檄怀毛公。感激遂弹冠,安能守固穷!"② 便

---

① 王应麟原著(有争议),章太炎等增改《三字经》,中华书局,1995年版。
② 《孟浩然诗集校注》,中华书局,2018版。

是他对自己的写照。聪颖好学又志存高远，小时候的孟浩然就是那个"别人家的孩子"，更是父母的骄傲和家族的希望，在襄阳当地也是小有名气。在十余载的寒窗苦读后，17岁的孟浩然在襄阳参加了县试，诗赋、试策、帖经三场考下来，孟浩然一气呵成，高中榜首。如果能在接下来襄州的府试和京城长安的省试中继续出色发挥的话，进士及第指日可待。但是，就在前途看起来一片光明的时候，孟浩然突然做出了一个大胆而又任性的决定——不再继续参加科举考试了！十年寒窗苦读，为什么说不考就不考？孟浩然的理由是：现在的朝廷太混乱了，我不想陪他们玩。原来，这一时期的唐朝宫廷政变频繁，纲纪不振，孟浩然不愿意为这样的朝廷效力，还把先祖孟子的话搬出来作为理由——"君仁，莫不仁；君义，莫不义；君正，莫不正。"（《孟子·离娄》）。显然，这个决定在孟浩然的家里炸开了锅，一家人轮番劝说，但他态度很坚决：我说不考就是不考！他与家族的关系，也因此闹僵，年少轻狂的孟浩然一气之下干脆离家出走。不到二十岁的年纪，就跑到鹿门山过起了隐居生活，"人随沙岸向江村，余亦乘舟归鹿门。"少年时的他就尚气节、重义气，没有哗众之心、不存媚世之态，后来为开元诗坛开创了新气象。

如今，位于山东邹城的孟庙是后人祭祀孟子的地方，庙内古木森蔚，碑碣林立，千百年来这些古树青翠蓊郁，气势雄伟，仿佛时时体现着"大丈夫"的浩然正气，这种正气在现实中体现为担当精神。遥想当年，战国时连年征战，百姓贫穷困顿，颠沛流离，面对这些，孟子高呼"如欲平治天下，当今之世，舍我其谁也？"正气凛然，为民请命。孟子敢于担当的精神也激励着每一个子孙为国家富强、民族昌盛不畏艰难、前仆后继。

## 二、居仁由义

"鱼，我所欲也，熊掌，亦我所欲也，二者不可得兼，舍鱼而取熊掌者也。生，亦我所欲也，义，亦我所欲也，二者不可得兼，舍生而取义者也。"孟子要求后人行仁义之道，秉持道义的节操，在义与利发生矛盾冲突时，为了心中的公正道义，可以"杀身成仁，舍生取义"。"恻隐之心，仁也；羞恶之心，义也；恭敬之心，礼也；是非之心，智也。"明是非，就是在面对各种诱惑时，要保持一种符合仁义要求的判断，才能算做大智慧。

清华大学国学研究院院长、孟子研究院学术委员会主任陈来教授说："先义后利，义高于利，这个价值观是贯穿整个《孟子》七篇的一个重要思想。任何时候道义都应该放在第一位，私义私利不能放在道义的前面，这个价值的顺序不能颠倒。孟子这个'义利观'是针对官员讲的。对于官员、对于有公共职务的人来讲，这个道义必须放到前面。"

　　《孟子》开篇就是记载孟子在魏国的言行。魏国也是战国七雄之一，数次败于齐国之后，被迫迁都大梁（今开封）。魏惠王，因迁都大梁又被称为梁惠王。孟子到魏国时，梁惠王正招贤纳士，再图霸业。梁惠王认为孟子大老远来到魏国，肯定带来了治国良策，能给魏国带来好处和利益。而孟子简简单单一句话："为什么要谈利益呢，只要讲仁义就够了"，开门见山义薄云天。自此之后，孟子就一直给梁惠王灌输仁政的主张。有一天，梁惠王在池塘边兴致勃勃地观赏奇花异草、珍禽怪兽。他问孟子，贤明的君主是不是都爱观赏这些花草动物？孟子回答："贤明的君主应该先让百姓高兴地观赏，自己才对花草感兴趣。百姓只有吃饱穿暖，才有闲暇进行娱乐活动。"梁惠王郁闷地说："说到治理国家，我应该是尽心尽力了。河内荒年，我便把灾民移到河东去，并把河东的一部分粮食调到河内。反之亦然。而邻国的百姓未见减少，我的百姓未见增多。这是为什么呢？"孟子用"五十步笑百步"的典故做了回答：战场上兵败，大家都在逃跑。跑了五十步的笑话跑了一百步的，那是毫无道理的。得到梁惠王的赞同后，孟子又进一步解释：大王虽然给了百姓一点儿小恩小惠，但是又连年征战，实际上和别国的暴君没什么区别，不过是五十步笑百步。让百姓过上实实在在的好日子，生有保障，死得安葬而无怨恨，这才是王道的开端。孟子在大梁居住了一年多，多次见梁惠王，一而再、再而三地游说，梁惠王似有所悟，欲行"仁政"时却来不及了。这时他已在位50年，不久就死了。继位的梁襄王，孟子也与他见了面、对了话，但意见相左，两人分道扬镳，孟子撂下一句话"望之不似人君"，就离开魏国去了齐国。

　　**三、规矩之道**

　　"不以规矩，不能成方圆。"孟氏家训中的规矩之道，引导、激励着孟氏子孙无论在怎样的时代变迁中，都要时刻铭记祖先的训诲，秉持珠规玉矩，行人间正道。晋代孟漏，布衣蔬食，隐居山林，权臣桓温登门造访亦不为所动，安贫乐道不移其志。千百年来，"规矩之道"也作为中华民族连绵不辍的文化

血脉传承下来。

山东师范大学齐鲁文化研究院首席专家、孟子研究院特聘院长王志民教授说:"孟子的家训实际上渗透、贯穿在《孟子》这本书中。孟子跟他的弟子谈,跟其他的人论辩,怎么做人,怎么做事,怎么修养道德,怎么养浩然之气……这些既是他思想主张的宣扬,也是他家风家训的一种体现。当然,《孟子》这本书不是专门来教育孩子的,专门进行家庭教育的。(孟子)他有非常高远的理想,就是关怀国家命运、关怀民生和社会,然后自己要做一个对社会有贡献的人。我觉得要像孟子一样有这种理想,而且要为这种理想百折不挠地去奋斗、去追求,这样,我们这个社会一定能够成为一个非常好的、也是孟子所追求的理想社会。"

晚清重臣曾国藩非常信奉孟子的规矩之道。不管是皇权的更迭,还是官场的争斗,他都是规矩处事,生怕出一点差池。道光二十五年前,曾国藩升迁得非常快,升了两级,当上了四品,令人很惊讶。但是他在给弟弟的信中写道:"这次升官,实在出乎我的意料,我日夜的害怕,反省自己,实在是没有德行来承受这样的升迁。你们在数千里之外,一定要经常提醒我的问题。时常写信来,指出我的不足。这样,我之前累积的好德行,不至于在我这里堕落。这样经常提醒我,就不会犯一些错误,在官场上遭小人迫害。你们如果能时时常常指出我的错误,指出我的缺点,就是我的良师益友。弟弟的心里要存敬畏之心,不要觉得家里有人当大官的就可以,肆无忌惮,目中无人,更不要随意欺负别人。也不要觉得自己学了点东西,就非常的骄傲。一定要常存敬畏之心,才能够珍惜自己得来的福分。"[①]这样快的升迁都能引起曾国藩这么多的考虑,可见他是多么的中规中矩,小心翼翼。寻找出路是可以的,但是出路背后的规矩还是必须要小心。否则,就会陷入别人的陷阱。曾国藩谨慎为人,小心规矩处事,就是曾国藩能够在官场上一路顺利渡过一次又一次的难关的秘诀。所以,在辛酉政变后,慈禧太后成了中国最有权力的女人。她在摄政一个月后就下旨意,把浙江、江苏、安徽和赣州大半片的江山交给曾国藩来管理。对于突如其来的重任,曾国藩并没有高兴得忘记了自己,而是冷静地分析了利弊。他认为,太后交给自己的重任,并不一定是好事。所

---

① 檀作文译注《曾国藩家书》,中华书局,2018年版。

以他几次上书打算辞掉这样的职务。但是朝廷不同意，只能勉为其难地接受这个职务，但同时又表明，在没有攻克天京之前，朝廷不要给他或者他的家族任何的奖赏。

# 第二节 《孟子》的行文特征

《孟子》一书是孟子的言论汇编，由孟子及其弟子共同编写而成，记录了孟子的语言、政治观点（仁政、王霸之辨别、民本、格君心之非、民贵军轻）和政治行动，属儒家经典著作。其学说出发点为性善论、提出"仁政""王道"，主张德治。南宋时朱熹将《孟子》与《论语》《大学》《中庸》合在一起称"四书"。自宋、元、明、清以来，都把它当作家传户诵的书。《孟子》是四书中篇幅最大的部头最重的一本，有三万五千多字，一直到清末，"四书"一直是科举考试必考内容。

此外，《孟子》还是春秋战国时期论说理散文的代表作，纯熟的论辩技巧、浩然的正气使它在同类作品中更具有争鸣的战国气息。郑振铎在他的《中国文学史》中就认为孟文沾了战国辩士之风，因而"辞意骏利而深切，比喻赡美而有趣"。

### 一、文学性和辩证法并重

在先秦儒家之文中，《孟子》素以富于"文学"性而著称，尽管它的《孟子》七篇没有完全摆脱语录的影子，但它是孟子在理想碰壁之后的劳顿暮年和弟子们共同写成的，但文章依然保持了著者的政治热情和论辩激情，读起来激昂有力。

明白晓畅、自然平实是《孟子》的主要语言特色，正如孟子在《万章》中说"不以文害辞，不以辞害志"。所以和纵驰想象力的《庄子》比起来，可谓各持两端，一个是朴素而深刻，一个是脱逸而明快。尽管没有华丽的藻饰，但平实浅近的句法、干净利落的词锋，加上爽朗明快的节奏都给人以朴素自然的美感。"老吾老以及人之老，幼吾幼以及人之幼"这样精妙的词句早已经成为经典之言，意指在赡养孝敬自己的长辈时，也不要忘了别人家里的长辈；在呵护抚育自己的子女时，也要爱护别人家里的孩子。2019年2月3日，中共中央总书记、国家主席、中央军委主席习近平在春节团拜会上发表讲话指出，自古以来，中国人就提倡孝老爱亲，倡导老吾老以及人之老、幼吾幼以及人之幼。我国已经进入老龄化社会。让老年人老有所养、老有所依、老有所乐、老有所安，关系社会和谐稳定。比喻、成语和警句等恰到好处的运用又使文章生动流畅，众所周知的"五十步笑百步""挟泰山以超北海"等都是典型的例子。

《孟子》总结的格言警句也常有相当丰富的辩证法意义，如"一日曝之十日寒之，未有能生者也"，即使有天下最容易生长的植物，晒它一天，又凉它十天，没有能够长大的，用来比喻做事一日勤，十日怠，没有恒心，是不会成功的。其余像"出尔反尔""以邻为壑""隐而不发"等，都充满了逻辑力量，这使他在论辩的时候既能保持语锋犀利，又能兼具说服力，从而占了论辩的主动。

## 二、取材平实、气势磅礴

取材平实是《孟子》的另一特色，孟子所引史事均有根有据，极少传奇玄想虚幻的描绘。如郑振铎所说的"辞意骏利而深切，比喻赡美而有趣"的论辩色彩是《孟子》的又一特色。战国中期，激烈争辩的现实需要和策士纵横文风的沾染使《孟子》与《论语》的"慎言"拉开了距离，表现出了雄辩激越和气势磅礴的风格。鲁迅精辟地指出："孟子生当周季，渐有繁辞，而叙述则时特精妙。"

孟子善养浩然之气，这样的气势凝聚在《孟子》中。一方面，俳偶句式和重叠句式的运用使文章气势雄浑，滔滔不绝。李泽厚指出："孟文以相当整齐的排比句法为形式，极力增强它的逻辑推理中的情感色彩和情感力量，从而使其说理具有一种不可阻挡的气势。"例如孟子在阐述性善论时，就一连用了四个排比句列述人性的共同特征，珠联绳贯，一气呵成。在《孟子·离娄上》中，孟子为了强调"仁"的重要性，用一连串反诘：为肥甘不足于口欤？轻暖不足于体欤？抑为彩色不足视于目欤？声音不足听于耳欤？便嬖不足使令于前欤？"然后点出宣王之大欲所在。步步紧逼、锐不可当，直令宣王难以招架溃不成军。其他诸如"孝子之至，莫大乎尊亲，尊亲之至，莫大乎以天下养"等排比顶针的句式，更是联珠缀玉，间不容发。

另一方面，孟子论说的磅礴气势，还与他善于运用对偶、比喻等手法以增强语言力度有关。赵岐在《孟子章句》中说："孟子长于譬喻，辞不迫切而意独至。"①

善譬巧喻使文章浅近平易而生动有趣，轻快灵便而又深刻贴切，如"沧浪之水清兮，可以濯我缨；沧浪之水浊兮，可以濯我足"等。

孟子善于用具体生动的比喻说明事理，明喻、暗喻、博喻等手法贯穿全书，竟有一百五十九处之多。在卷八《离娄下》中为了向齐宣王说明君臣之间的相互关系，孟子连用六个比喻，将君对臣的不同态度以及臣将采取的相应回报十分形象地揭示出来。大量对偶句和奇句交错使用，许多比喻层出不穷，增添了文章的整体节奏感、动态美，不仅很好地表现了作者的坚定思想和充沛感情，也增强了文章的雄辩气势，使得我们读的时候心中甚为折服。

刚柔相济而剖析精深的论辩艺术技巧也充分表现了《孟子》散文鲜明的个性和独特风格。如《孟子·公孙丑下》，作者先明示论点，然后层层深入，按次序分别构成下列论证，一环扣一环，情感充沛激越而又论证周严。善设机巧、引人入彀，是孟子论辩的又一大特色。一方面，他善于揣摩对方的心理活动，进行有效的启发诱导，引人入彀；另一方面，则顺水推舟，先纵后擒，迂回曲折的论辩方法，往往使对方最终接受自己的观点。

当齐宣王向孟子问"霸道"时，孟子却以"未之闻也"巧妙地避开，并随即因势利导将话题转入谈"王道"。接着用宣王"以羊易牛"的事，说明宣王有不忍之心足以为王，以引起宣王继续说下去的兴趣。进而虚设了力能"举百钧"而不能"举一羽"、明能"察秋毫之末"却"不能见舆薪"的比喻指出宣王"不王"，是"不为也，非不能也"。当齐宣王恋恋不舍地再次提起"大欲"时孟子又用"邹不敌楚"的比喻先让宣王承认"小不敌大"的事实，再让他明晓齐"以一服八，以战求霸"道路行不通的道理，从而终于让宣王有了思想转变，心悦诚服地接受孟子的主张。

---

① 邓秉元：《孟子章句讲疏》，华东师范大学出版社，2011年版。

## 第三节　如何读《孟子》

身处信息高度膨胀的时代，获取信息变得容易，选择获取什么信息则变得困难。生活丰富多彩，精力稀缺宝贵，如果不是恰好对东周历史文化感兴趣或以学术为业，我们还能找到读《孟子》的理由吗？答案是肯定的。《孟子》一书不仅谈国家、政治、经济、军事等等，还有很多关于修身养性、进退出处、乐天知命的论述。

### 一、《孟子》和教育

著名物理学家诺贝尔奖得主杨振宁多次回忆少时在父亲指导下读《孟子》的经历。其父杨武之曾留学美国，后来成为清华大学数学系的教授，熊庆来、华罗庚等著名数学家都是他的弟子。杨武之在杨振宁很小的时候就发现他在数学方面的天赋，但没有放松对传统文化的教育，特意请来清华大学历史系的学生，在初中阶段的暑假给他讲《孟子》。

杨振宁 1995 年在上海交大向学生们谈治学经验时说："一个父亲发现自己的孩子在某一方面有才能时，最容易发生的事情，是极力把自己的孩子朝这个方向推。但当时我的父亲却没有这样做，他使我学到了许多历史知识，是教科书上没有的。这对我有很大的意义。"这不仅告诉我们，《孟子》对于人生的成长具有重要作用，还启发作为父亲，杨武之如何有远见卓识地给子女补习人文素养。杨振宁又说："读《孟子》使我终身受益。《孟子》里很多儒家哲学影响了我后来的人生观和为人处世的态度，对于社会结构、物理结构的认识也有很大影响。这些远比父亲那时候教我微积分要有用得多。"

近代著名思想家、文化学者梁启超先生一生育有几个子女，各有专长，个个成才，甚至还创造了"一门三院士"的美谈：长子梁思成，著名建筑学家、古典建筑研究的先驱者。次子梁思永，著名考古学家，近代田野考古学的奠基人之一，他通过一生的田野实践和辛勤劳动，为中国近代考古学的发展壮大及考古人才的培养作出了积极的贡献，使我国的考古学事业进入了一个崭新的历史时期。幼子梁思礼，著名的航天技术专家，中国航天事业的开拓者之一，我国导弹控制系统的带头人，"长征"二号运载火箭的总设计师。

梁启超时常与子女通信，用《孟子》的智慧教育子女。1916年1月曾写家书给长女梁思顺："处忧患最是人生幸事，能使得人精神振奋，志气强立。"人生处于忧患之中，一般人认为倒霉，不幸运，于是诅咒、怨恨，而智慧者、有志者却视为幸事，这里就蕴含着孟子的理念与智慧。1927年11月，梁启超在《致孩子们的书》中嘱咐道："我想你们这一辈青年，恐怕要有十来年——或者更长，更捱极艰难困苦的境遇，过此以往却不是无事业可做，但要看你对付得过这十几二十年风浪不能？你们现在就要有这种彻底觉悟，把自己的身体和精神十二分注意锻炼、修养，预备着将来广受孟子所谓'苦其心志，劳其筋骨，饿其体肤，空乏其身，行拂乱其所为'者，我对于思成身子常常放心不下，就是如此。"

近代杰出的教育学家唐文治先生，曾以14年时间（1907—1920）创办了国内第一所工科大学，即上海交通大学。此后又以30年时间，创办无锡国学专修学校，培养一批国学人才。56岁，他双目失明，依靠秘书的协助，依然亲自授课，读书著作，数十年如一日，享年90岁。我们今天来看，会发现这位教育家的教育智慧的重要源头就是孔子、孟子的思想和智慧。唐文治先生认为，"人才者，国家之命根也；学堂者，又人才之命根也"。"今后之才，将尽出自学校。学西方之长，应以中学囊括西学"。他还举出孟子的话，说："七年之病，求三年之艾，苟为不蓄，终生不得。"当时要挽救国家，正是"蓄艾"的时候，就是储才救国的时候。另外，在《无锡国学专修学馆》（1920年）里，他又频频用孟子之学来申说《学规》。如用孟子的性善与孝来申说《学规》的第二条"孝弟"。此外还用孟子之说来申说第三条"辨义"、第五条"理学"、第七条"政治学"、第八条"主静"、第九条"维持人道"、第十条"挽救世风"。此《学规》一共十条，孟子之说占有七条，可见其重视程度。无锡国学专修学馆虽规模不大，却培养出了很多文史哲诸方面的人才，有的还是国内外著名的专家、学者。无锡国专创办于民国九年（1920年）十二月，定名"无锡国学专修馆"。民国十六年（1927年）改为"私立无锡国学专修学校"。1949年4月，无锡解放，改名为"中国文学院"。1950年秋，与苏南文教学院合并。1952年，全国院系调整，文教学院并入江苏师范学院，1982年，江苏师范学院改办为苏州大学。国家教委在论及新中国成立前所办学校时，对于无锡国专，

曾给予较高评价，认为其办学经验值得借鉴。（详见1983年原国家教委副主任彭珮云等同志的讲话）

唐文治先生是这样教人的，而他自己也正是这样做的。他8岁就开始学习《孟子》，后来又潜心攻治《孟子大全》等书，因而对孟子学说造诣很深。及游历欧美各国，认识到"读经贵乎阂通"，要具有一定的世界知识。他认为当时的世界是一个大"战国"，杀机四伏，只有用孟子的学说，来"正人心，救民命"，才能挽回世运。中年以后，他著《孟子大义》一书，阐述孟子的微言大义。后来在学校迁桂林时，又辑有《孟子分类学》。他一生服膺孟子学说，以"正人心，救民命"为办学、讲学、著书立说的宗旨，极力提倡精神文明，以匡正世道人心。他曾说："时局愈梦，无可言者，惟矢志讲学，于正人心，救民命两端，兢兢焉。以之自勉，兼以勖同志，弗敢失坠，随时著为文章，议论虽略有不同，而宗旨则始终不变也。"（《孟子大义》）到50岁以后，又努力攻读《易经》。从最近在无锡发现的唐先生私人藏书来看，他读过的各种《易经》著作的数量，多得惊人。各书都盖有"五十学易"印章，用五色笔圈点，并有不少眉批。其晚年所作《周易消息大义》，即是其力作，值得学习。

确实，《孟子》中关于人格、气节、浩然之气的教诲，一代又一代地流传下来，看似悄无声息，实则在千百年的民族心里流淌着。这是一份沉甸甸的精神遗产，在当今亦可滋养、磨砺、升华年轻学子的灵魂。

## 二、如何读《孟子》

宋代诗人曾巩创作过一首七言律诗《读孟子》："千载士推无此拟，一编吾喜窃窥观。苟非此道知音少，安有兹人得志难。机巧满朝论势利，疮痍连室叹饥寒。先生自是齐梁客，谁作商岩渭水看。"唐宋以来便有学者指出，"求观圣人之道，必自孟子始"，"孟氏醇乎其醇也"。"孟子有功于道，为万世师。"作为中国人，都应该认真读读《孟子》，年轻人更要好好读《孟子》。

林语堂认为孟子具英俊之气，其教诲尤其适合年轻人立志。他说："现代年轻人，应该多读《孟子》，常读《孟子》；年年读《孟子》一遍。《万章》《告子》《尽心》诸篇最好。孟子一身都是英俊之气，于青年人立志淬砺功夫，是一种补剂。孟子专言养志养气、志壹则动气，气壹则动志，是积极的。"林语堂特别欣赏孟子的文体，在《论孟子的文体》里写道："'喝！孟子'。这'喝'字是佩服称赞的感叹词，是给孟子喝彩的语气。""我想用'喝'以表示赞叹孟子的了不得，赞叹他的才气。才气与文字分不开，有才者必有其文，有其文者，必有其才。孟子的思想内容且不说，单说他的文字风格，就有一种磅礴之气。"说到孟子的文体，林语堂说："孟子能诡辩、善辩、好辩，并能就近取譬，这是大家所知道的。他的辩才无碍。这且不去管他，所要在他磅礴的文气。"在《论中外的国民性》一文中，林语堂说："《孟子》一书，我不主张初中就要念，却主张大学一年级的学生，人人非念不可。二年级、三年级、四年级每年自己重读一遍，总是好的。少年老成的老少年，翻翻一看，也可保存一点人气。"

钱钟书之父钱基博（1887—1957）在《〈四书〉解题及其读法》里关于《孟子》的读法，说："读法一如《论语》，每次作一意求之，虚心涵泳，切己体察，久而久之，必自由会。"他又举出三方面，拟为读法：第一，明其立言。孟子曰："我知言。"（《公孙丑上》）钱基博指出，然则读孟子之书，何可不知孟子之言！《孟子》一书，游文《六艺》之中，留意《诗》《书》之际，敦教化，明人伦，此与《论语》同者也。然则有不同者：《论语》气平；辞约而意尽；发语用"噫"；正言庄论，多法语之言；断章多、长章少；只言性、仁、志。而《孟子》气激；气盛而言宜；发语用"恶"；比物托兴，喜巽与之辞；长章多、短章少；直道性善，兼明仁义，深论养气。第二，籀其性理。即要研究、籀演、籀绎孟子的性理之说。"籀"指读书、诵读，又通"抽"，即抽取、演绎、抽绎之意。钱基博认为孟子道性善的方法有两端：一是以"故"言性，如"天下之言性也，则故而已矣！"（《离娄下》）一是以"情"证性，如孟子好以"恻隐""羞恶""辞让""是非"四端言性。此外，孟子道性善，只限于人，而物非所论。孟子说"存心"，所以继性之善也。孟子说"养气"，所以涵情之发也。第三，考其辩诸子。孟子好辩，而辩驳有明确姓名者有：许行；夷之；宋牼；景春；淳于髡；白圭。辩驳而不指名道姓者涉及甚广。孟子好辩，"乘间抵巇，辞气铿訇"，"一纵一横，论者莫当，此亦《论语》之所罕见！盖孔子以攻伐异端为害，而孟子以辟异端自人任；此孟子之所为不同于孔子"。

梁启超先生认为读《论语》《孟子》一类书，当分两种目的：其一为修养受用，其一为学术的研究。为修养受用起见，《论语》如饭，最宜滋养；《孟子》如药，最宜祓除及兴奋。读《孟子》，第一，宜观其砥砺廉隅，崇尚名节，进退辞受取与之间竣立防闲，如此然后可以自守而不至堕落。第二，宜观其气

象博大，独往独来，光明俊伟，绝无藏闪。能常常诵习体会，人格自然扩大。第三，宜观其意志坚强，百折不回。服膺书中语，对于环境之压迫，可以增加抵抗力。第四，宜观其修养下手工夫简易直捷，无后儒所言支离、玄渺之二病。要之孟子为修养最适当之书，于今日青年尤为相宜。学者宜摘取其中精要语熟诵，或抄出常常阅览使其精神深入我之"下意识"中，则一生做人基础可以稳固，而且日日向上，至老不衰矣。学术的研究，方面极多，宜各随兴味所注，分项精求。惟每研究一项，必须对于本书所言彻头彻尾理会一番，且须对于他书有关系的资料博为搜采参核。

梁先生还试举数例：第一，如欲研究孟子哲学，必须先将书中所谓性、所谓心、所谓情、所谓才、所谓义、所谓理……种种名词，仔细推敲。求得其正确之意义。复又须贯通全书，求得某几点为其宗旨之主脑，然后推寻其条理所由衍出。又须将别派学说与之对照研究，如《荀子》《春秋繁露》等书，观其所自立说，从批驳《孟子》者何如。第二，欲研究孟子之政治论，宜先提挈出几个大纲领———例如民本主义、统一主义、非功利主义等等，观其主张之一贯。又须熟察时代背景，遍观反对派学说，再下公正的批评。第三，孟子辟异端。我辈不必随声附和。然可从书中发现许多"异端"的学说，例如杨朱、许行、宋牼、陈仲子、子莫、白圭、告子、淳于髡等，其书皆不传，且有并姓名亦不见于他书者。从《孟子》书中将其学说撮拾研究，便是古代学术史绝好资料。第四，将《孟子》所载孟子所见之人所历之地及其行事言论钩稽排比，可以作一篇极翔实的孟子小传。

以上是老一辈学者们经过辛勤思考，融合了自己的不少心得，探索出来的读《孟子》的见解，值得后来者尤其是年轻学子借鉴。

在今天，阅读《孟子》，与其他经典一样，都需要借助前人的注疏。关于《孟子》的注疏，分为两类，第一类为古人所做，最具代表性的是东汉赵岐的《孟子章句》、南宋朱熹的《孟子集注》、清代焦循的《孟子正义》等，这类注疏既然能流传下来，足见是经典之作。但我们今天不具备使用文言文的语言环境，对于非专业人士来说，读起来是晦涩难懂的。还有一类是今人所做，最经典的是中华书局版杨伯峻的《孟子译注》。对于初学者而言，最好从杨伯峻先生的注疏入手，一方面是因为一代人有一代人之学术，经典本来就是常读常新的。杨伯峻先生师从杨树达、黄侃两位先生，博览群书，既读那些只图赚钱、丝毫无学术价值的书，又尽力搜集其他材料，取其精华，吸收前人之研究成果，在古汉语语法和虚词的研究方面以及古籍的整理和译注方面，为今人之集大成者。此外在写作方式上，又照顾到现代人的阅读习惯，容易入门，便于理解和领会。

# 第三讲 人性之争

人性问题是中国传统政治思想的核心论题之一。自战国时期荀孟论及人性善恶以后，对于人性的认识和理解，往往成为思想家全部思想学说的逻辑起点。孟子生活在战国初期到中期，那时人性问题成为诸子争鸣的一个焦点，占据主流的是告子的"性无善无不善"论。还有一位叫世硕的，也是孔门再传弟子，世硕认为"人性可以为善，也可以不善"，所以周文王、周武王在位时，老百姓就崇尚善行，周幽王、周厉王这样的暴君在位时，老百姓就崇尚暴力。无名氏的观点是"有性善，有性不善"，所以像尧舜禹、汤文武，那都是大善人，而夏桀商纣就是大恶人。尧这样善良的人做天子，却也有不善良的臣民；虽然有个不善良的父亲，但是舜却成长为非常善良的人；虽然有商纣这样道德败坏的天子，但是也有王子比干这样善良的长辈、贤臣。

## 第一节　告子和孟子之辩

告子到底何许人也？众说纷纭。有说告子是东周战国时思想家，曾受教于墨子，有口才、讲仁义。和孟子在人性问题上有过几次辩论，所以他的学说仅有一鳞片甲记录在《孟子·告子》中。赵岐则考证说告子是孟子的学生。还有种说法是告子本人无著作流传，只有在《孟子》中保存的言论，所以可能是杜撰出来的人物。

### 一、告子和"性无善无不善"论

告子论性，在《孟子·告子》有两章。其要点有二：一为生之谓性，其言："性，犹杞柳也，义，犹桮棬也；以人性为仁义，犹以杞柳为桮棬。"此所谓性，乃事物之个体，如其言"食色，性也。仁，内也，非外也，义，外也，非内也"。"杞柳"，也叫红皮柳，是一种落叶灌木，枝条可编器物。《辞海》对"杞柳"与"桮棬"的解释如下：杞柳：木名。枝条韧，可编制箱筐等器物。桮棬：器名。先用枝条编成杯盘之形，再以漆加工制为杯盘。这段文字译成白话文，其大意是：告子说人的本性好比杞柳树，义理好比杯盘，把人的本性纳于仁义，正好比用杞柳树来制成杯盘。二为性无善恶。其言："性犹湍水也，决诸东方则东流，决诸西方则西流。人性之无分于善不善也，犹水之无分于东西也。"故公都子引告子言曰："性可以为善，可以为不善，是故文武兴，则民好善，幽厉兴，则民好暴。"又曰："有性善，有性不善，是故以尧为君而有象，以瞽瞍为父而有舜，以纣为兄之子且以为君，而有微子启、王子比干。今曰'性善'，然则彼皆非与？"故告子因生之谓性而言性无善恶，此性乃为人之生命本体，不涉道德判断，实言人的生命本无善恶，所言之性多限于肉体本身而不及其余。而思孟学派因人有善端而言人性本善，此立足于人之社会属性，所言之性当为社会属性，实言人的伦理和道德趋向，此论立足于人的群体而反推人之个体本性。故与孟子所论，立足不同，指向不同。

告子立足个体自然属性讨论性，实将性命视为肉体意义上的形式存在。

这种意识是杨朱学说的延续。《孟子·尽心上》言："杨子取为我,拔一毛而利天下,不为也。"《吕氏春秋·不二》言之为"阳生贵己",①皆直言杨朱贵我。杨朱学说在当时影响甚大,孟子曾说："杨朱、墨翟之言盈天下,天下之言,不归杨,则归墨。"其学说在秦汉之际颇多响应。《淮南子·论训》："兼爱尚贤,右鬼非命,墨子之所立也,而杨子非之。全性保真,不以物累形,杨子之所立也,而孟子非之。"②可见杨朱在墨子、孟子之间,故孟子驳斥之："杨氏为我,是无君也；墨氏兼爱,是无父也；无父无君,是禽兽也。"杨朱学说之核心在于贵我与全性保真,此学说立足点在于重视生命本体,不为外物所累,而过分强调人的个体存在。

杨朱之性命论今不存,然其学说却流布深广,先秦典籍多有记载。《韩非子·显学》言："今有人于此,义不入危城,不处军旅,不以天下大利易其胫一毛。世主必从而礼之,贵其智而高其行,以为轻物重生之士也。"③此与孟子"拔一毛而利天下"之说极相类。《吕氏春秋·重己》："今吾生之为我有,而利我亦大矣。论其贵贱,爵为天子不足以比焉；论其轻重,富有天下不可以易之；论其安危,一曙失之,终身不复得。此三者,有道者之所慎也。"视自身性命为最贵,高于诸侯、富贵、安危之事。《吕氏春秋·贵生》直述"圣人深虑天下,莫贵于生"之道,实杨朱贵生学说之表述。后出之《列子》有《杨朱》等篇,专述其事、其论,察其要道,仍以"重生""养生""全生"为追求,反对"制命在外""损其生以资天下之人"。

这种贵己、全生的意识,建立在两个基点之上：一是认为人之生命宝贵,虽万物不能替代,故贵己轻物,此生命意识与老子贵生爱己的意识相承,《老子》第13章："故贵以身为天下,若可寄天下。爱以身为天下,若可托天下。"④但与庄子无己却相反,庄子从自然大道之角度视己,以己形为累赘,养生全性意在全人之天性,可弃形体而为之。而杨朱之贵己,乃从生命主体出发,以万物为累赘,养生全性意在保全形体,不弃形体而为之。二是这种性命观的形成,是以生命个体作为全部价值取向,肯定生命的自然属性,反对或者否

---

① 方勇：《诸子现代版吕氏春秋》,商务印书馆,2015年版。
② 何宁：《淮南子集释》,中华书局,1998年版。
③ 《韩非子集解》,中华书局,2016年版。
④ 朱谦之：《老子校释》,中华书局,2017年版。

定与此自然属性之外的道德、政治乃至人伦附加，故而其性命论不关涉后天之培养与道德之预设。告子、杨朱视性命为生命，由于人之个体生命并无差异，故无所谓善恶，因无关价值判断，无关社会属性，故人之性命与水、柳相同，全为自然本性而已。

这种径言性命为生命者，无涉道德判断，秦汉颇多延续。如贾谊《新书·过秦中》："即元元之民，冀得安其性命，莫不虚心而仰上。"陆贾《新语·思务》："性命之短长，富贵之所在，贫贱之所亡。"王充《论衡·道虚》："或时老子，李少君之类也，行恬淡之道，偶其性命亦自寿长。"此类论述较为超脱，有阐述性命之组成者，然因不及道德判断，而多归于体性之论。如《淮南子·原道训》："夫性命者，与形俱出其宗，形备而性命成，性命成而好憎生矣。"而此类论述，涉及性命的外化形式，即"性命之情"。

崔述在《孟子事实录》卷下之《杂纪》中云："《孟子》书中凡所辩者多杨、墨之说，不必其明言杨、墨也。是故，性之犹杞柳，犹湍水，生之谓性，食色之为性，皆杨氏之说也……"这里，崔述以为告子祖述杨朱人性学说，这意味着告子曾习道家，深受杨朱影响，是杨朱学派的人物。

郭沫若先生在论述告子的学派归属时说："这个人主张'生之谓性'，'人性无分于善不善'，'仁内义外'，时常和孟子论难而遭受到孟子的反对；但孟子也佩服他，说他比自己'先不动心'。这个人又见于《墨子·公孟篇》，墨子的二三子说他'胜为仁'，但又因为他反对墨子，便'请弃'他。据这些看来，尽管有人在说他是孟子的弟子（赵岐）或墨子的弟子（钱穆），但他分明是非儒非墨或亦儒亦墨。他的关于性的主张是道家的看法，而他不非毁仁义还保持着初期道家的面貌。最值得注意的是孟子在谈浩然之气的时候，引用了他的两句话来加以批评：'不得于言勿求于心，不得于心勿求于气'（《孟子·公孙丑上》），这分明是'毋以物乱官，毋以官乱心'（《管子·心术下》）的另一种说法，所不同的只是告子把心作为了思之官，而把气（即是灵气）放在了心主宰的地位而已。"这是说，告子乃道家人物，属道家学派。我们知道，道家言性德，每譬于水。《刻意》曰："水之性不杂则清，莫动则平，郁闭而不流，亦不能清，天德之象也。"《天地》曰："性修反德，德至同于初，同乃虚，虚乃大，与天地为合。"此言最要。《德充符》曰："平者，水停之盛也。"《盗跖》曰："平为福。"《外物》曰："凡道不欲壅，天之穿之，日夜无降，人则顾塞其窦。"

此平与通之义也。《德充符》曰："眇乎小哉,所以属于人;謷乎大哉,独成其天。"《缮性》曰："反其性情,以复其初。"此大与初之说也。天本大也,初本善也。欲形容天之善,莫过于平。人之合天,由小而合大,由末之不平而反于初之平也。故凡中国圣哲之言人道者,莫不以能大反初为准。大之义,老子详之。初之义,孟子详之。其实功则在于"守神"(《刻意》)、"养气"(《达生》)。神气之妙则不外于清与通。盖凡万物之恶,莫非生于浊与塞也。周茂叔始发明儒者养性之义。其形容性德亦曰明通公溥。是即清通平也。庞朴先生考据亦认定告子"是一位道家者流"。徐复观先生也将告子思想归入道家者流。

学界关于告子思想归类的看法有三种:以葛瑞汉（A.C.Graham）为代表的学者认为,告子的思想渊源在齐国稷下学派的道家,其思想的表述与《管子》中《戒》篇思想接近;以李明辉为代表的学者认为属于墨家,他们的观点建立在《墨子》中关于告子的记载,以及他们对于告子的"不得于言,勿求于心,不得于心,勿求于气"的解释;而楚地简帛文献的出土,又令人猜测,告子思想或许属于孔门后学的一派。

## 二、告子和孟子之辩

告子对人性的看法是当时社会的主流看法。他讲生命的"生"、与生俱来的"生"。"生"和"性"是互训的,从训诂上来说,"生"就是"性","性"就是"生"。文字训诂上说,"生"和"性"是两个可以互相解释的字。告子认为食、色等自然性、生物性即是人性。又说,你把水引向东边它就东流,你把水引向西边它就西流,人性也是一样。用现在的话来说,它是自然人性论,又是外在环境决定论。孟子在和告子辩论的时候,提出了关于人性的新看法,让我们来看看这场千古之辩论。

一开场,告子直接抛出自己的观点,他说："人性就像柳条一样,把柳条做成杯盘,它就是杯盘;把柳条编成箩筐,那它就是箩筐。人性也一样,本来无所谓善恶,后天环境引导的不同,才造成善恶的不同。"

孟子反驳说："你说把柳条做成什么它就是什么,那么你能不改变柳条的性状把它变成杯盘或箩筐吗?把它做成别的样子,它本来的性状就没有了,它也就不是柳条了。照你这样说人的天性被引导成了善和恶,不就破坏了人的天性了吗?"

告子听罢，又换了一种说法来陈述自己的观点。他又说："人性好比湍急的水，在东边开个口就往东流，在西边开个口就往西流。人性本来就不分善与不善，就像水流本来不分向东向西一样。"

孟子马上又反驳他说："水流确实是本来不分向东向西的，难道也不分向上向下吗？不管你在哪边开个口子，水总是往下流的。人性的善，就好比水朝下流一样，是必然的，是客观存在的现象。至于偶尔会出现人性不善的现象，也是形势逼迫所致，就像拿个桶往上泼水，水也会往上流，但这是形势所迫，而非水的天性可以往上流。"

告子被反驳得不知该说什么好，于是他说："咱们现在先不讨论这个问题，咱们先来说说什么是天性，我认为天生的就是天性。"

孟子说："倘若你要这样说，天生的就叫天性，那么白的就叫做白是吗？"

告子说："是这样啊！"

孟子继而举例说："白雪的白，白羽毛的白，白玉的白，都是同一个白是吗？"

告子仍硬着头皮回答说是。

孟子继续举例："那狗的天性、牛的天性和人的天性一样都是一种天性吗？"

告子抛出最后一个观点："我认为食欲、性欲，是人的天性。仁是生自内心的，不是外因引起的；义是外因引起的，不是生自内心的。请问孟子先生对这个观点是否认同？"

孟子当然还是不认同，"你凭什么说仁是生自内心而义是外因引起的呢，把证据拿来！"

告子既然敢这么说当然是有准备的，他说："比如说有个人比我年长，我便尊敬他，但不是预先就有'尊敬他'的念头在我心里的；再比如有个人皮肤比我白，我便认为他白，是由于他的白显露在外，并不是我觉得他白他才白的，所以说义是外因引起的。"

对于这个观点，孟子是这样反驳的："白马的白和白人的白没有什么不同，但是不知道对老马的怜悯和对老者的尊重也没有什么不同吗？而且，您说的所谓义，是指老者呢？还是指对待老者的人呢？"

告子答道："我爱我弟弟，是因为我心里先知道他是我弟弟我才爱他的，

如果他是秦国人的弟弟，我就不爱他，这是由我决定爱谁的，所以说仁是生自内心的。"

孟子说："喜欢吃秦国人的烤肉，和喜欢吃自己的烤肉没什么不同，事物也有这种情况，那么，喜欢吃烤肉的心也是外在的吗？"

我们从这场辩论中可以看到，告子对仁的认识，还是停留在我们常人的私心上面，也可以说是狭隘的爱，不同于孔孟提倡的大爱。由于他还没认识到仁义的本质，甚至连最起码的含义都没搞清楚。因为仁义和善行一样，这可不分内外，或者单独和大多数人。而不是自己的弟弟就爱，秦国人的弟弟便不爱他。这哪里是仁义，而是个人私心的体现，再不要说涉及深层次上的本性平等。其实也跟今天和历史上的多少人，根本没明白什么叫仁义。哪像圣人提倡的大爱，不为自己和亲朋，而是爱天下所有的人，这才是仁义的本质所在。

孔子所说的孝道，是指君子以孝道教化人民，不需要亲自家家户户去讲述孝的意义，而是以人们自己日常的孝行感化人。君子教化人民都能够推行孝道，为的是要人民尊敬天下的父母；君子教化人民都能够推行悌道，目的是要人民尊敬天下的兄长；君子教化人臣奉守为臣之道，为的是要为臣的遵守天下的君王。这才是由孝道引出的仁义之心，是以爱天下人为根本，如同佛讲天下间的男女都是我的父母一样。

这方面做得最好的要数宋朝宰相、大文学家范仲淹。史载范仲淹出身贫寒，年轻时在寺庙里读书生活很苦，但他有非常可贵的品德。而且他从小就有救人救世的大志，一生积累功德不疲不厌。他的传世名言"先天下之忧而忧，后天下之乐而乐。老吾老以及人之老，幼吾幼以及人之幼"等于是他人生的座右铭，他还是一个佛教徒，所以乐善好施。并且文武全才，武官做到元帅，文官做到宰相。最难得的是做到宰相和大元帅时，收入很可观，而让人想不到他还过着清贫的生活。为什么过得那么苦？原来他把收入拿去救济贫民和社会了，他用俸禄来养三百多家地方上的清寒弟子，这等于替国家培养人才，但自己的生活依然像从前当穷秀才没什么两样。吃的是粗茶淡饭，这真不得了，由此给自己修积福德非常之大。在五个儿子中，两个儿子做了宰相，一个做了御史大夫，都非常了不起。

范仲淹临死的时候没钱买棺材，钱上哪去了？因为全做慈善事业去了。

晚年他还把自己的房子捐出，布施给佛教改做寺庙，这才是一个真正知恩图报的人。再像从前的古老中国社会，寺庙的责任是负责教化一方，像一般平民教育实实在在得益于佛教，当然他也不肯例外。像范家一直到民国初年都代代人才不衰，要说这是什么原因，其实就是祖宗之德，让子孙继承的结果，而且代代子孙都好，也是他得益于知足，才一门显赫。

这才是真正的聪明人，纵然得到荣华富贵，自己却不享受，而是让大家来享受。再说一般人能做到三代不衰就很难得了，就像孔子这个家庭两千五百年不衰，范家八百年不衰，这可是继孔子之后中国历史上的第二家。

孟子好辩，而且能辩，他跟告子辩论的时候使用类比法与归谬法，最后归谬成功。跟告子辩论四个回合，从"生之谓性"开始最后讲到犬之性、牛之性和人之性的关系。孟子跟告子辩论最后得出的结论是什么？他逼着告子承认犬、牛之性和人之性是不一样的。

孟子的立场是人的属性和动物的属性是不一样的。牛之性和犬之性不同，犬牛之性和人之性不同，后一个不同是更大的本质的不同。也就是说，按照告子的思想逻辑，犬牛之性和人之性没有根本的差别，就是所谓的"食色，性也"。人和动物都一样，没有根本属性的差别。孟子所提出的最根本的和前人的伦理思想、道德哲学思想不一样的是，人有自然的食色之性，或者说人与禽兽的本质差别是什么，亚里士多德讲，人是政治的动物，人是社会的动物，这是亚里士多德关于人的本质的界定。孟子关于人的本质的界定是说，人有内在的道德的知、情、意，这是人所固有的道德属性。毋宁说，他讲的是：人是有道德的动物。人和动物、他物有差别，要严辨人禽之别，君子小人之别。这是当时孔孟儒家特别强调的，到孟子特别强调人禽之别。

今天的动物学家可能说，动物也有群居性，也有社会性。非洲羚羊的大规模迁徙活动，还有很多动物的迁徙活动，它们有一种获得性的遗传。有的场合，老羚羊会一字排开去引诱它的天敌。年轻的羚羊在部分老羚羊的带领下按照固定的路线继续走，这是不是它的道德性？这当然是动物学家们研究的课题。但是孟子界定和提倡的是，人和禽兽的不同，人和动物的不同，就在于人有道德的属性。所以，他跟梁惠王、齐宣王讲道理的时候，他都是用此来打动他们的。比方说，他跟齐宣王讲王道政治的时候就说，你看到有人要去杀一头牛，以牛血衅钟，听说你不忍牛被杀，你看到牛似乎在颤抖，很

可怜，你说不忍牛之觳觫，你有不忍之心。衅是祭名，指血祭。孟子应机说法，把他引诱到"行不忍人之政"上，他在诱导齐宣王的道德情感。看他的不忍之心，诱导他关爱小民、百姓，指出应该以一个什么样的心态对待人民。所以，孟子在中国哲学史、文化史上，第一次明确地揭示了关于人性的新的观点。这就是，人具有不同于动物、他物的特殊性，这就是道德性。孟子是不是否定食色之性呢？他不否定。人也是动物中的一个种类，他也有自然的食色欲望。但是，孟子的意思是说，如果我们把自然欲望作为人的本性的话，那没有讲清楚人和其他物的差别。只有道德本性才是人最根本、最重要的特性，这是人之所以为人的标准。"人之所以异于禽兽者几希，庶民去之，君子存之。"孟子并不否定人都有食色的欲望，也不否定在现实生活中，人之为恶，更甚于禽兽。我们老百姓说这个人禽兽不如，比禽兽还坏。因此，人在事实经验层面上，的确是这样的。但他特别重视的是，天赋予人的，人之所以为人的根本，人的类本质、类特性是人有道德性。

大家读《孟子》的时候经常看到里面骂人的时候有"非人也"，他是恨铁不成钢，带着悲愤的心情说：如果这个界限泯灭了，那你是自甘堕落、自暴自弃，那你就是禽兽不如。

其实，到底人性是如孟子的看法天生善良，或者如告子的看法无所谓善也无所谓恶，这是一个很难说得清的问题。即便是哲学思想进步发展到今天，对于这个古老的话题，每个人也都有着不同的看法。对于个体来说，我们要笃志行善事、做好人，才是最重要的。

## 第二节　荀子和"人性本恶"论

荀子对儒家思想有所发展，在人性问题上，提倡性恶论，主张人性有恶，否认天赋的道德观念，强调后天环境和教育对人的影响，这对我们今天的学校教育、社会教育启发深远。其学说常被后人拿来跟孟子的"性善论"比较。除此之外，荀子对重新整理儒家典籍也有相当显著的贡献。

关于荀子生平，《史记》载："荀卿，赵人。年五十始来游学于齐。驺衍之术迂大而闳辩；奭也文具难施；淳于髡久与处，时有得善言。故齐人颂曰："谈天衍，雕龙奭，炙毂过髡。'田骈之属皆已死齐襄王时，而荀卿最为老师。齐尚脩列大夫之缺，而荀卿三为祭酒焉。齐人或谗荀卿，荀卿乃适楚，而春申君以为兰陵令。春申君死而荀卿废，因家兰陵。李斯尝为弟子，已而相秦。荀卿嫉浊世之政，亡国乱君相属，不遂大道而营於巫祝，信禨祥，鄙儒小拘，如庄周等又猾稽乱俗，于是推儒、墨、道德之行事兴坏，序列著数万言而卒。因葬兰陵。"

荀子（约前313—前238），名况，战国后期赵国人，时人尊称为荀卿，汉时称为孙卿。年五十，始游学于齐国，曾在齐国首都临淄（今山东淄博市）的稷下学宫任祭酒。因遭谗而适楚国，任兰陵（今山东苍山县）令。以后失官家居，著书立说，死后葬于兰陵。著名学者韩非、李斯均是他的学生。荀子是一位儒学大师，在吸收法家学说的同时发展了儒家思想。他尊王道，也称霸力；崇礼义，又讲法治；在"法先王"的同时，又主张"法后王"。孟子创"性善"论，强调养性；荀子主"性恶"论，强调后天的学习。这些都说明他与嫡传的儒学有所不同。他还提出了人定胜天，反对宿命论，万物都循着自然规律运行变化等朴素唯物主义观点。

孟子认为人性是善的，荀子提出与孟子对立的观点，人性是恶的。荀子著有《性恶篇》："人之性恶，其善者伪也。"[①] 这是说，人的本性是恶的，那性善是后来人为的性。这里的"伪"，不是指伪装、虚伪，而是人为的意思。他批评孟子视人性本善，"是不及知人之性，而不察乎人之性伪之分者也"。他主张论性必先明"性伪"之分，即"不可学，不可事而在人者，谓之性；可学而能，可事而成之在人者，谓之伪"。

为什么人之性恶？荀子说："今人之性，生而有好利焉，顺是故争夺生而辞让亡焉；生而有疾恶焉，顺是，故残贼生而忠信亡焉；生而有耳目之欲，有好声色焉，顺是，故淫乱生而礼义文理亡焉。然则从人之性，顺人之情，必出于争夺，合于犯分乱理，而归于暴。故必将有师法之化，礼义之道，然后出于辞让，合于文理，而归于治。用此观之，人之性恶明矣，其善者伪也。"这是说人生下来有如此多的欲望，顺着欲望发展下去，那么各种罪恶就涌现

---

① 张觉：《荀子译注》，上海古籍出版社，2012年版。

出来了，这不就是人性是恶的吗？比如刚生下来的婴儿，最初只有吃和睡的原始欲望，也具备这些功能，天生就会吮吸母乳，非常的奇妙。有些妈妈非常疼爱孩子，喜欢一直抱着，甚至轻轻摇摆，婴儿感觉很舒适，就会产生依赖性，一旦停下来，他们会干吗？会哼唧、闹腾，甚至放声哭闹，直至妈妈重新摇晃起来。所以当母亲是很辛苦的一件事情，孩子会不停试探你的底线，惯用的撒手锏是哭闹。所以也有些育儿专家说这是天生的不自知的"恶"，要想在襁褓之中纠正，就得下狠心、正规矩。

荀子激烈地批评孟子。荀子说："孟子曰：'今之学者，其性善。'曰：'是不然！是不及知人之性，而不察乎人之性伪之分者也。'凡性者，天之就也，不可学，不可事。礼义者，圣人之所生也，人之所学而能，所事而成者也。不可学，不可事，而在人者，谓之性；可学而能，可事而成之在人者，谓之伪。是性伪之分也。今人之性，目可以见，耳可以听；夫可以见之明不离目，可以听之聪不离耳，目明而耳聪，不可学明矣。"荀子指出孟子一方面说人性是善的，一方面要以先王礼仪来教化。这不是自相矛盾吗？荀子强调"其善者伪也"，即注重后天的努力、教育、环境等在形成人的道德观念过程中的作用。

孟荀人性论的宗旨均是引导人趋善避恶，一般地说，孟子人性论更为强调人行善的可能性，而荀子人性论则凸现人性趋善的必要性；孟子性善论指向人的存养，荀子的性恶论指向人的积伪。但特殊地说，荀子的性恶论和性朴论也涉及成善的可能性。许多人恐怕包括宋儒在内怀疑性恶论和性朴论无法使人为善、成善，故此认为他"大本已失"。

那么何以说荀子的性恶论和性朴论为人成善提供了可能性呢？一方面，人善、性善和行善（行为善）既不同又统一。人是一个有机体系统，它包括人性、人行，人性之恶或可恶并不必然导致人恶、行为恶，反而在各种内外因素作用下人会做善事、行善举，进而成为善人。就荀子而言，他认为，由于内在方面有积伪、强学、修习、知善等主体条件和外在方面有圣王之治、礼义教化等客体条件作保障，可以使人的恶性得到正确引导、优化、改造，从而使人变善、为善；即便人性为朴、为恶，也由于人具有"欲善""向善"之心，具有趋善避恶的主观愿望，反而成为人为善、成善的动力。另一方面，"性者"作为"本始材朴"为道德人为提供实践前提。荀子可谓人性改造论者和人性可塑论者，他为人类预设了人先天固有的材质供人加工。与孟子性善论相反，荀子性恶论和性朴论既看到了人性本色、质朴的一面，又看到人的恶性而忽视甚至否定善性。本来，包括性恶论和性朴论在内的荀子人性论为人为善、成善既提供了必要性又提供了可能性，为人成就现实的善做了较为合理的解释，但是也正是他的性恶说和性朴说丢掉了为宋儒所推崇备至的先验主义、道德主义的"大本大源"，即便他也凸显了人的知善才具、义分族性，仍然摆脱不了程朱将其判定为儒学正统"异端"而打入"冷宫"。

人性善恶之争，几千年来、莫衷一是。1993年，在狮城新加坡举行首届国际华语大专辩论赛，决赛之夜，正反方两支队伍分别是复旦大学代表队和台湾大学代表队。决赛的辩题就是这个千古之争：人性本善还是人性本恶。持反方意见的复旦大学代表队认为：第一，只有认识人性本恶，才能正视历史和现实。第二，只有认识人性本恶，才能重视道德、法律教化的作用，才能重视人类文明引导的结果，培养健全而又向上的人格。第三，只有认识人性本恶，才能调动一切社会教化的手段来扬善避恶。持人性本善的台湾大学代表队则认为：人性就是人的心。孟子说人有四端之心，这是一个善的种子，人世间确实存在恶行。有善苗，不见得就不会有恶行。因为外在环境，因为资源缺乏，所以很多人在无形之中会做出一些恶的行为来伤害别人，这是不得已的。所以教育跟法律的意义就在于纠正人的行为。每一个人都有一颗向善的心，教育跟法律的功能就是要辅导，辅导要行恶的人走上善途。

比赛终有结果，正方复旦大学代表队胜出，但是比赛以外，东方社会或西方社会都有大量的哲学家和思想家对人性善恶问题孜孜不倦地进行深度探讨，直至今日。

# 第四讲 人性本善

中国人都熟悉一句话："人之初，性本善"，这是编在蒙学读物《三字经》里，且置于篇首的话，流传甚广，大多数的孩子在牙牙学语的年龄，父母便会反复吟诵。孟子认为人性是善的，他在与告子等人的辩论中慢慢形成自己关于性善的观点。

## 第一节　四端之心

孔子提出了很多德目，但没指出哪些是最基本的德性。孟子认为所有的德性中，仁、义、礼、智这四种德性从何而来，这是由人的四种本性决定的。

### 一、乍见孺子将入于井

对于众说缤纷的人性问题，孟子的学生不知所从，就请教老师。孟子说，从天性来说，人都可以善良，"善"是什么意思？孟子将它称作"不忍人之心"，具体分为"恻隐""羞恶""辞让""是非"四心。

"人皆有不忍人之心。先王有不忍人之心，斯有不忍人之政矣。以不忍人之心，行不忍人之政，治天下可运之掌上。所以谓人皆有不忍人之心者：今人乍见孺子将入于井，皆有怵惕恻隐之心；非所以内交于孺子之父母也，非所以要誉于乡党朋友也，非恶其声而然也。由是观之，无恻隐之心，非人也；无羞恶之心，非人也；无辞让之心，非人也；无是非之心，非人也。恻隐之心，仁之端也；羞恶之心，义之端也；辞让之心，礼之端也；是非之心，智之端也。人之有是四端也，犹其有四体也。有是四端而自谓不能者，自贼者也；谓其君不能者，贼其君者也。凡有四端于我者，知皆扩而充之矣。若火之始然，泉之始达。苟能充之，足以保四海；苟不充之，不足以事父母。"

古文简练，但是传神。孟子在这段中用的是"乍见"，就是很突然、没有心理准备的意思。今天的我们读到此处，可以扪心自问：当你们乍见一个小孩就要掉入井中之时，你们会怎样做？其实有很多人已经用行动给出了答案。

全国最美女教师张丽莉，女，1984年1月19日出生于黑龙江省佳木斯市，2006年毕业于哈尔滨师范大学，分配到佳木斯市第十九中学任教。2012年5月8日，张老师像往常一样站在学校附近的马路上疏导学生。突然，原本停在路旁的客车猛地向学生们冲过来。危急时刻，只见她向前一扑，将车前一名吓傻的学生用力推到一边，自己却被无情的车轮碾压，导致双腿高位截肢。"丽莉在生命垂危的时候，还惦记着她的学生。"哈尔滨医科大学附属第一医院ICU主任赵鸣雁说,"张丽莉昏迷多天后,醒来的第一句话是,那几个孩子没事吧!"有人问张丽莉:"你后悔吗?"她回答:"不后悔。这样做是我的本能。我已经快30岁了,我已和父母度过了将近30年的快乐时光,那些孩子还小,他们快乐的人生才刚刚开始。"

我们回到《孟子》中来,他的结论是一定要把小孩救起来。为什么要救这个小孩呢?孟子说:首先,即使这个小孩的父母腰缠万贯,我也不是为了讨好他们,才去救人的;第二,我也不是因为救了小孩之后,我就可以在老乡朋友那里立刻得到好名声;第三,我也不是因为厌恶听到孩子的哭声才去救他。孟子说的是大实话啊,经常有些见义勇为的行为就是路人经过,不知道被救者是什么身份,什么背景,就是一种本能。"内交于孺子之父母""誉于乡党朋友也""恶其声而然也"这三个由头都被孟子否定了。孟子要证明的是:当你突然看到一个小孩即将跌进井里的时候,你别无选择,你必须去救这个小孩。缘由在于:恻隐之心是我们每个人内心深处都有的,羞恶之心是我们每个人内心深处都有的,辞让之心是我们每个人内心深处都有的,是非之心是我们每个人内心深处都有的。

简单说,孟子是通过"孺子将入于井"这个例子,有力地证明了我们每个人的内心深处都有着善良的种子。

学生又问:人性善,那为什么还有种种丑恶的事发生在某些"人"身上?难道他们不是"人"吗?孟子说:他们本来是人,不行善事,不能归咎于他们天生的资质,而是他们迷了心窍,遮了本心,做出违背自己本心的事,这就是恶。

当然,也有的人被蒙蔽了,成为孟子所说的"非人",我们看2008年汶川地震的时候,涌现出很多救人的英雄和可歌可泣的故事,也出现了一个声名狼藉的人物,人称"范跑跑"。地震来的瞬间,这位范老师选择抛下学生们出逃,这是他的选择,同样,因为这个选择,他就得接受良心的拷问、民众的谴责。有很多的贪官,他们在被捕之后往往痛哭流涕,回忆父母、老师对自己曾经的教诲和殷殷希望,也有人会觉得:他们是因为被抓捕了再后悔。固然有这方面的因素,但他们刚刚参加工作的时候,大多还是一张纯白的纸,想着为国家、为人民作贡献、尽一份力,只是外界环境的变化、自己心态的变化、各种各样的诱因,渐渐让他们迷失了本性。

总之，孟子将仁、义、礼、智并提的"四德"说，是中国传统的伦理道德模式，并将这四种道德意识建立在人的情感基础之上，使之成为普遍可行的美德，从而为中国人的安身立命提供了精神上的指引。

### 二、嫂溺援之以手

淳于髡曰："男女授受不亲，礼与？"

孟子曰："礼也。"

曰："嫂溺，则援之以手乎？"

曰："嫂溺不援，是豺狼也。男女授受不亲，礼也；嫂溺，援之以手者，权也。"

曰："今天下溺矣，夫子之不援，何也？"曰："天下溺，援之以道；嫂溺，援之以手——子欲手援天下乎？"

这段话，我们能看到一个今人在古装剧里经常出现的词：男女授受不亲。没错，这个说法最早语出《孟子》，指男女受礼教道德的规范，不可亲手递接物品，以免肌肤接触。

有一天，齐国淳于髡去拜访孟子，问道："先生，不可亲手递接物品，以免肌肤接触，才是合乎礼仪的行为。是这样吗？"孟子回答："这是合乎礼仪的行为。"淳于髡接着问："如果嫂嫂掉到河里，可以直接用手去救她吗？"孟子回答："眼见嫂嫂掉进河里而不去救，就是豺狼禽兽。平时男女之间不肌肤接触，是符合道德的；但若是嫂嫂不幸掉进河里，以手搭救，那是给救人者的权限。"淳于髡接着问："当今的百姓都生活在水深火热的暴政之下，先生为什么不去救他们呢？"孟子答："要拯救生活在暴政下的百姓，要用仁义的道理去感化国君、教化百姓，才是真正的使百姓得救。嫂嫂溺水了，当然要伸手去救助。你打算用双手去帮助全天下的百姓吗？"

"男女授受不亲"是封建社会必须遵守的礼法，依照这个规则，嫂子是女的，小叔子是男的，即使小叔子看见嫂子掉到水里去，也不能去搭救。可是看见嫂子被水活活淹死，能心安理得吗？于外在的礼，不能救嫂子；于内在的心，又必须救嫂子。所以我们看，这个比上面要不要救小孩复杂得多了，小孩就是很简单的选择：救或者不救。

怎么办？究竟怎么办？孟子的回答是：嫂子都掉水里了，你不救她，你就是豺狼虎豹啊！你救了她，你才是人，而且你救了她，根本不会违背"男女

授受不亲"之礼，因为国家法规不是死的，它们在特殊情形下必须听从权变的号令。所以我们看，孟子对事情的解决方式是符合人性本身，不违背人性的。

男女授受不亲是中国古代礼制中一条微妙的牵涉性心理问题的规定。由于有这一条规定，当"嫂溺"的时候是否"援之以手"就成了一个令人尴尬的问题了。想来弗洛伊德博士不一定知道"男女授受不亲"的规定，恐怕也没有读到过淳于髡先生与孟子的对话，不然的话，倒正好可以作为一份性心理分析的材料了。

孟子虽是亚圣，但淳于髡先生也非常了得，人虽矮小，其貌不扬，但太史公在《史记》里称他"滑稽多群，数使诸侯，未尝屈辱"，[①] 是当时齐国准外交部长级的人物，幽默诙谐的国际名士。看他问孟子的问题，出语不凡，神出鬼没而又直击本质。稍有反应不过来，不弄得你尴尬无措，"顾左右而言他"才怪。但亚圣毕竟是圣人级的高手，群才无碍。只需略施机锋转语，以"权"释"礼"，便出人意表又合于情理地回答了对手的诘难，令人不得不服。通权达变，智者风范。

"男女授受不亲"后来得到适当的修订，因为大家都觉得它不合理，因为母亲也是女性、祖母也是女性、女儿也是女性、孙女也是女性啊，难道她们掉进了河里，也要因这点道德约束而不施救吗？这是后话了，可是孟子在两千多年前就有如此让人折服的回答，足以论证性善是我们内心深处所固有的因子。

我们现在也有个关于跳水救人的"现实难题"是不是？据说很多女性会问先生：我和你妈同时掉进水里，你先救谁？这个肯定不好回答，怎么答都难破局。这句话的作者不是某位热衷于作死的小姐姐，而是我们的大文豪曹禺先生。曹禺在《原野》中有一句话，金子问大兴，如果我和你妈掉进了水里，你先救谁。没想到当时的随口一说居然成了很多人的答题梦魇。有时候我会想，如果孟子在世，被问到这个问题，依照他的智慧会怎么解答？

### 三、舜封象为诸侯

万章问曰："象日以杀舜为事，立为天子，则放之，何也？"

孟子曰："封之也，或曰放焉。"

---

① 司马迁：《史记·滑稽列传》。

万章曰："舜流共工于幽州，放驩兜于崇山，杀三苗于三危，殛鲧于羽山，四罪而天下咸服，诛不仁也。象至不仁，封之有庳。有庳之人奚罪焉？仁人固如是乎？在他人则诛之，在弟则封之。"

曰："仁人之于弟也，不藏怒焉，不宿怨焉，亲爱之而已矣。亲之欲其贵也，爱之欲其富也。封之有庳，富贵之也。身为天子，弟为匹夫，可谓亲爱之乎？"

"敢问或曰放者，何谓也？"

曰："象不得有为于其国，天子使吏治其国，而纳其贡税焉，故谓之放，岂得暴彼民哉？虽然，欲常常而见之，故源源而来。'不及贡，以政接于有庳'，此之谓也。"

尧舜禅让的故事本是千古佳话，儒家的祖宗孔孟对此推崇备至津津乐道，一再奉其为理想境界的准则。相传，在尧禅让帝位的前后，出身低贱的舜对双亲极尽孝道，对弟弟也非常友爱。他的这种孝悌行为得到社会的赞扬，以至被选拔来继承帝位。舜登帝位，并不是一帆风顺的。据古代一些文献记载，他经受多次，其中至少有三次以家庭纠纷生活出现的危及性命的迫害。

说来也怪，舜这么有德的人，却有个不道义的父亲，娶了继室，又生一子名象。用现在的话来说，就是舜的原生家庭不幸福。他的父亲、继母和象，对舜都不友好。设计过很多法子折磨舜，甚至要置他于死地。尤其是象，按照《万章》里的说法，"象日以杀舜为事"，把干掉舜作为自己的人生追求和奋斗目标。如让舜修补谷仓仓顶时，从谷仓下纵火，舜手持两个斗笠跳下逃脱；让舜掘井时，瞽叟与象却下土填井，舜掘地道逃脱。就这样，舜一次次逃过大难，并且以仁德和才干获得了尧的赏识，做了王之后，流放、发配、驱逐、充军了很多人，却派这个弟弟象做了地方行政长官。我们可以想象，象本来是惴惴不安的，毕竟他做了什么事情，心里有数啊，想着兄长这下高高在上，肯定是不会放过我的，没料到还做了一方诸侯。

不管父亲过去怎样对我，继母待我多么不堪，弟弟如何不仁不义，但我现在为王，我还是一如既往地爱他们，善待他们。正如孟子自己的阐释："仁人之于弟也，不藏怒焉，不宿怨焉，亲爱之而已矣。亲之欲其贵也，爱之欲其富也。封之有庳，富贵之也。身为天子，弟为匹夫，可谓亲爱之乎？"一旦明白这一点，我们就会清楚，在以性善论为主干的文化传统中，如果舜不是圣人，谁又配称作圣人呢？我想大家读了这一段，会对孟子坚信的"仁义内在"

有更深一层的体会和认识。

　　对于舜封象为诸侯这件事，有人认为是舜道德高尚的一个体现，也有人认为这是舜以权谋私。既然知道弟弟没有才能，又无德，为什么还要给他安排这样一个职位呢，最多花钱置办房屋把他养在那里好了，不应该让他出来做官做事的。但是舜对这个弟弟的安排不仅仅停留在安排上，他其实是做了周到的考虑的。他把象安排到有庳，这里远离中原，地处荒服，又是三苗之地。把象安置到这里，既可以体现兄弟之情，又可以得到大臣的赞同，还可以加强中原部落联盟同三苗部落的联系。象到有庳后，痛改前非，重新做人。在舜帝为他派来的参谋人员的帮助下，致力于发展同三苗部落的友好关系，在三苗部落中享有良好声誉。而他在有庳的最大历史功绩，是在加强三苗与中原部落的语言沟通方面，作出了杰出的贡献。当时，氏族部落之间，中原部落联盟与三苗之间，都会发生不同程度的交往。而这种交往，最大的障碍首先在语言方面。于是，出现了在部族间翻译语言的客观需求。象正是适应这种客观需求，利用自己身居三苗之地的优势，在扩大中原地区与三苗地区的交流方面，特别是在沟通南北部族之间的语言方面，作出了重要贡献，充当了中原部落联盟与三苗间的友好使者。《礼记·王制》载："达其志，通其欲，东方曰寄，南方曰象。"这就是说，古代通译东方语言的官叫做"寄"，而通译南方语言的官叫做"象"。为什么把通译南方语言的官叫做"象"，这并不是随随便便想出来的官名，而是以上古时代在促进中原与三苗地区交流中作出重要贡献的象的名字来命名的。在有庳，象还有一项重要贡献，就是发明了象棋。中国象棋为什么以"象"命名？这是因为，象棋的发明者就是象。相传象在与三苗打交道的过程中，悟出了同三苗的相处之道，并将其演绎为象棋，成为中国象棋之祖。当时的象棋是什么样子，如何走法，怎样决定胜负，现在已经无从考证，后来经过长期演变，到北宋末南宋初，定型为现在的象棋。

　　由于象封有庳后，在多方面作出了重要贡献，后人就在有庳建立象祠，四时祭祀，而且香火很旺。有庳也称有鼻，因此象祠亦称鼻亭，象亦称鼻亭神。直到唐代，象祠依然存在。但是，唐元和九年（814），薛伯高任道州刺史时，认为象是一个不仁不义之人，不值得祭祀，因而捣毁了象祠，并将象的神像沉于潇水之中。唐代大文学家柳宗元还为薛伯高毁象祠之举，专门写了一篇文章《道州毁鼻亭神记》，对此大加赞赏。但是，从历史的角度看，毁象祠是完全没有必要的。后来，当地人仍然在原址恢复了象祠，岁时祭祀。直到20世纪60年代，在潇水修建了第一座大型水库——双牌水库，象祠同所在地其他建筑物一样，全部被水淹没。

有争论其实也是正常的，我们中国人有句老话："清官难断家务事。"但我总觉得，面对古老的《孟子》以及孟子高扬的性善论，我们尽力保持善意的微笑，以善意而且善良的微笑，直面真实的人生，应对复杂的生活，这也是性情中人会做的选择，越是微笑地生存，善意地生存，善良地生存，我们会越来越幸福。

## 第二节　人性本善

在孟子看来，"四端"每个人都有，扩而充之，方能构成仁、义、礼、智"四德"，上可治天下，下可事父母。扩而充之的过程，就是修身养性。孟子坚持仁义是天赋的，是每个人内在俱有的思想。"人之所不学而能者，其良能也；所不虑而知者，其良知也。孩提之童无不知爱其亲者，及其长也，无不知敬其兄也。亲亲，仁也；敬长，义也。无他，达之天下也。"爱亲、敬长之心包含有仁义的萌芽，推广出来以后就可以通达天下。孟子还强调自我批评的重要性，凡事达不到理想状态的时候，不要责怪别人，先反省一下自己的本心。"礼人不答，反其敬"，一个人很礼貌地对待别人，但是得不到回应，这时应该静下心来思考自己有没有恭敬之心。

性善论的正面意义，首先在于它开创了心学系统，对形成好善坏恶，积极向上的中华民族文化心理，发挥了重要作用。孟子坚信性善，一点容不得告子，意义非常深刻，孟子是为社会进步，人心向上，勿使自暴自弃，才主张性善。

### 一、以心善言性善

孟子性善论有一个前提，他是从心善谈性善的。心善重要的是讲四端之心，道德心灵是善的，有善良之心，我们可以促成一个美好的世界。每个人积善成德，每个人在社会上行善，会形成一种风尚。孟子讲的是人性本善论，善性良知是天赋给人的，是先于经验的，是人区别于其他动物、事物的一个类本质，他在人类的范围内是普遍的。

孟子讲："乃若其情，则可以为善矣，乃所谓善。若夫为不善，非才之罪也。"我们要注意这个"情"字，先秦时代"情"字一般作"实"字解，指的是实际情况的意思，"才"与"情"一样，讲的是质性。这句话的意思是说，照着人天生的特殊资质，情况去做，自可以为善，这就是所谓人性善，而有人在事实上为不善，做了不好的事情，不能归罪于所禀赋的质性。

孟子讲，"非天之降才尔殊也"，"才"是质性，不是天降给你的性和他的不一样。"何独至于人而疑之？"同类的事情有同样的性质，为什么对人反而独独怀疑呢？"圣人，与我同类者……口之于味也，有同耆焉；耳之于声叶，有同听焉；目之于色也，有同美焉。至于心，独无所同然乎？心之所同然者何也？谓理也，义也。圣人先得我心之所同然耳。故理义之悦我心，犹刍豢之悦我口。"我们知道每个人的胃口都不一样，但是大家都追求美味，每个人欣赏不同的音乐，不同的美色，但是我们大家都追求美声、美色。心呢？它其实也是一样的。"心之所同然者"是什么？心所同的是追求理，追求义。圣人不过是先得我心，而且又理解人心的普遍性。所以理义引起我的道德良心的愉悦，就像牛羊肉，猪狗肉引起我口的愉悦是一样的。"刍豢"，刍是吃草的动物，豢是吃粮食的动物，"刍豢"在这里指动物肉，不同的人有很多差异，但是不同的人的口舌对于味道、耳朵对于声音、眼睛对于颜色，又有一个共同性，就是欣赏美味、美声、美色。同样地，人的心也有同一性，就是爱好仁、义、礼、智。我的心对于理和义的愉悦，就像我的口对于牛羊肉、猪肉狗肉的喜好是一样的。圣人所以为圣人，就是比普通人先觉悟到人的道德的要求。所谓先知先觉，以先知先觉启后知后觉，他懂得了这种普遍性，懂得了这种心之所同然。

仁、义、礼、智这些道德是源自于本心的，只是我们常常不能自己体认良心本心。因此，常常需要反躬自问，自省自己的良心本心。"万物皆备于我矣。反身而诚，乐莫大焉。强恕而行，求仁莫近焉。"有些人总是对这句话加以批评，而且总是和英国的巴克莱主教的主观唯心主义画等号。其实孟子不是这个意思，"万物皆备于我"，"我"指道德的我，不是指我具备了外在客观的事物，这里所说的我所具备了一切，不是指外在的事物、功名，而是说道德的根据在自己，一切具备。道德的本心、道德的根据在自己心中，一点都不少，他的和我的都一样，圣人和我们也一样。在道德精神的层面上，探求的对象在我本身之内，这样讲"反身而诚，乐莫大焉""强恕而行，求仁莫近焉"。"强"是努力的意思，按照恕道就可以接近于仁德，没有比这更是捷径了。按恕道而行，恕道就是刚才我们所讲到的"己所不欲，勿施于人"，宽容之心，将心比心。所以"万物皆备于我"是说道德的根据在我心中，我跟圣人相比一点都不少。我们反躬自省。这里面有很多的快乐。我们努力地按照恕道而做，宽容别人、理解别人，我们求仁莫近焉，求仁得仁。求仁这是最有效、最贴切的办法。道德探索的对象有时候是在我的心内，所以道德的自由是最高的自由。前面我们已经说到，它不是受外力左右的，是自己给自己下命令的。反躬自问，切己自反，自己感觉到自己的行为无愧于天，这是最大的快乐。

今天我们的学校教育，知性教育很盛，德行教育是偏不足的。有的孩子相对自我，不太合群，这样的孩子如果不好好关注和开导就容易出问题。

孟子讲性善论本身，他就要调整，要把我们善良的本性扩充出来，有益于自己身心的健康，有益于社会的良风美俗，我们中国人其实也大多崇尚与人为善。过去我们讲儒释道三教，有人讲儒家是治世的，道家是治身的，佛教是治心的，其实儒释道三教既治世又治身还治心。对孩子的教育，其实不只是对孩子的教育，身教胜于言教，孩子主要看父母的行为，不是听父母的说教。我们自己就要这样做，反求本心，扩充善心。孟子讲良心本善，人性本善，除了反求本心，还要推扩本心，即把人的这种道德心性实现出来。

有的学者讲向善论，为什么不是向善而是性善？向善实际上是包含在性善之中的。孟子讲："君子所性，虽大行不加焉，虽穷居不损焉，分定故也。"本性，不因人的理想大行于天下而增加一分，也不因他穷困潦倒而减损一分。孔子周游列国十四年，到了陈蔡陷于缺粮的境地。在困厄之中，他还与弟子于大树下演习周礼。孟子也跟孔子一样周游列国，到处推行他的文化与社会理想。他的理想，王道仁政的学说，不为当时的各国诸侯所接受，他仍然去推行，知其不可而为之。所以，不因穷困潦倒减损一分，"分定故也"，他的本性、本分是固定的，"君子所性，仁义礼智根于心"，君子的本性是仁义礼智，它根于天赋予我的良心、良知、良能。"其生色也睟然，见（现）于面，盎于背，施于四体，四体不言而喻"。君子表现在容色上是温和、温润的，从他身体的

四肢动作上都可以看出本心的推广，通过他的四肢展示了出来。这一段有两种标点方式，一种断句是"其生色也，睟然见（现）于面，盎于背，施于四体"，另一种断句就是我们这种断句方式，"其生色也睟然，见（现）于面，盎于背，施于四体，四体不言而喻"。这是孟子说的人性本善，道德的气在身上充盈，不断地支撑着我们。孟子的重要论断在"仁义礼智根植于心"，扎根在我们的本心中，除了反求本心，还要推广本心，即把人的这种道德心性实现出来。

台湾学者刘述先生讲："这是不能通过外在的归纳法来证明的，只能通过内在的相应来体证。人之所以能够向善，正是因为他在性禀赋中有超越的根源，只有在这里才可以说性善。现实上的人物欲横流、善恶混杂并不足以驳倒性善论的理据。由这一条线索看，儒家伦理的确与康德的实践理性有相通处。"人性本善，是说我们在禀赋上有超越的根源，天道贯通到人心中，有超越的背景。

人性本善是这个意思，天赋予我们的，作为人的本性是善的。事实经验上，人的不善不能驳倒他在本性上是善的。我们说本性上是善的，是说他和禽兽、动物和其他物的差别，作为人的类本质来说是善的。也就是说，我们是说人是道德性的动物，是这样来界定人的。这跟亚里士多德从社会政治来界定人，说"人是政治的动物"是类似的。但是他指示从社会活动上界定人，而孟子是从道德本性上界定人。当然，人可以有多种多样的界定方式，我们当然有与生俱来的食色这样的动物性，但是这不是本质的属性，这不能讲出人与动物等的区别。

## 二、今人和世界眼光中的性善

关于"性善"之说，今人也有分解。譬如徐复观于孟子"性善论"有评："性善的观念，在孟子以前，尤其到了孔子，实际上已经成立了。但'性善'两个字，尚不能明白说出，便依然不能避免观念中的朦胧，乃至于夹杂。孟子简单将'性善'两字说出，把它从观念中的朦胧夹杂中澄汰出来。以树立理论上的确切地位，这又是人文精神向前的一大伸展，并且就当时一般人来看，这完全是一个新的创说，便不能引起许多争论。"

关于"性善说"出现的背景，徐复观说："人类文化的发展，是要求从自然状态中，从野蛮状态中脱离出来，以建立人文，或文明的人类生活社会。这一要求，在中国首先表现为'人禽之辨'，即是人开始认识到自己不同于其他的动物。有了这种意识,人与自然,文明与野蛮,才有一个清楚的境界线。因而人之所以为人的特性,及由此特征而来的努力方向,才能因观念上的明确而确定。中国文化中的此一发展阶段,至孟子而完全成熟,这是性善说的真正背景。因此不先了解这一点,所以两千多年来,对孟子的性善说,便似乎没有人真正能完全了解它。"

关于"性善说"出现的历史意义,徐复观说:"性善说成立后,然后才能真正谈人格尊严,才能从根本上建立人与人相互间的依赖,才能对人类前途树立真正的信心。所以中国古代的人文精神,至孟子而始发展完成。此后围绕这一问题所发生的争论,只不过是在各个时代精神中所发生的曲折,及由各学人功夫的到达点所作的补充、修正,没有能改变这一发展基线。"

方朝晖认为如果我们换个角度看问题,可以发现孟子的成就并不在于证明了"人性善",而在于揭示了"人性之善"。要注意"性善"与"性之善"是两个问题。如果硬要纠缠孟子是不是真的证明了"人性是善的",那么答案也可能是否定的。如果我们想想,孟子从哪些角度证明了"人性之善",则立即发现一个异常丰富的世界。那就是,孟子真正伟大的地方即在于对于"人性之善"、而不是"人性善"的发现。

从"性之善"而不是"性是善"的角度看,也立即发现前述心善说、善端说、可善说、向善说、有善说、人禽说、本体说、成长说都对于理解孟子性善论思想有一定帮助,也对于我们理解人性之善极有帮助。但如果硬为孟子性善论辩护,把性善论解释成前面十种意见的某种,就立即会遇到前面提到的种种理论问题。随着我们对人性之善的认识加深,我们对于人性的理解也在加深。相反,如果我们为了维护自己所接受的或基于宋明理学,或基于其他学说的性善说,硬要说发明一套理论来为孟子辩护,即证明人性是善的,也可能终究难以自圆其说。

史华兹、艾文贺等人认为,用性善还是性恶来概括孟子的人性论太简单化了。但如果因此而忽视孟子对人性之善的深刻认识,也是对孟子思想一个核心内容的忽视。

黑格尔曾说:"人们以为,当他们说人本性是善的这句话时,他们就说出了一种很伟大的思想,但是他们忘记了,当人们说人本性是恶的这句话时,是说出了一种更伟大得多的思想。"这句话很深刻,值得让人们咀嚼一番。

恩格斯在《路德维希·费尔巴哈和德国古典哲学的终结》中对黑格尔的这一思想给予了深刻的阐释："在善恶对立的研究上,费尔巴哈和黑格尔比起来也是很肤浅的。""在黑格尔那里,恶是历史发展的动力借以表现出来的形式。这里有双重意思。一方面,每一种新的进步都必然表现为对某一神圣事物的亵渎,表现为对陈旧的、日渐衰亡的,但为习惯所崇奉的秩序的叛逆,另一方面,自从阶段对立产生以来,正是人的恶劣的情欲——贪欲和权势欲造就了历史发展的杠杆,关于这方面,例如封建制度和资产阶级的历史就是一个独一无二的持续不断的证明。但是,费尔巴哈就没有想到要研究道德上的恶所起的历史作用。"

在《家庭、私有制和国家的起源》里,恩格斯对由野蛮时代走向文明时代的论述里,又说:"卑劣的贪欲是文明时代从它存在的第一日起直至今日的动力;财富、财富,第三还是财富,——不是社会的财富,而是这个微不足道的单个的个人的财富,这就是文明时代唯一的、具有决定意义的目的,如果说在这个社会内部、科学曾经日益发展,艺术高度繁荣的时期一再出现,那也不过是因为在积累财富方面的现代一切成就不这样就不可能获得罢了。"

列举这些论说,让我们可以将善与恶的讨论置于更为广阔的视野里。人性的善与恶的讨论,在一个开放的维度里更可以让一代代人研究讨论。

## 三、人性之光

大家都知道白芳礼老人的故事。1986年,74岁的白芳礼从天津回到家乡河北省沧县白贾村。这里是一个悲伤的地方,小时候白方礼十分渴望读书,但是由于家境贫寒,他不得已来到了天津做了一名苦力。新中国成立后,他靠蹬三轮成了劳动模范,并将三个孩子拉扯长大。当他看着两个孩子成了大学生,不禁热泪盈眶。眼下,白芳礼也退休了,本可以拿着退休金安度晚年,但是他没有这么做。当他走访村子的时候,得知很多孩子由于家境贫寒,还是没有读上书。这一晚,白芳礼彻夜无眠。第二天早上起来后,他做出了一个惊人的举动。他把这几年攒下来的5000块钱捐给老家办教育,同时74岁的他还要回到天津蹬三轮。就这样白芳礼开始了他19年的蹬三轮生涯,一年365天,他从来没有休息过。他曾被烈日晒晕过去;曾在大雪天摔到沟里;曾高烧39度,一边吃着退烧药,一边蹬三轮……白芳礼生活还十分节俭,他从来没有一套完整的衣服，很多都是他从垃圾堆里捡来的。平时午餐也就两个馒头一碗白开水，这对他来说已经是美味了。然而在这 19 年里，他资助 300 多个贫困学子，完成了上学梦。他捐助的大学、中学、小学以及教育基金等单位达 30 家之多，金额达 35 万元之巨！而且这是他一块一块钱攒来的，这还是八九十年代时候的事！90 岁那年，白芳礼捐出了最后一笔钱，把钱递给校长时，无奈地说道："我干不动了。"这句话感动了现场所有的人。2005 年 9 月 23 日，93 岁的白芳礼老人安详地离开。前来参加送葬的人群，把整条马路给堵住了，他们只想来送白大爷最后一程。2004 年、2005 年白芳礼曾两度入选"感动中国"年度人物提名，但最终全部落选。有网友曾发帖《白芳礼，你凭什么感动中国》来对感动中国评审组委会暗讽。后来直到 2012 年，白芳礼老人去世 7 年后，他以草根助学的代表成为"感动中国"特别奖的得奖者之一。主持人评价道："在'感动中国'走过 10 年的时候，请接受我们的特别敬意，白芳礼们！让我们传递着鲜花，传递着温暖，带着白芳礼们给我们的这种人间的温度，走进新的春天。在这新的一年当中，我们已经行走了一段时间，急匆匆的脚步里面，我们留给世界的不能只是背影，还应该有我们的期待，为了爱和幸福，让我们为我们每一个人加油！"

我们现在有很多富人捐款办学，这当然也很好，最典型的是香港的邵逸夫先生，邵逸夫先生去世的时候，大多数人评价他这一生是功德圆满，因为他高龄无疾而终，一生捐助了好多个亿用于教育事业，众多大、中、小学校园里，都可看到以邵逸夫先生名字命名的建筑物。但这只是慈善层面的意义。

白芳礼老先生不止于做慈善了，他简直是一个圣人了。章学诚说"圣人学于众人"，草根百姓中有很多的圣人，这样的例子其实有很多，比如：

2003 年度艾滋病预防之国际奖项——"贝利·马丁"奖的获得，以及温家宝总理的登门拜访，让武汉大学中南医院传染病科主任桂希恩和他的事业更为人关注。他是那个 1999 年首次发现国内艾滋病高危人群并拉响警报的人，此后一直致力于防艾抗艾事业。偶然一次他发现河南一个小村子都是艾滋病人，于是下到那里为他们治病，期间给领导写过信，请求过支援，结果不了了之，甚至被阻拦去那里，因为他暴露出那里有艾滋病，影响了那个县的形象，他成了一个不受欢迎的人，有一次，有五个艾滋病人，被他带到所在医院去，周围的病人很恐慌，强烈要求他们离院，在这种情况下，桂希恩把他们带回

了家，当妻子问他，为什么带他们回来，桂希恩说："他们是我的朋友，他们没有地方可去，这样的情况我能不帮吗？" 5个病人走的时候，他给了每人400元钱，其中一个病人走的时候，偷偷地在他枕头下放了一件衬衣。当问他，妻子理解吗？他说："理解，因为她也是一个医生。"有一个小偷，在认识他之后，免费在他那里看病拿药。记者采访桂希恩的时候，问他，你为什么能和那样一个人人都鄙夷的人做朋友呢，什么改邪归正啊一类的话，他没有说，只轻描淡写地说："其实我只把他当成一个人，作为一个人我尊重他。"采访那个小偷，他说：以前也有人对我好，但都有目的的，桂教授完全就是为了帮我，就是我的朋友，没有什么目的，如果我再做那些事，真的就太没良心了。桂希恩经常说的几句话就是"都过去了""其实也没什么""没有他们说的那么夸张"不管怎么问他，他都不形容那些困难，问到最后，他也只是说，没什么，都过去了，不管别人怎么说他看他，对他来说似乎都不那么重要。他有一句话让人印象很深："别人都说我做的事如何如何伟大，我不这么认为，我是个医生，我只是做了一个医生应该做的事。"今天，当艾滋病引起政府和公众高度重视的时候，桂希恩当年的勇气和坚持显得更加珍贵。在他身上，我们可以看到一位知识分子的良知和责任，一位医生的职业精神，更重要的是人之所以为人的善心和善行。

还有持之以恒做善事，用爱点亮一座城的信访干部吴天祥。吴天祥曾任武汉市武昌区信访办副主任。他先后自掏腰包照顾30多名孤寡老人、17名孤儿，结识了300多个"穷亲戚"，坚持为他们提供力所能及的帮助。黄成凤就是吴天祥几百个"穷亲戚"之一。去年春节，除夕到正月初三，72岁的吴天祥依旧在黄冈市黄州区禹王办事处占岗养猪场，替武昌下岗工人黄成凤喂猪，换她回家过个团圆年。黄成凤是吴天祥1996年做信访工作时结下的"穷亲戚"，当时黄成凤下岗，生活困难，吴天祥帮她作保贷款到黄冈养猪，支持她创业，为此黄成凤多年春节都在异乡独过。2003年10月，吴天祥无意间听黄成凤说想和家人团圆，就记在了心上。于是农历腊月二十九，吴天祥赶到黄冈，接过黄成凤手中的饲料桶，将她推上了回汉的汽车。那些天坐火车、转汽车，行程两千多公里的费用全由他自己一人承担，而他这样跑遍了大半个湖北的理由只有一个：做好事。在平凡的岗位上，吴天祥无私奉献，帮助那些贫病幼弱者，让他们感受到社会大家庭的温暖。吴天祥父母在老家湖北钟祥，可武汉市三医院的医生经常看到吴天祥背着不同的老人来看病。有人问他："吴区长，你家里怎么有那么多老人啊？"吴天祥说，那是我赡养的孤寡老人。其中有一位孤寡老人名叫周继珍，生活困难，吴天祥知道后，就去照顾她，帮她买米、买煤、打油。一照顾就是十几年。她对此感激不已，临终前还反复念叨："叫天祥来，他是我儿子。"直到吴天祥来到她跟前，十分钟之后，老人才安详地闭上了眼睛。周继珍生前，家里曾遭了火灾，吴天祥资助她盖了新房。春节，周继珍随口说想吃蒸肉，吴天祥便跑遍全城捧来一碗热气腾腾的蒸肉。她是盲人，看不到他，就用双手轻轻抚摸他的脸说："我虽然看不见你，但能摸出你的模样，我要把你的眉眼永远记在心里。"吴天祥曾说："老百姓能把我当成他的儿子，而没有把我当成人民的老爷，人民的上帝，也是我最高兴的事情。"周继珍去世后，他亲自为她安葬，在为老人树立的墓碑上，他郑重地落款：孝子，吴天祥。由于他的帮助，成千上万的受助者们感激他，武汉的人民爱戴他，他的事迹广为人知。2009年9月14日，他被评为100位新中国成立以来"感动中国"人物之一。人民群众称他是活着的雷锋、焦裕禄、孔繁森，党员干部称他是一本让人感佩的哲理书。他就是吴天祥，一位有40多年党龄的优秀共产党员，数十年如一日为群众做好事、办实事，对待人民群众，不是亲人胜似亲人，深受人民群众的拥护和爱戴。

从这些人身上，我们都可以看到，就在我们身边有很多有爱心的人，居仁由义的人，有仁德，有操守，这就是古今仁者的风范。真正做到了孟子讲的"老吾老以及人之老，幼吾幼以及人之幼"。

钱穆先生非常重视性善论在中国文化中的贡献。他说："中国传统人文精神所以能替代宗教功能者，以及特别重视道德观念故。中国人之道德观念，内本于心性，外归极之于天。""孟子主张人性善，此乃中国传统文化人文精神中，唯一至要信仰。只有信仰人性有善，人性向善，始有人道可言。中国人所讲人相处之道，其唯一基础，即建筑在人性善之信仰上。"

钱穆指出，整个人生社会唯一理想之境界是一个"善"字，如果远离了善，接近了恶，一切人生社会中将没有理想可言。因此，自尽己性以止于至善，是中国人的最高道德信仰；与人为善，为善最乐，众善奉行，是中国人的普遍宗教。这样的道德是内在的，是天所赋予的。我们要有善心，在世间存善念、行善事、积善缘，世界就会变得更美好。

# 第五讲 立志励志

中华民族有着悠久的历史文化传统，中华民族之所以为中华民族，在于有伟大的中华文化。伟大的中华文化锻造了中华民族的品格、气质和特色。我们称自己为中华儿女，也正是因为我们每个人或者我们民族每一分子的身上都体现着我们这个伟大文化的操守与风骨。这种操守与风骨的主色调是什么呢？当然是孔孟的底色，孔子发端，孟子发扬光大。读《孟子》往往可以想见他卓尔不凡的人格、气概，也被他的气派、气势所激励。人生当立志，也要励志，立志和励志是永恒的话题，《孟子》从某个角度而言是教我们立志和励志的读物，并助我们养成理想的人格。

# 第一节 人生当立志

孟子说："故凡同类者，举相似也，何独至于人而疑之？圣人与我同类者。"这是说，所以，凡是同类的，全是相似的，为什么偏偏说到人而怀疑这一点呢？圣人与我们是同类的。孟子平视圣人，而不是仰视圣人。

## 一、人皆可以为尧舜

曹交问曰："人皆可以为尧舜，有诸？"

孟子曰："然。"

"交闻文王十尺，汤九尺，今交九尺四寸以长，食粟而已，如何则可？"

曰："奚有于是？亦为之而已矣。有人于此，力不能胜一匹雏，则为无力人矣；今日举百钧，则为有力人矣。然则举乌获之任，是亦为乌获而已矣。夫人岂以不胜为患哉？弗为耳。徐行后长者谓之弟，疾行先长者谓之不弟。夫徐行者，岂人所不能哉？所不为也。尧舜之道，孝弟而已矣。子服尧之服，诵尧之言，行尧之行，是尧而已矣。子服桀之服，诵桀之言，行桀之行，是桀而已矣。"

曰："交得见于邹君，可以假馆，愿留而受业于门。"

曰："夫道若大路然，岂难知哉？人病不求耳。子归而求之，有余师。"

曹交问孟子："所有的人都可以成为尧、舜这样的圣人，有这样的说法吗？"孟子说："当然有啊。"曹交接着问："我听说周文王身高十尺，商汤身高九尺，我身高九尺四寸还多，但是我天天就是吃饭，怎么做才能成为周文王、商汤王，以至于尧、舜这样的圣人呢？"他说的"十尺""九尺"是古代的一种计量高度。在这里，曹交看问题是片面的，他说自己跟周文王、商汤王差不多高，却没有成为圣人，这是为什么呢？

孟子说，这有什么关系呢？你去做就行了。一个人要说他连一只小鸡都举不起来，他肯定是没有用力。今天有人说他能够举起百钧之物，那么他是大力士。有人说他能够举起乌获举起的东西，那他就是像乌获这样的大力士。

人难道该为不胜任发愁吗？只是不去做罢了。一钧是三十斤，百钧是三千斤。乌获是古代的一个大力士，传说力大无穷，能够轻而易举地举起重物。有些事情可以轻而易举去做，但是有些人就不去做；有些事情做起来可能很难，我们就要有一个积累的过程。比如，讲孝悌，就尊重年长者。和长者一起出行，要跟在年长者身后慢慢地走，这是对年长者的尊敬。有的人走得很快，把年长者远远地扔在后面了，这是对年长者的不尊敬。还有的人，面对年老者的询问，显得很不耐烦，或态度不好，或搪塞过去，这也是不对的。我们今天很多人喜欢看韩剧，我不知道大家注意没有，韩剧里有很多和老人相处的剧情，礼节性是很重的。除了走路不能在老者前面外，就连喝酒的时候，站起来先敬酒，即便坐下后也是侧着身子低头喝下酒，以示恭敬。但我们的酒桌上，很多礼仪都淡化了。

孟子接着说，一切都在你做和不做之间，如果你穿着尧的服装，说尧说的话。按照尧的样子去做，你就是尧；如果你穿着桀的服装，说桀说的话，做桀所做的事，你就是桀。

从孟子的性善论可以推出，人都可以成为尧、舜。为什么在现实的社会中，有尧、舜这样的圣人，也有桀、纣这样的暴君，但是仍然要说人皆可以成为尧、舜呢？孟子有一个著名的论断："故同类者，举相似也，何独至于人而疑之？圣人与我同类者。"圣人和我是同类的人，长相、心理、情感、理智等基本上是相似的，孟子在谈性善论的时候，从这个角度来谈的。有了这个相同之处，人就可以成为尧、舜。对于这个道理，孟子也用了很浅显的例子来说明。他说，丰收的年岁很多年轻人都懒惰；灾荒之年很多年轻人就出去干坏事，抢人家东西。这是因为年轻人的本性或者行为方式发生了改变，不是上天给予他们这样的本性，而是后天的环境造成的。也就是说，年轻人基本上是相似的，不是说有一群人懒惰，有一群人残暴。

人皆可以为尧舜。这当然是植根于"性善论"而鼓励人人向善，个个都可以有所作为的命题了。其关键还是一个"不为"与"不能"的问题。也就是《梁惠王上》里面所说的"挟泰山以超北海"和"为长者折枝"的问题。只不过从与梁惠王讨论的政治问题过渡到与一般人讨论个人修养问题罢了。所以，无论是君王从政治国还是个人立身处世都有一个"不为"与"不能"的问题摆在我们面前。认识到这一点后，就可以树立起我们每个人立志向善的信心，从自己力所能及的事情做起，不断完善自己，最终成为一个有所作为的人。

所以我们今天学习孟子"人皆可以为尧舜"，这一句话所说的就是我们都可以成为圣人，但是你有两种选择，你先做好第一步，按照你的天性，有的清高，有的随和，有的负责任，没关系，因为生下来就是这个性格、这个基本的条件。但是一定要记得，还要学孔子，要学习用智慧来判断，什么时候该怎么做，这样的生命充满动态的力量，也充满一个远大的目标。这是儒家给人最大的一个可以说是鼓励，人皆可以为尧舜，到后来的荀子也承认，"途之人可以为禹"，路上走的人都可以成为禹。所以孟子学孔子，以尧舜作为典型；荀子他就以禹来作为典型。基本上都是一样的意思，只要你想，你愿意做，愿意付诸行动，就可以成为圣人。

## 二、善立长志

人生当立志，有志者，不会因暂时的困窘而丧失信心，不会因眼前的迷雾而却步不前。正如颜渊所说："舜，何人也？予，何人也？有为者亦若是。"舜是什么样的人？我是什么样的人？有作为的人也应该像舜一样。在人格上，我与舜是处于同一层次的，作为一个人不应该自暴自弃。孟子曰："自暴者不可与有言也，自弃者不可与有为也。言非礼义，谓之自暴也。吾身不能居仁由义，谓之自弃也。仁，人之安宅也；义，人之正路也。旷安宅而弗居，舍正路而不由，哀哉！"仁义、礼义是我固有的内在善性，求则得之，舍则失之。行不行仁义、礼义完全取决于自己，认为自己做不到，便是十足的自暴自弃。甘下流，岂不悲哀！有作为、有气魄、有志气者就应当自我奋起，以有为于当世。孟子曰："待文王而后兴者，凡民也。若夫豪杰之士，虽无文王犹兴。"等待文王出现才奋起的，是普通人。至于杰出之士，即使没有文王出现也会奋起。不论在什么境遇中，有志者总能充分发挥自身的潜力，洋溢着高度的自信和伟大的气魄。孟子生当战国乱世，各诸侯国都忙于富国强兵，努力耕战，讲求功利与实际。孟子却以接续孔子之道为己任，奔走列国，宣扬王道仁政，不顾非议，抱着舍我其谁的宏大气魄，为大道一辩。孟子认为，从历史上来看，五百年必定有王者兴起。而从周朝到孟子所处之世，已经七百多年了，时间上已经超过了。就时势而论，也该有圣贤出现了。不仅如此，在《孟子》的最后一章，孟子还提出了一个理由："去圣人之世若此其未远也，近圣人之居若此其甚也。"

《孟子》一书，虽已过千载，仍有一种让顽夫谦、让懦夫立志的浩然之气充盈天地之间，使闻者莫不兴起。还能感受到一股强烈的文化自信和人格自信。

从老一辈无产阶级革命家的人生历程来看，他们大多在少年时已立下宏伟志向。毛泽东一生，作诗词无数，记录重大历史事件的同时，也抒发了伟人的磅礴情怀。众多作品中的一首《呈父亲》，无疑是即将"步出茅庐"的少年毛泽东明志之作，回头品读，足以印证其一生伟业。根据《毛泽东传》载，此诗写于1910年秋，不满17岁的毛泽东准备离开闭塞的韶山去长沙求学。临行前，根据日本明治维新时期政治活动家西乡隆盛青年时代的诗略加修改，夹于父亲的账簿中："孩儿立志出乡关，学不成名誓不还。埋骨何须桑梓地，人生无处不青山。"字透纸背的四行短诗，书写了人生起航之际的少年豪情，纵贯了伟人一生的信念追求。周恩来，一个已经成为不朽象征的名字，他的故事和精神在100多年的历史长河中，经过世世代代的传承，越发感动我们的心灵，成为照耀我们不断前行征程的指路明灯。周恩来在求学时代就立下了"为中华之崛起而读书"的鸿鹄之志。也正是因为树立了高远的志向，周恩来才从错综复杂的各种思想流派中选择了马克思主义作为指导自己行为的思想，以解放全人类作为自己奋斗的目标。

无论是周恩来12岁即表达"为中华之崛起而读书"，还是16岁的毛泽东抱定"学不成名誓不还"的壮志，都是中国共产党人善立长志、胸怀民众的光辉写照。

2016年7月1日，庆祝中国共产党成立95周年大会举行，习近平总书记发表重要讲话。特意引用明代儒学家王阳明的话说："志不立，天下无可成之事。"如果没有立志的明确，如果没有志向的坚定，那么就没有任何成功的基础，就没有任何成事的基石。

## 第二节　人生须励志

励志是一个汉语词汇，意思是奋志，集中心思致力于某种事业。出自汉班固《白虎通·谏诤》："励志忘生，为君不避丧生。"① 励志是一门学问，是要激活一个人的生命能量，唤醒一个民族的创造热情。失去创造力，是一个人乃至一个民族的最大悲哀。而励志，便是让一个人重新焕发起这种力量。励志，并不是让弱者取代另一个人成为强者，而是让一个弱者能与强者比肩，拥有实力相当的生命力和创造力。唯有从内心深处展开的力量，用心灵体验总结出的精华，才是一个人真正获得尊严和自信的途径。

### 一、人生须励志

孟子曰："舜发于畎亩之中，傅说举于版筑之间，胶鬲举于鱼盐之中，管夷吾举于士，孙叔敖举于海，百里奚举于市。故天将降大任于斯人也，必先苦其心志，劳其筋骨，饿其体肤，空乏其身，行拂乱其所为，所以动心忍性，曾益其所不能。人恒过，然后能改，困于心衡于虑而后作，征于色发于声而后喻。入则无法家拂士，出则无敌国外患者，国恒亡，然后知生于忧患而死于安乐也。"

孟子的这段名言警句，因其深刻的人生体认与非凡的智慧，千百年来被广为传诵，鼓舞着一代代来者从中汲取无穷的力量，从而奋斗不已，走向成功。孟子列举六位人物的事例，选择十分典型精当，都具有代表性。

第一位是舜，《史记》记载，舜的父亲是个瞎子，生母去世后，父亲又娶了一个妻子，并生了一个儿子。父亲喜欢后妻的儿子，总想杀死舜，遇到小过失就要严厉惩罚他。但舜却孝敬父母、友爱弟弟，从来没有松懈怠慢。舜非常聪明，他们想杀死舜的时候，却找不到他，但有事情需要他的时候，他又总在旁边恭候着。有一次，舜爬到粮仓顶上去涂泥巴，父亲就在下面放火焚烧粮仓，但舜借助两个斗笠保护自己，像长了翅膀一样，从粮仓上跳下来逃走了。后来，父亲又让舜去挖井，舜事先在井壁上凿出一条通往别处的暗道。挖井挖到深处时，父亲和弟弟一起往井里倒土，想活埋舜，但舜又从暗道逃开了。他们本以为舜必死无疑，但后来看到舜还活着时，就假惺惺地说："你跑到哪里去了？我们特别想你啊……"他们经常想方设法害舜，但舜不计前嫌，还像以前一样侍奉父亲、友爱弟弟。后来他的美名远扬，尧帝知道后，就把两个女儿嫁给他，并让位于他，天下人都归服于舜。

---

① 班固：《白虎通疏证》，中华书局，1994年版。

第二位是傅说，是武丁的一个大臣，当时的商朝已经开始走向了衰败的趋势，这让当时的武丁非常的苦恼，一直都想要找到一个帮助自己治理国家的人，但是大臣们都想要维护自己的利益而不愿意做这件事情。武丁做了一个梦，梦见在自己的梦中有一个长着胡须的看起来很稳重的人站在那里，武丁就对这个人说出了自己的请求，现在的商朝已经变得很疲惫了，国家没有能够帮助人民的能力，官员们因为不想要损害到自己的利益而开始推脱责任，这点让自己觉得很失望，但是自己却没有一个能用的帮手来帮助自己去做这些事情，为了这件事情武丁非常的忧愁。站在他梦里的老人对他说，我可以帮助你去做这些事情，因为作为商朝的子民我也想为自己的国家出一份自己的力量，但是我不能去找你，只能你来找我，我不是一个囚徒，却和囚徒们待在一起，我叫傅说，如果你能够找到我的话，我就会帮助你完成这些事情。武丁听完之后很开心，想要张嘴问傅说现在在哪里，但是傅说就已经消失了，而武丁的梦也醒了。武丁醒了之后就把自己的大臣给叫到身边，将自己梦里的事情告诉了这个大臣。在当时的朝廷中关于天象和梦境是有专门的大臣负责的，他们会研究上天的意思报告给皇帝，告诉他们一些来自于上天的命令。大臣听完武丁的话之后，就对着武丁分析说，这个人既然能够出现在皇上的梦里面，就说明这是上天的意思，上天希望大王能够得到这个人的帮助，而且从这个人的名字上面来分析的话，傅的发音和辅佐的辅相同，说明这个人是有能力帮助大王治理国家的，而说这个字的意思就是开心的意思，说明如果得到了这个人，就会让国家的人民得到快乐，所以大王应该现在就去寻找这个人。武丁同意了大臣的意见，就开始在国家内部寻找这个人的消息，因为他说过自己不是一个囚徒，但是却和囚徒待在一起，这一点成为武丁寻找他的重要线索，在武丁的寻找下，终于在一个洪水频繁发生的地方找到了这样的一个人，他长得很黑而且脸上有胡子，和武丁梦里见到的人长得很像，武丁就问他为什么不是一个囚徒却和他们在一起，傅说回答说，因为这个地方经常会发洪水，而自己是一个没有事情的闲人，就喜欢帮助这些囚徒们一起干活，来减轻他们的负担。武丁又问他为什么不为国家献力，傅说回答说，自己只是一个空有才能的人，因为有了一些皮毛知识所以对国家的一些情况有了自己不同的看法，国家现在已经开始走下坡路了，官员们不管人民的生活，人民身上背负的税太重了，导致很多人家工作了一年到最后连家里面都吃不饱饭,在这种情况下很容易就发生暴乱,自己知道没有力量去改变这些事情,所以就找到了这里隐居起来,想要等到有合适的机会再去为国家效力。武丁听完之后很开心,就说出来了自己的身份,并且表示出想要傅说帮助自己治理国家。知道了武丁身份的傅说很惊讶,他没有想到一个国家的君主竟然会找自己帮忙,而且愿意听自己说这么多的事情,感动之后就答应了武丁的邀请。但是傅说只是一个没有身份的人,而且还经常和囚徒混在一起,让他当官这件事就遭到了大臣们的反对,说这样子对于国家的颜面有损害,武丁的想法非常的坚定,虽然他三年都没有理会朝政,但是一直都在关心国家的情况,人民现在的生活过得很困难,需要一个贤明的人去帮助他们,而傅说就是这样的人。虽然大臣们都表示不赞同,武丁依然将傅说设为了自己的助手,帮助自己处理国家的事情,而傅说也没有让武丁失望,凭借着自己的能力解决了当时民间的很多问题,而且还经常帮助武丁处理一些国家的难题,这点让武丁非常的欣慰,到后来成为了武丁最大的帮手,在民间的声望也很高,武丁后来的成功也离不开傅说,而傅说也因为武丁的信任和自己的能力在历史上留下了自己的名字,这也算是一桩美谈了。

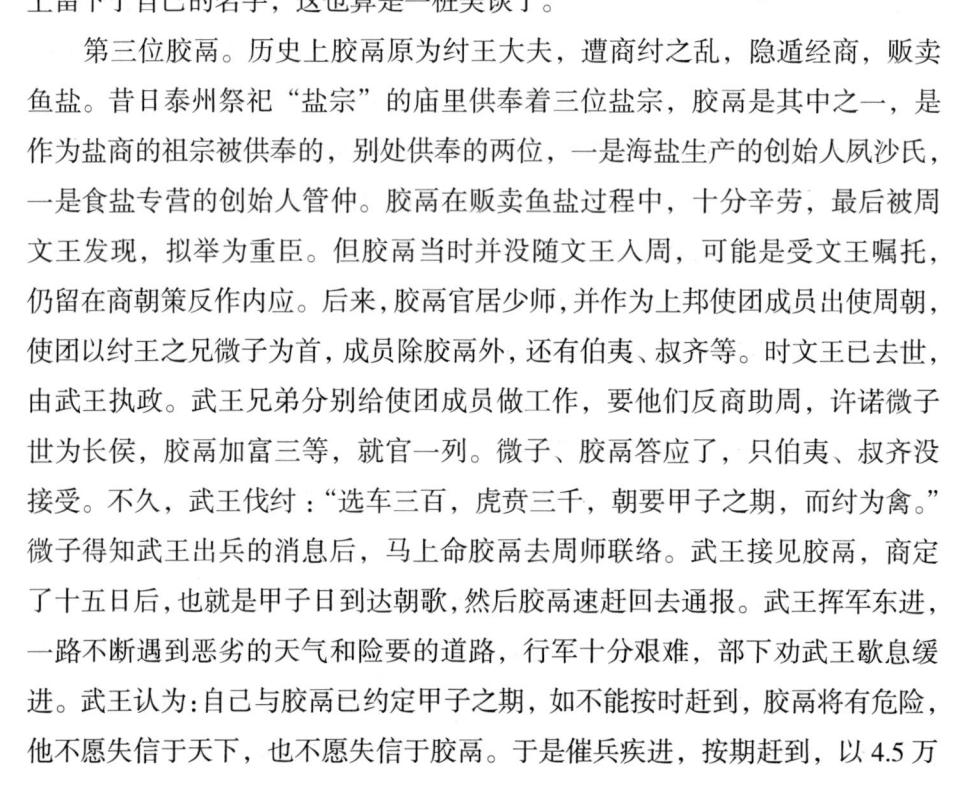

第三位胶鬲。历史上胶鬲原为纣王大夫,遭商纣之乱,隐遁经商,贩卖鱼盐。昔日泰州祭祀"盐宗"的庙里供奉着三位盐宗,胶鬲是其中之一,是作为盐商的祖宗被供奉的,别处供奉的两位,一是海盐生产的创始人夙沙氏,一是食盐专营的创始人管仲。胶鬲在贩卖鱼盐过程中,十分辛劳,最后被周文王发现,拟举为重臣。但胶鬲当时并没随文王入周,可能是受文王嘱托,仍留在商朝策反作内应。后来,胶鬲官居少师,并作为上邦使团成员出使周朝,使团以纣王之兄微子为首,成员除胶鬲外,还有伯夷、叔齐等。时文王已去世,由武王执政。武王兄弟分别给使团成员做工作,要他们反商助周,许诺微子世为长侯,胶鬲加富三等,就官一列。微子、胶鬲答应了,只伯夷、叔齐没接受。不久,武王伐纣:"选车三百,虎贲三千,朝要甲子之期,而纣为禽。"微子得知武王出兵的消息后,马上命胶鬲去周师联络。武王接见胶鬲,商定了十五日后,也就是甲子日到达朝歌,然后胶鬲速赶回去通报。武王挥军东进,一路不断遇到恶劣的天气和险要的道路,行军十分艰难,部下劝武王歇息缓进。武王认为:自己与胶鬲已约定甲子之期,如不能按时赶到,胶鬲将有危险,他不愿失信于天下,也不愿失信于胶鬲。于是催兵疾进,按期赶到,以4.5万人的兵力讨伐纣王,纣王拼凑了17万人(一说70万)迎战于牧野。由于微子、胶鬲等人的策反工作成效显著,纣王的军队一经接触就土崩瓦解,很多士兵纷纷反戈冲向纣王,纣王大败,于摘星楼自焚而亡。武王建周之后,"微子胶鬲,皆委质为臣"。

  第四位管夷吾,即管仲(约公元前723年—公元前645年),姬姓,管氏,春秋时期法家代表人物,今安徽颍上人。中国古代著名经济学家、哲学家、政治家、军事家、教育家、文学家、法学家、改革家、思想家、史学家、税收创始者等,被誉为法家先驱、圣人之师,华夏文明的保护者、华夏第一相。又称管敬仲。周王同族姬姓之后,青年时曾经商、从军,又三次为小官,均被辞。齐襄公时,与挚友鲍叔牙同为齐国公室侍臣。周庄王十二年(前685),在齐国内乱中,助公子纠同公子小白(齐桓公)争夺君位失败。虽一度为齐桓公所忌恨,终以经世之才,经鲍叔牙力荐,被桓公重用为卿,主持国政。向桓公提出修好近邻、先内后外、待时而动的治国求霸之策,而桓公未听其言,于次年轻率攻鲁,在长勺之战中被鲁军击败。战后,辅佐桓公励精图治,推行旨在富国强兵的改革。政治上革新西周以来的"国""野"制度,实行"参其国而伍其鄙"[①]之制,国、鄙之中,破除等级依附关系,集政权、军权于国君及大贵族手中。军事上"作内政而寄军令",实行兵民合一,军政合一。规定"国"中5家为轨,出5人为伍,由轨长率领;10轨为里,出50人为小戎,由里有司率领;4里为连,出200人为卒,由连长率领;10连为乡,出2000人为旅,举乡良人率领;5乡一帅,出万人为军,由5乡之帅率领。全国15士乡,共组建三军,桓公率中军,上卿国氏、高氏各率一军,开创诸侯大国有三军,每军万人的军事体制。由于士乡之民不得迁徙,世代专服兵役,故"夜战声相闻,足以不乖;昼战目相见,足以相识"(《国语·齐语》),有利于提高军队士气和战斗力。又加强兵器制造,并制定用甲兵赎罪的法令,以增加武器。经济上革新赋税制度,充实国家财力,保障三军供给,使齐成为物质基础雄厚、军事实力最强之国。鉴于周王尚为名义上的天下共主,并顺应中原各国希望联合抗御戎狄侵扰的形势,乃以"尊王攘夷"为号召,佐桓公北攻山戎,南征楚国,扶助王室,救邢存卫,主持会盟,终成首创霸业之功。

---

[①] 《国语集解》,中华书局,1999年版。

因有殊勋于齐，被桓公尊为仲父。

第五位是孙叔敖，楚郢都人。当时的政治家、军事家和水利家。楚庄王时官令尹（相当于宰相）。据《荆门直隶州志》记载，孙叔敖居荆门白土里（后改称孙家山，在荆门、荆州交界处）。汉代大史学家司马迁把孙叔敖的事迹列为《史记·循吏列传》之首，记载："孙叔敖之为楚相，尽忠为廉以治楚，楚王得以霸。"称赞他是一位奉职守法、善施教化、仁厚爱民的好官吏。《绎史·列女传·樊姬》记载孙叔敖："王以为令尹，治楚三年而庄王以霸。"楚庄王能够"一鸣惊人"而称霸中原，是与孙叔敖的辅佐分不开的。东汉邯郸淳根据《史记》记载，写了《楚相孙叔敖碑》，赞扬他"受纯灵之精，怀绝世之才，有大贤次圣之质"。荆门知州舒成龙在《荆门直隶州志·文苑》中收录了这篇碑文，并加了按语，称孙叔敖为"荆之乡献"。孙叔敖十分热心水利事业，主张采取各种工程措施，"宣导川谷，陂障源泉，灌溉沃泽，堤防湖浦以为池沼，钟天地之爱，收九泽之利，以殷润国家，家富人喜。"他带领人民大兴水利，修堤筑堰，开沟通渠，发展农业生产和航运事业，为楚国的政治稳定和经济繁荣作出了巨大的贡献。特别是他修建的大型水利工程期思陂和沮漳河下游等地的水利工程，为千古传颂。孙叔敖由于行政、治军有功，楚庄王多次重额封赏，孙叔敖坚辞不受。他一生廉洁，毫无贪图之心，为官多年，家中却没有积蓄，临终时连棺椁也没有，因此受到后人的敬重。司马迁《史记》中记为"循吏第一"。

第六位是百里奚。出生年约在公元前725年，又被称为百里子或百里。春秋楚国宛邑人，另说为虞国人。秦穆公时贤臣，著名的政治家、思想家，又称"五羖大夫"，是秦穆公用五张黑羊皮从市井之中换回的一代名相，羊皮换相，听起来荒谬却又无比真实地存在。百里奚官至相国，相当于现在的国务院总理，是秦穆公用五张羊皮罗致到的难得的治国之才。《春秋》《左传》《史记》《吕氏春秋》《谏逐客书》《东周列国志》等史书，还记录了百里奚帮助秦穆公降伏西戎、称霸中原以及个人美德的传奇故事。百里奚饱读诗书，才学过人，可是家境贫困，三十多岁才娶了个媳妇杜氏，生了个儿子叫孟明视，一家三口日子虽然清贫但很和睦。百里奚的妻子杜氏是个很有见识的女子，深知自己丈夫是旷世奇才，于是就鼓励百里奚出游列国求仕。在百里奚出游那天，家中已经穷得揭不开锅了。杜氏一大清早起来，宰杀了唯一的一只下蛋母鸡，劈了门闩炖母鸡，煮小米饭，给丈夫饯行。百里奚从出游求仕后，

历经宋国、齐国等国家，因为朝堂里无人，都没有得到录用。在齐国，百里奚陷入困境，一度沿街乞讨，继续求仕生涯。在齐国郅地，他遇见了蹇叔，两人一番高谈阔论，就结为知己。此后，在蹇叔的举荐下，到虞国当了个大夫。公元前658年至前655年，虞国北方强邻晋献公用荀息之谋，以千里马和白璧作诱饵，两次向虞国借路去攻打虞国南边的虢国，这就是"假道伐虢"。宫之奇劝阻虞君不能借道，但虞君不听，料定是虞国必亡，便携全家老小出逃了。晋国大军在灭虢的归途中，顺便把虞国也灭了，虞君和百里奚都当了晋国的俘虏。但百里奚认为自己要"食君之禄，忠君之事"，执意不肯离开，最后同虞国国君一起当了晋军的俘虏。百里奚被俘虏后，晋献公要重用他，但他甘愿为奴，也不肯在敌国做官。公元前655年，秦晋两国交好通婚，晋献公把百里奚作为女儿陪嫁的奴仆送往秦国。在迎亲的途中，他趁人不备逃跑到楚国，却被楚国当作奸细抓住。楚成王听说百里奚擅长养牛，便问："饲牛有道乎？"百里奚答："时其食，恤其力，心与牛而为一。"楚王道："善哉，子之言！非独牛也，可通于马。"于是百里奚做了楚成王的马夫。自以为是的楚成王就这样错过了贤才百里奚，而后来的百里奚在秦国正是用"心与牛而为一"这条饲牛之道使秦穆公称伯于西戎。刚当上秦国国君的秦穆公，名字叫任好，是一位胸有大志的国君，听说了百里奚是人才，就想重金赎回百里奚。秦穆公的谋臣公子絷说："那楚成王一定是不知道百里奚的才能，才让百里奚养牛。若用重金赎他，那不就等于告诉人家百里奚是千载难遇的人才吗？"秦穆公问："那我该怎么样才能得到百里奚？"公子絷说："可以贵物贱买，用一个奴隶的市价，也就是五张黑公羊皮来换百里奚。那样楚成王就一定不会怀疑了。"当百里奚被押回秦国后，秦穆公亲自接见了百里奚。一看他满头白发，大失所望，问道："先生多大岁数？"百里奚说："我还不到七十岁。"秦穆公惋惜道："咳，先生可惜太老了。"百里奚说："大王如果派我上山打老虎，我确实是老了。如果让我坐下来商议国家大事，我比姜子牙还年轻！"秦穆公感到他的话很有道理，就邀请他单独谈话，经过几次长谈，认为百里奚果真是难得的治国奇才，亲自解除了他的奴隶身份，拜他为左丞相。因百里奚是秦穆公用五张黑公羊皮换回来的奴隶，故世人称百里奚为"五羖大夫"。羖就是黑公羊皮的意思。百里奚的妻子杜氏在虞国灭亡后，也被迫带着儿子四处逃难，到了秦国后，儿子孟明视听人说秦国君用五张羊皮换回一个叫百里奚的相国，便对母亲说知此事。杜氏心想：这个百里奚是不是自己的丈夫呢？她决心去探个明白，便想尽办法到相国府当了一名洗衣服的仆人。有一次百里奚在相府宴请宾客，杜氏借机给相国唱了个小曲，她唱道："百里奚，五羊皮！可记得——熬白菜，煮小米，灶下没柴火，劈了门闩炖母鸡？今天富贵了，扔下儿子忘了妻！"反复吟唱，呜咽悲切。百里奚听着听着，止不住泪流满面，他踉踉跄跄跑下堂仔细一看，原来唱小曲的洗衣仆竟是自己的结发妻子。相堂之上相认后，夫妻两人抱头痛哭起来。秦国人知道这件事情以后，很为百里奚的品质所感动。秦穆公还派人送来了许多财宝馈赠，以示祝贺。从此，百里奚位高不忘旧情，相堂认妻的故事在民间广为流传。这是《风俗通》里记载的一个感人故事。百里奚还有泛舟之役、韩原大战、秦晋联合救天子等等故事已流传了两千多年。百里奚入秦，为秦国带去了周朝先进的文化、政治和耕作技术，使秦国由一个偏僻的小国一举成为可与晋国、楚国争高低的强国，成为名副其实的春秋五霸，为以后秦国兼并六国，统一中国，奠定了基础。百里奚早年流落在各国，他能够出来云游，多亏了他的妻子杜氏的支持。流落不仕，在被晋国俘虏前，曾游历齐、周、虞、虢等国，早年间云游的经验，使他增长了不少见识，这也使得他对于各国的民俗风情、地理形势、山川险阻十分了解，为他后来给秦穆公筹划东进奠定了基础。而恰好是百里奚，他早年间颠沛流离的生活，穷困的出身和潦倒的生活，使他尝尽了生活艰苦的滋味，也目睹了底层普通百姓的生活状况，因此后来他任秦国大夫时，才会树立民本的思想，为官清正。百里奚死后，"秦国男女流涕，童子不歌谣，舂者不相杵"，才能永远受到后世人的怀念和尊敬。

此六人，有一位是天子，两位辅佐成就王业，三位辅佐成就霸业，此六人最初的身份虽各异，然而同为贱民，同样受过贫困、卑贱、忧患、悲戚，最终成就了一番事业。

现在我们走进一家书店，最醒目的一排书籍往往都是励志学、成功学的，美国的卡耐基，日本的青木仁志等等，其实我们也可以从传统文化里汲取这些正能量。

## 二、此之谓大丈夫

景春曰："公孙衍、张仪岂不诚大丈夫哉？一怒而诸侯惧，安居而天下熄。"

孟子曰："是焉得为大丈夫乎？子未学礼乎？丈夫之冠也，父命之；女子之嫁也，母命之，往送之门，戒之曰：'往之女家，必敬必戒，无违夫子！'以顺为正者，妾妇之道也。居天下之广居，立天下之正位，行天下之大道。得志，与民由之；不得志，独行其道。富贵不能淫，贫贱不能移，威武不能屈，此之谓大丈夫。"

公孙衍、张仪何许人？当时有名的纵横家。前面我们讲过战国时代的背景，诸侯纷争、战火不断，纵横家游说于各国之间，非常的得意。公孙衍实际上是秦国人，曾经担任秦国的大良造一职。然而奇怪的是，其职场生涯中大部分时间，却是在魏、韩任职，与秦国对着干。很多人都知道纵横家中的苏秦、张仪。传说这两位同是鬼谷子的高徒。一个主张连横，另一个主张合纵，上演了一幕相爱相杀的历史大戏。然而事实上，苏秦死于公元前284年，张仪死于公元前310年，苏秦比张仪晚死26年。苏秦根本不可能与张仪是同一个时代的对手。其实张仪真正的对手是他，公孙衍。公孙衍是阴晋人，属河西之地。这里本是秦国的地盘。魏文侯任用吴起训练魏武卒后，吴起率5万魏武卒战50万秦军于河西，取得大胜。于是魏国尽收河西之地。秦国商鞅死后，公孙衍被任命魏大良造，积极进攻魏国。收复河西之地。此后张仪入秦，与公孙衍争宠。张仪被秦王赏识，公孙衍在遭到冷遇后不得不到魏国混。到了魏国，公孙衍很快混出了名堂。此时的魏国，虽已是千疮百孔，但是根基仍在。公孙衍就联合齐国去攻击赵国，结果旗开得胜。合纵首尝胜果，引起了秦国的高度警觉。张仪很快就出手攻击魏国，并且用政治手段拉拢齐楚。成功破解了公孙衍的三国合纵之谋。公孙衍也不甘示弱，很快拉拢韩、赵、燕、中山四国，发起了历史上著名的"五国相王"，不过最终还是被秦国破坏了。两次合纵的尝试失败后，魏国全面倒向了秦国。昏庸的魏王竟然任用张仪为相。张仪虽表面被秦罢职，但实际仍在为秦服务。张仪当上魏国的宰相后，秦国便向魏国和韩国借道进攻齐国。齐威王派军应战，顽强抵抗，大胜秦军。这场失败使得张仪的连横之策也受到了挫折。魏国内部主张合纵的政治势力再度抬头，张仪被驱逐出魏国。公孙衍再次登上历史舞台，就任魏国宰相。公孙衍说服诸侯，组织起魏、赵、韩、燕、楚五个国家的兵马，联合出兵攻打秦国。东方各国的合纵联盟再次形成。实际出兵的只有魏、韩、赵三国。可由于东方各国君主各怀鬼胎，根本不团结的联军虽然气势汹汹，实则毫无战斗力。函谷关与秦军一战即溃。各国更是互相攻伐，于是轰轰烈烈的"五国伐秦"宣告失败。这下公孙衍在魏国呆不下去了，于是去了韩国就任宰相。遭逢数次失败的公孙衍仍然没有放弃他的合纵之策。在韩国又组织起新一轮的合纵运动。然而，韩国毕竟国势衰微，根本抵挡不住秦国的进攻，其他诸侯国也是隔岸观火，根本没有发兵救援。公孙衍无力回天，只好再次逃回魏国。然而这一次，公孙衍没有能够再次上演复出的好戏。很快就死在了魏国内部的政治斗争当中。

公孙衍于公于私，与张仪都是对手，虽然最后事败身死，但是却屡败屡战，从不曾动摇合纵之念。纵观战国历史，合纵可以说得上是那些小国弱国对抗强国最有效乃至唯一的策略。如果各国能够按照公孙衍设想的那样团结一致，共同抵御秦国，那么天下局势就会完全不同，历史也将被改写。只可惜那些形形色色的君主鼠目寸光，毫无远见。患得患失，在合纵与连横之间徘徊不定，犹豫不决。尽管公孙衍呕心沥血，却是无力回天。当时就有人曾说他和张仪"一怒而诸侯惧，安居而天下熄"，声势都足以倾动天下。

孟子举出例子反驳，说他们两人在诸侯面前就像妇人一样谨慎地顺从，"以顺为正者，妾妇之道也"，哪里算得上是个大丈夫。真正的大丈夫，孟子揭示了："居天下之广居，立天下之正位，行天下之大道。得志，与民由之；不得志，独行其道。富贵不能淫，贫贱不能移，威武不能屈，此之谓大丈夫。"所以，大丈夫的内涵很丰富。

首先是大丈夫的"居""立""行"。孟子说大丈夫居住在天下最广阔的住所，那就是"仁"，这是何等的阔大！大丈夫站立在天下最正的位子上，那就是"礼"，这是何等的高尚！大丈夫行走在天下最通达的大道上，那就是"义"，这是何等的凛然！试想与世上的那些为华屋、臣位、名利奔波的人相比，这就是巍巍大丈夫的形象。

其次是大丈夫的"得志"与"不得志"。大丈夫若能"得志"，即实现自己的志愿理想，那么"与民由之"，即与民众一起行走那样的道路。大丈夫如果"不得志"，不能实现自己的志愿理想，就立志"独行其道"，而毫不后悔，不失己志。

此外是大丈夫的"三不能"。大丈夫"富贵不能淫"，虽财富位贵，但不能使他迷惑。大丈夫"贫贱不能移"，虽贫穷卑贱，但不能使他改变志向。大

丈夫"威武不能屈",面对威势强武。但不能使他屈服。孟子说,能够具备这些,就可以称之为大丈夫。

我们可以对照下,有哪些伟大的人物符合大丈夫的定义。我们可以举个典型:方志敏烈士。他被捕后,在狱中写下了几篇不朽的遗作,其中就有我们耳熟能详的《清贫》:

"我从事革命斗争,已经十余年了。在这长期的奋斗中,我一向是过着朴素的生活,从没有奢侈过。经手的款项,总在数百万元;但为革命而筹集的金钱,是一点一滴地用之于革命事业。这在国民党的大人物身上,颇似奇迹,或认为夸张;而矜持不苟,舍己为公,却是每个共产党员具备的美德。所以,如果有人问我身边有没有一些积蓄,那我可以告诉你一桩趣事:

就在我被俘的那一天——一个最不幸的日子,有两个国民党军的兵士,在树林中发现了我,而且猜到我是什么人的时候,他们满肚子热望在我身上搜出一千或八百大洋,或者搜出一些金镯金戒指一类的东西,发个意外之财。哪知道从我上身摸到下身,从袄领捏到袜底,除了一只怀表和一支自来水笔之外,一个铜板都没有搜出。他们于是激怒起来了,猜疑我是把钱藏在那里,不肯拿出来。他们之中有一个左手拿着一个木柄榴弹,右手拉出榴弹中的引线,双脚拉开一步,作出要抛掷的姿势,用凶恶的眼光盯住我,威吓地吼道:

'赶快将钱拿出来,不然就是一炸弹,把你炸死去!''哼!你不要作出那难看的样子来吧!我确实一个铜板都没有;想从我这里发洋财,是想错了。'我微笑着淡淡地说。

'你骗谁!像你当大官的人会没有钱!'拿手榴弹的兵士坚决不相信。

'决不会没有钱的,一定是藏在那里,我是老出门的,骗不得我。'另一个兵士一面说,一面弓着背重来一次,将我的衣角裤裆仔细地捏,总企望着有新的发现。

'你们要相信我的话,不要瞎忙吧!我不比你们国民党当官,个个都有钱,我今天确实是一个铜板也没有,我们革命不是为着发财!'我再向他们解释。

等他们确知在我身上搜不出什么的时候，也就停手不搜了；又在我藏躲地方的周围，低头注目搜寻了一番，也毫无所得，他们是多么的失望啊！那个持弹欲放的兵士，也将拉着的引线仍旧塞进榴弹的木柄里，转过来抢夺我的表和水笔。后彼此说定表和笔卖出钱来平分，才算无话。他们用怀疑而又惊异的目光，对我自上而下地望了几遍，就同声命令地说：'走吧！'

是不是还要问问我家里有没有一些财产？请等一下，让我想一想，啊，记起来了，有的有的，但不算多。去年暑天我穿的几套旧的汗褂裤，与几双缝上底的线袜，已交给我的妻放在深山坞里保藏着——怕国民党军进攻时，被人抢了去，准备今年暑天拿出来再穿，那些就算是我唯一的财产了。但我说出那几件'传世宝'来，岂不要叫那些富翁们齿冷三天？！

清贫，洁白朴素的生活，正是我们革命者能够战胜许多困难的地方！"

过着清贫朴素的生活，不计个人生活享受，却有着高尚的理想追求、钢铁般的革命意志和坚定的理想信念，不为敌人的各种糖衣炮弹、严刑拷打所屈服，战斗到死。这可不就是孟子所说的"富贵不能淫，贫贱不能移，威武不能屈，此之谓大丈夫"。

# 第六讲 浩然之气

巍巍哉，泰山！岩岩哉，泰山气象！宋儒曾评价孟子有泰山岩岩之气象。确实如此，每读《孟子》，孟子那种顶天立地、屹立不屈的大丈夫形象就会从书中走出来似的，似有浩然之气。

# 第一节　善养吾浩然之气

孟子曾说："我善养吾浩然之气。""养气"是指按照人的天赋本心，对仁义道德经久不懈的自我修养，久而久之，这种修养升华出一种至大至刚、充塞于天地之间的"浩然正气"。这样的人，能够做到藐视政治权势，鄙夷物质贪欲，气概非凡，刚正不阿，无私无畏。写起文章来自然就情感激越，词锋犀利，气势磅礴。"气盛言宜，孟子内在精神修养上的浩然气概"是《孟子》气势充沛的根本原因。

## 一、浩然之气

孟子人性论修养的目标是要达到"不动心"。不动心指不因个人处境、待遇、遭遇等外部条件的变化，而改变自己的心态，保持良好的操守。要达到这种修养境界，有两个环节，一是知言，使人不迷惑；一是培养浩然之气，使人意志坚定。知言则不惑，气盛则意志坚定，从而实现不动心，使人成为富贵不淫，威武不屈的大丈夫。

怎样才能不动心？孟子说了，首先得存夜气。

存夜气是养浩然之气的前提。孟子说："其所以放其良心者，亦犹斧斤之于木也，旦旦而伐之，可以为美乎？其日夜之所息，平旦之气，其好恶与人相近也者几希，则其旦昼之所为，有梏亡之矣。梏之反覆，则其夜气不足以存；夜气不足以存，则其违禽兽不远矣。"孟子的"平旦之气"，指天地运行于此时所产生的自然界之气与人生理之气。"夜气"主要包含人的生理之气与良知善念。孟子认为从夜半至天亮是人自我修养的最好时间，这时天地间充满纯真清明的自然之气，应当保存住此间顺应自然而生的夜气。如果不存夜气，天亮之后人们被七情六欲所干扰，人的良善本性消耗殆尽，就会如同本来是土地肥沃，生产良好木材的牛山，因为邻近大国，伐木的人无时停息，大批牛羊在那里放牧，所以树给砍光，草给吃尽，牛山变成濯濯，草木不生了。中国民间，做父母的常常不忍心过于苛责孩子，但又很生气，于是就教导孩子：

"晚上把枕头垫高了好好想一想！"意即夜深人静不为外界杂物干扰的时候应该好好反思一下自己的言行。

养浩然之气，首先要知言。孟子认为，单存夜气，不足以养浩气。还需要拥有较高的知识理性，即"知言"。"敝词知其所蔽，淫词知其所陷，邪词知其所离，遁词知其所穷"。偏颇的言论，知道它在哪一方面被蒙蔽而不明事理；过分的言论，知道它沉溺于哪种观点而无法自拔；歪曲的言论，知道它偏离事实而乖张不正，敷衍搪塞的言辞知道它因何陷入理屈词穷的境地。言辞生于内心，害于其政，言论的过失是由于内心的思想认识不正产生的，会危害政治；发于其政，害于其事，如果把错误的思想用于具体的政令措施，则会危害具体工作。儒家认为，人事中最具影响力的工作就是政治，政治工作的好坏关系百姓的幸福，国家的安稳。大学强调修身也是为了齐家、治国、平天下。政治工作包含了个人安危得失，也体现了个人修养。言论反映思想，思想指导行动，利害关系可见一斑。一旦发现言论有误，就要从内心去寻求根本原因，从根本上改变思想，从而修正思想，防止行动错误。所以孟子说，"不得于言，务求于心"不可。

那么"不得于心，务求于气"可，是何原因？心中有所不安，不必从感情意气上找原因。因为人的感情意气随时变化，只会影响人的情绪，不会影响人思考。"志，气之帅也，气，体之充也"。理智管理着情感，就像法官一样负责评判，人根据它的指令而行动。然而感情与理智是互相影响的，"志一则动气，气一则动志"。思想专一，则调动人的感情意气跟随行动；情感专一，则影响人的思想意志。有句话说，冲动就是魔鬼，感情一旦失去理智的控制，则会带动人做出疯狂的举动。而现实中几乎所有正常人，都是理智的人，能够控制情绪感情。理智就像一个围场，情感都在它划定的藩篱以内；理智又像塔楼的国王，情感只是佣兵。这就可以理解，为什么人在遭遇了巨大的心理打击和情感创伤后，会变得精神失常了，因为理智薄弱，情绪激动，理智失去了正常的统帅作用，而被意气牵动的缘故。

关于浩然之气的内涵，孟子也解释得很透彻：

"其为气也，至大至刚，以直养而无害，则塞于天地之间。其为气也，配义与道。无是，馁也。是集义所生者，非义袭而取之也，行有不慊于心，则馁矣。"浩然之气是一种至大至刚的气概，内心以道义为标准，在内心道德原则的指导之下，行道义之举。浩然之气是心中道义与正义之举日积月累而成。它强调内外合一，不人为地刻意助长它，否则就像揠苗助长，无济于事；它也不是一朝一夕一蹴而就的，违背了修养它的自然规律，就会适得其反。不能忽视它，不然人的内心会因为行不由衷而日渐堕落。只有不违四心：恻隐之心，羞恶之心，是非之心，辞让之心，才能成就正义之举，修养道义之心，才能练就浩然之气。

"无恒产而有恒心者，唯士唯能"，恒心即是不论外在如何改变依旧坚持大道的理想人格。"穷则独善其身，达则兼济天下"，对外在环境持一种豁达的态度，坚持自我的追求。这种不流于世俗，坚持自我的人格即是"不动心"。孟子云："天将降大任于斯人也，必先苦其心志，劳其筋骨，饿其体肤，空乏其身，性拂乱其所为，所以动心忍性，增益其所不能。"通过艰难困苦的考验，依旧不动心，练就的坚忍不拔的意志反映到个体身上就是浩然之气。

## 二、善养浩然之气

孟子强调对于浩然之气的修养，要具备道义之心，做正义之事。修养而来的浩然之气，因其符合天地万物形成之道，所以至大至刚，可以充塞宇宙。浩然之气的修养，要持志守气。持志就是不动心。不动心，首先是能够智慧地分辨各种言论，对于流言蜚语，要知其产生的根源，不被言论左右；其次是坚持内心的道义原则。不论何种困境，何种诱惑，都要不违本心。在义与利有冲突之时，果断地去利存义。"生，亦我所欲也，义，亦我所欲也，二者不可得兼，舍生而取义者也"。舍生取义，也即浩然之气的补充说明。

修养浩然之气，在内要不违本心，做正义之事，在外要自觉地符合天道自然，肩负起个人对宇宙人生的责任，这样才能达到物我一体，天人合一的境界。具体来说养气有两种途径，一种是对于宇宙万物，有正确的认知和了解，切莫主观地牵强附会，实事求是探求其中之道；另一种是在宇宙间承担人应尽的道德义务，依道而行，与自然和谐相处。集合两种方法，身负道义，积极作为，浩然之气就会自然而然地显露出来。浩然之气大行不加，穷居不损，充塞天地，至大至刚，是一种大勇的气概。

（1）勇

浩然之气乃集义所生，养气即养勇。"勇者，气也，气之所至，力亦至焉；

心之所至，气乃至焉。故古文勇从心。"孟子的勇是一种舍生取义的道德人格。孟子对勇作出了划分：北宫黝之养勇，必以其人之道还治其人之身，不能忍受半点侮辱，上至君子，下至小人；孟施舍之养勇，指挥作战总是把不能取胜的形式看成可以取胜，不怕失败和困境，迎难而上；曾子之勇，通过内心自省，然后依道义而行，即使是千军万马，只要心中充满正义，他也可以做到勇往直前。孟子认为，北宫黝之勇，不能忍受任何侮辱，只是匹夫之勇；孟施舍之勇，仅内心无惧，是小勇；曾子之勇反观自身，符合道义，才是大勇。孟子提倡的勇，超脱了个人功利，而与道义相符，其目的超越了个人荣辱、个人生死，而与天下国家相连，与人民的福利相连。当内心之勇化成了正义的理想人格，便焕发出浩然之气。勇不是鲁莽，也不是懦弱，而是见义就为的勇敢。每个人都可以成为大勇之人，因为人皆具四心，只要不违本心，由义而行，就是勇敢。

如何养勇？持志守气。"夫志，气之帅也，气，体之充也。夫志至焉，气次焉"。志，即思想意志；气，即感情意气。养勇，即内心坚定对正义的信念，同时控制好自己的感情意气，第一阶段是自制。个人情绪出了问题，不责备内心的感情；言语行动出了问题，就要反观内心，所以要自我反省，自我控制。第二阶段，勇气不是一朝一夕成就的，来自于日积月累的惯性。当内心能按照正义行动的时候，感情意气受意志统领，充满义理，这种正义之气反过来影响内心，使正义之举成为自然而然的事，成为主体的惯性，不再需要时刻自制。主体内外一体，均充满正义，因而成为孟子所倡导的大勇之人。"自反而不缩，虽褐宽博，吾不惴焉；自反而缩，虽千万人，吾往矣"。自我反省，如果背离正义，即使是贫贱之人，我也不侮辱；自我反省，若符合大道，就算千军万马，我也敢前往。勇即大丈夫的人格，"居天下之广居，立天下之正位，行天下之大道；得志，于民由之，不得志，独行其道。富贵不能淫，贫贱不能移，威武不能屈，此之谓大丈夫！"第三阶段，养勇需率性而为，不助长，不忽视。对于内心的正义之气，不能对它不理不睬，不去修养它；也不能故意而为，妄图助长它。如果想通过短期速成也是不可能的，因为思想的培养需要一个渐进的过程，思想落后于行动，内外不一，必然损害内心的正义之气。

（2）直

浩然之气，要用直来培养。从儒家孔子开始到孟子，他们的直都有两个意思，真诚而正直，没有真诚就谈不上正直，所以真诚是基础，孔子说过"人之生也直，罔之生也幸而免"。就是说人活在世界上，本来应该好好真诚地过日子，如果你没有真诚，还能活下去的话，这是靠侥幸，才能够免于灾难。你没有真诚，你还能活着，只是凭借运气好。因为你不真诚，你怎么会走上正路呢？相反如果你真诚的话，人性向善，力量由内而发，自然会走上正路。培养浩然之气了，首先用真诚跟正直的态度来培养这样的气。做任何事都真诚，说任何话都真诚，久而久之就形成一种力量，即为浩然之气。

（3）义

"道"是人类应该共同遵循的大道，"义"是个人应该践行的正义。道统摄义，指导人行走在道德之路上面。什么时候践行道呢？"义则，宜也"，宜就是适宜的"宜"，就是做事要具有正当性。孟子浩然之气的修养秘诀，"直、义、道"。按照这样的准则去行动，就越来越发现自己问心无愧，觉得内心有一种力量，到最高境界的时候变成浩然之气，可以充满在天地之间。所以孔子也说过，"言中信，行笃敬，虽蛮貊之邦，行矣"。我说话真诚而守信，做事认真而负责，到蛮貊之邦没有开花的地方，照样走得通。因为具备浩然之气，做的是中信跟笃敬，言跟行都没有问题，以至于可以通达天地的任何地方。之所以说"四海之内，皆兄弟也"，只因为"君子敬而无失，与人恭而有礼"，因此正义之气的积聚，便可广交天下豪杰。

（4）美

浩然之气是一种气质美。其为气也，至大至刚，充塞宇宙，与天相配。这种天人一体的境界彰显的正义之气，充满全身，使人散发出和谐一体的气质美。而每一个具备正义之心的个体，都能拥有这种阳刚敦厚的气质。人的内在涵养，会表现为外在气度，因内心正义刚强，个人则体现出端庄恭谨的气质，从而使个体受人尊敬，显得不可侵犯。

浩然之气是一种言辞美。浩然之气提出的前提是"不动心"，孟子的不动心即是知言，孟子重视言论，而分清言论之是非善恶真实虚妄，对于个人的人生选择和内心塑造有着重要影响。知言，方能使人不惑。重视言论的影响作用，是修养浩然之气的重要手段。主体的浩然之气，体现在为人处世中，则是恰当得体的言论美，会让周围与之交流之人如沐春风。体现在文艺创作中，则是洒脱豪放的风格美。充塞宇宙的浩然之气令人心胸开阔，放眼宇宙人生，

尽收眼底，历史人物，山河壮丽，可尽皆咏叹之。

浩然之气是一种道德美。浩然之气，"以直养而无害"，是由正义日积月累涵养而成；"无是，馁也"，如果违背正义，浩然之气就会被损耗，人的精神受此影响，也会疲软。它根源孟子所说的仁、义、礼、智四心，内心的正义原则影响人的思想意志，人的思想意志决定外在的行动，从高贵的精神到正义的行动形成个人高尚的道德情操。

浩然之气是一种性情美。它要求人不违本心，对它的奉行，会塑造出不矫揉造作，不虚妄浮夸的个性，培养出率真地实现自己的追求，履行自己的道德义务，在社会自然之中温文尔雅的君子。它要求人为人处世要符合道义，它指导人要与人为善，不斤斤计较，从而使个人养成宽容大度的性情，达到不断陶冶个人情操的目的。它使人感受到和谐一体的氛围，以及物我相融的魅力。存养浩然之气，使人享受生活，乐天知命。

## 第二节　浩然之气的历史传承

"不依形而立，不恃力而行，不待生而存，不随死而亡矣。故在天为星辰，在地为河岳，幽则为鬼神，而明则复为人。"[①] 读到苏轼这段话，仿佛都能够清楚地感觉到心中的那股子浩然之气！对于孟子浩然之气的传承，多见于历代志士仁人的舍生取义的壮举中。

### 一、文天祥《正气歌》

> 而予以孱弱，俯仰其间，于兹二年矣，幸而无恙，是殆有养致然尔。然亦安知所养，何哉？孟子曰：吾善养吾浩然之气。彼气有七，吾气有一，以一敌七，吾何患焉！况浩然者，乃天地之正气也，作正气歌一首。

---

① 节选自苏轼"潮州韩文公庙碑"，见《苏轼词文鉴赏辞典》，上海辞书出版社，2012年版。

天地有正气，杂然赋流形。下则为河岳，上则为日星。
于人曰浩然，沛乎塞苍冥。皇路当清夷，含和吐明庭。
时穷节乃见，一一垂丹青。在齐太史简，在晋董狐笔。
在秦张良椎，在汉苏武节。为严将军头，为嵇侍中血。
为张睢阳齿，为颜常山舌。或为辽东帽，清操厉冰雪。
或为出师表，鬼神泣壮烈。或为渡江楫，慷慨吞胡羯。
或为击贼笏，逆竖头破裂。是气所磅礴，凛烈万古存。
当其贯日月，生死安足论。地维赖以立，天柱赖以尊。
三纲实系命，道义为之根。嗟予遘阳九，隶也实不力。
楚囚缨其冠，传车送穷北。鼎镬甘如饴，求之不可得。
阴房阒鬼火，春院闷天黑。牛骥同一皂，鸡栖凤凰食。
一朝蒙雾露，分作沟中瘠。如此再寒暑，百沴自辟易。
嗟哉沮洳场，为我安乐国。岂有他缪巧，阴阳不能贼。
顾此耿耿在，仰视浮云白。悠悠我心悲，苍天曷有极。
哲人日已远，典刑在夙昔。风檐展书读，古道照颜色。

　　天地之间有正气存在，它赋予万物从而呈现出各种各样的形态。在地上有江河山岳，在天上有日月繁星，在人身上则表现为具备伦理道德的浩然之气，它充塞宇宙。浩然之气即是坚持人间正道，对于臣子来说，就是忠君爱国，对于文天祥来说，就是除尽胡寇报效朝廷。在国难当头彰显出的个人气节因其符合正义，鼓舞人心，都是青史留名。磅礴的浩然之气，让历史上的有志之士名扬后世。内心具备浩然之气从而使他们坚守正义，坚定信念，早已将生死置之度外。 地靠正气立，天靠正气尊，人伦靠正义维持，道义以正义为根本。浩然之气使正义积聚一身，让人显出崇高的气度。

　　文天祥一首正气歌，将从古至今时穷节仍不变的志士仁人一一颂扬，这些贫贱不移，威武不屈的大丈夫，都是存养浩然之气之人。文天祥入狱两载，依旧坚持操守，决不投降，对故国的坚持，对亡君的忠贞，这种操守，令人敬佩。这种气节，让人不禁想问，他是如何办到的？天地间有正义之气，它化生天地万物，在人身上则体现为浩然之气，它的气概可以充塞宇宙。浩然之气这种高贵的气节，要在困厄中才能体现出来。三纲是浩然之气的体现，道义是

浩然之气的根本。存养浩然之气，才能坚持正义之道。

文天祥自己又是何等的英雄了得呢？《宋史》描述他，"体貌丰伟，美皙如玉，秀眉长目，顾盼烨然"。[①]要知道，史书描述一个人的外貌，一般很难超过 10 个字。享受这待遇的，只有少数几个人，比如周瑜、项羽、司马相如。文天祥的帅，据说很多异性（15 岁到 51 岁）都挡不住他的微微一笑，因为他的笑，既有现场的即视感，又有历史的沧桑感。据说，很多萝莉、御姐在路上遇到他，都会不自主地咬手指，口中喃喃有词，偶稀饭……他的风采，大致相当于今天的郑少秋和黄晓明。尽管颜值越高，责任越大，但很少有人仅仅因为外貌而留名青史。不要紧，文天祥还有他的第二杀招——他的锦绣文章，万里无一。他的老父亲文仪一辈子不做官，却嗜书如命，经常通宵苦读。受父亲影响，文天祥给自己取了一个寓意丰富的外号：文山。这是一个绝对的学霸，19 岁轻松拿下庐陵乡试第一名。20 岁，即宝祐四年（1256），文天祥迎来了人生中第一个巅峰时刻。当时大宋的最高领导人宋理宗在位已 32 年，对于这个岗位，已经发自心底地厌倦，开始三天打鱼，两天晒网。朝堂上下，没有人敢劝他勤政。但是，文天祥是初生牛犊，他敢。那年他参加殿试，自己定题"法天不息"，意思是，连老天都勤倦不息，更何况是天子？用他的文氏书法，一口气写下来，居然写了 10000 多字，写完，交卷。看到这样的文章，宋理宗惊呆了，当皇帝 30 多年，年年看考卷，人都疲了，还从来没有哪个人能写出这么漂亮的策论。沉吟片刻，他做了一辈子最正确的一个决定——在试卷上画了一个大大的勾。考官王应麟心领神会，这人就是今年的状元了。他向宋理宗行了一个礼，顺便拍了一个马屁，这个马屁很有预见性——"此卷借古喻今，忠心可鉴，恭喜皇上又得一个人才！"

更可怕的是，这样有貌有才的人，还很有理想。10 岁的时候，他就已经读初三了，当同学们放学后鱼贯而出的时候，他却经常在学校的走廊里发愣。走廊里挂着很多巨星的画像，苏轼、范仲淹、欧阳修、胡铨等赫然在列。"什么时候，我才能成为他们中的一员呢？"年幼的文天祥心想，"那才是真正的男子汉。"历史注定他是那样的男子。但一开始，他其实是个浪子。南宋的皇帝，很好地秉承了创始人赵构的执政理念，那就是对外收缩乞怜，对内碌碌无为。

---

[①] 脱脱等：《宋史》，中华书局，1985 年版。

宋理宗赵昀也是这样一个人，他19岁登位，做了40年皇帝。与上不完的班、开不完的会相比，他更喜欢在后宫与群妃玩耍，后来觉得不过瘾，常常坚持调研，到宫外考察青楼发展状况。有什么样的皇帝，就有什么样的大臣，庙堂之上，几乎所有人都奉行及时享乐主义。文天祥，以意气风发之年，进入了这样的朝廷。他曾经很感激理宗的钦点。毕竟，中状元在古代读书人的一生中，是最大的荣耀。但考中状元才4天，父亲就患病去世，他循例请假回家，为父守丧3年。文家祖上很有钱，父亲去世后，文天祥继承了价值不菲的家产，够他任性地花几辈子。仕途上也一片光明——经过考察，组织部门任命他为宁海军节度判官，上来就是"副厅级"。对于一个20岁出头的年轻人来说，似乎人生已经提前圆满了。那些年，他活得很享受——住豪宅，吃盛宴，穿名牌，开跑车。《宋史》说他夜夜笙歌，左拥右抱，纸醉金迷，极尽奢华。（天祥性豪华，平生自奉甚厚，声伎满前）他豁达豪爽，最爱结交江湖上的朋友，还给自己取了一个超脱的名字：浮休道人。哪儿有这样的道人？完全是一个浪子。他爱喝酒，尤其是神医华佗创制的屠苏酒，一喝就是两三斤。他是个爱运动的美男子，喜欢游泳，在别墅的泳池里，每当他露出健硕的肌肉，总能引起一阵惊呼。为了跟老干部实现良好的沟通，他还养成了下象棋的习惯，后来变成了一个绝顶高手，每到任一地，总是将当地的职业选手、棋坛名宿杀得片甲不留。

如果文天祥一辈子做太平官，那他就是一个普通的状元。自有科举开始，历史上前后有状元914人（两宋即有118人），但几乎所有的状元都无声地陨落了。因为他们无性格、不折腾，高中状元后进入官场，他们往往会随波逐流，今天拜个老师，明天认个干爹，很快失去自我。文天祥跟所有的状元都不一样。当官第一年（23岁），他就向官场射出了一支利箭。那是开庆初年（1259），蒙古军队在20多年的准备后，终于开始向南宋朝廷进攻。过惯了舒坦日子的南宋君臣，哪受得了这种刺激？在大宋王朝召开的紧急扩大会议上，宦官董宋臣第一时间向理宗提出"合理化"建议：迁都。惹不起，躲得起！不少人为这个妙计叫好。也有大臣心想，脑子是个好东西，董宋臣同志，你也应该有一个。但站出来明确反对的只有文天祥，他向宋理宗上奏说，"请求斩杀董宋臣，以统一人心"。皇帝虽然叫理宗，却不喜欢理人。人妖没杀成，倒碰了一鼻子灰，文天祥郁郁寡欢，不久就请假回了江西老家。他一直憋着这股气，

几年后他官至刑部侍郎，再次上书，一一列举董宋臣的罪行，理宗仍然不予理会。来而不往非礼也，这次董宋臣没跟文天祥客气，他在黑市花高价钱找了几个写文章的高手，专门搜集黑材料，写告状信。几年之内，文天祥的职务一贬再贬，从瑞州知州、江南西路提刑到尚书左司郎官，又到军器监（管武器制造）。中间有段时间，他甚至主动要求担任江西仙都观的主管，他才27岁，却一度想退隐。他一直跟现实较劲，没多久，他又瞄上了一个更大的官：宰相贾似道。这个人地位很高，是皇帝的小舅子，理宗平常以"师臣"相称，百官都尊称他为"周公"。文天祥不按官场规则出牌——他曾有机会起草圣旨，字里行间都是对贾似道的辛辣讽刺，而且故意不提交审稿。贾似道很是生气，马上做了两件事，一是向皇帝提出病休，二是暗中命令言官张志立马上行动，奏劾罢免文天祥。一个月后，文天祥以37岁的"高龄"退休。民间有关他的故事，早已流传甚广。他的志向和气节，引起了一些退休老干部的注意，其中包括前宰相江万里。咸淳九年（1273），文天祥被起用为荆湖南路提刑，见到了江万里。两人一边喝下午茶，一边叹息，江万里忧伤地说，"我老了，根据我一辈子的阅历，感觉能治国的，只有你一人！"握着江万里苍老而微微颤抖的手，文天祥忽然热泪盈眶。这个国家，太需要硬骨头。

更大的考验马上来了。德祐元年（1275），蒙古大军沿汉水南下，直指临安。太后急发《哀痛诏》，令天下勤王。39岁的文天祥时任赣州知府，捧着诏书痛哭流涕，经过几天彻夜不眠的思考，他做了一个决定：变卖家产，积极救国。他开始了一生中最高亢最悲壮的事业。经过多年积累，他的家产不菲，不久就聚集了3万多士兵。朝廷似乎看到了一丝希望，命他火速入卫京师。一些朋友奉劝他说，"元兵分三路南下进攻，势不可当，你这万余乌合之众，与驱赶群羊同猛虎相斗有什么差别呢？"可文天祥认为，大宋抚育臣民300多年，现在理应拼死捍卫，不然"后人又怎么评价我们"？他以一文臣身份，从不曾拿剑，现在却不得不穿起铠甲。

当年八月，文天祥率兵到临安，大臣们已作鸟兽散，跑了大半。朝廷刚刚提拔投降派吕师孟为兵部尚书，又封吕文德为和义郡王，想与蒙古修好。不知道大宋的领导人是不是脑子进水了，在打仗这种事上，退一步海阔天空，再退一步就会掉下悬崖。文天祥向朝廷进言，详细分析当下形势，劝谏皇帝应该奋发有为，果断处事。在奏折末尾，文天祥请求朝廷处斩吕师孟，作为战事祭祀，用以鼓舞军中士气。可是，朝廷怎么会听他的？太皇太后谢氏装作没听见。文天祥被任命为右丞相兼枢密使，出城与元朝丞相伯颜谈判，伯颜口才不佳，说不过他，一怒之下将他关了起来。在镇江的一次战乱中，趁人不备，文天祥成功逃脱，决心前往南方坚持抗元，他写道，几日随风北海游，回从扬子大江头。臣心一片磁针石，不指南方不肯休。在那个走向没落的年代，有人在血与火中焚烧成灰，随风吹落；也有人在血与火中痛苦涅槃，直上九霄。文天祥就是第二种人。在蒙古兵锐利的攻击下，数不清的宋人成了囚徒。至元十九年（1282）十二月初九，文天祥46岁，终于结束3年多的牢狱生涯，在大都柴市（今北京交道口）被处斩示众。

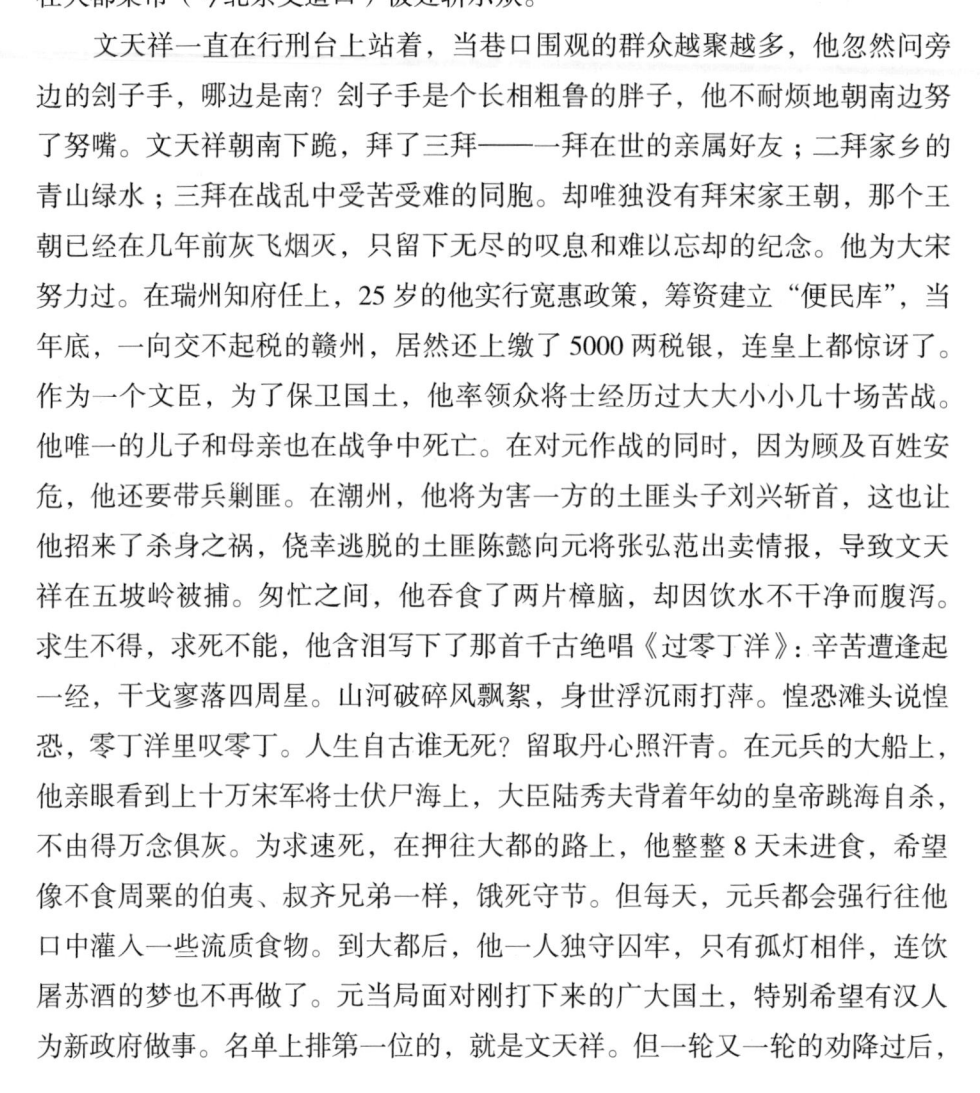

文天祥一直在行刑台上站着，当巷口围观的群众越聚越多，他忽然问旁边的刽子手，哪边是南？刽子手是个长相粗鲁的胖子，他不耐烦地朝南边努了努嘴。文天祥朝南下跪，拜了三拜——一拜在世的亲属好友；二拜家乡的青山绿水；三拜在战乱中受苦受难的同胞。却唯独没有拜宋家王朝，那个王朝已经在几年前灰飞烟灭，只留下无尽的叹息和难以忘却的纪念。他为大宋努力过。在瑞州知府任上，25岁的他实行宽惠政策，筹资建立"便民库"，当年底，一向交不起税的赣州，居然还上缴了5000两税银，连皇上都惊讶了。作为一个文臣，为了保卫国土，他率领众将士经历过大大小小几十场苦战。他唯一的儿子和母亲也在战争中死亡。在对元作战的同时，因为顾及百姓安危，他还要带兵剿匪。在潮州，他将为害一方的土匪头子刘兴斩首，这也让他招来了杀身之祸，侥幸逃脱的土匪陈懿向元将张弘范出卖情报，导致文天祥在五坡岭被捕。匆忙之间，他吞食了两片樟脑，却因饮水不干净而腹泻。求生不得，求死不能，他含泪写下了那首千古绝唱《过零丁洋》：辛苦遭逢起一经，干戈寥落四周星。山河破碎风飘絮，身世浮沉雨打萍。惶恐滩头说惶恐，零丁洋里叹零丁。人生自古谁无死？留取丹心照汗青。在元兵的大船上，他亲眼看到上十万宋军将士伏尸海上，大臣陆秀夫背着年幼的皇帝跳海自杀，不由得万念俱灰。为求速死，在押往大都的路上，他整整8天未进食，希望像不食周粟的伯夷、叔齐兄弟一样，饿死守节。但每天，元兵都会强行往他口中灌入一些流质食物。到大都后，他一人独守囚牢，只有孤灯相伴，连饮屠苏酒的梦也不再做了。元当局面对刚打下来的广大国土，特别希望有汉人为新政府做事。名单上排第一位的，就是文天祥。但一轮又一轮的劝降过后，封官牌、同事牌、亲情牌统统失灵，蒙古人也彻底死了心。

临刑前一天，忽必烈专门见了文天祥一面，想亲眼看看这是怎样一块硬骨头。他们的对话很简短。

忽必烈：你就是文天祥，你有什么愿望？

文天祥：但求一死。

忽必烈：天下已经是大元的了，难道你就不能在我朝为官，一心一意搞建设？

文天祥：不能。我的心是大宋的，又怎能为他朝卖命？

忽必烈：你真狭隘，我很难过。

文天祥：别难过，以后你会更难过。（后来元朝果然只延续了90多年）

处斩后几日，妻子欧阳氏前来收拾他的尸体，发现了衣服夹层里的绝笔诗《衣带铭》：孔子曰成仁，孟子曰取义。惟其义尽，所以仁至。道之所在，虽千万人，吾往矣。这段话的简单译文是，孔子主张仁，孟子主张义……真理所在的地方，即使有千军万马和莫大困难，我也要继续前进。地球上最强大的军队，拥有最令人胆寒的砍刀，却始终没有征服一个读书人强大的心。

## 二、于谦《石灰吟》

相传有一天，明代政治家于谦信步走到一座石灰窑前，观看师傅吟们煅烧石灰。只见一堆堆青黑色的山石，经过熊熊的烈火焚烧之后，都变成了白色的石灰。他深有感触，略加思索便写出了这首《石灰吟》，同时也表达了自己对人生的追求。他的人生追求什么？其实也就是孟子所说的浩然正气。诗的前两句："千锤万凿出深山，烈火焚烧若等闲。"写的是石灰从开采到上窑烧制的过程，来说明石灰的特质。石灰的原料是石灰岩，工人们开采石灰的时候，需要对它进行无数次的敲击。而这个千锤万凿的过程，一方面说，成为有用的石灰，需要经历磨炼。另一方面，指出石灰岩本身是非常坚硬，寓意坚强的品格。后两句"粉骨碎身浑不怕，要留清白在人间。"写石灰即使化成粉末，也毫无畏惧、要把清白留在人间的精神，象征着有志之士无论面对怎样严峻的考验，都能从容不迫。诗歌句句不离石灰，却又句句在谈论人的人格，一语双关，妙绝。诗人借石灰之口，以石灰的烧炼过程，来比喻自己，不怕烈火焚烧，只想能做清白有用之人，以身报国又有何妨？

于谦做到了如《石灰吟》里所说的那样吗？我们可以看下他的人生经历。1398年，于谦出生于浙江钱塘县太平里，少年时期即刻苦读书。1421年，考取辛丑科进士，从此踏上仕途。1430年，任兵部右侍郎巡抚河南、山西等地。在地方上做官的时候，屡屡平反冤狱，救灾赈荒，深受百姓的爱戴。当时太监王振开始掌权，作威作福，肆无忌惮地招权纳贿。百官大臣争相献金求媚。每逢朝会期间，进见王振者，必须献纳白银百两；而于谦每次进京奏事从来都是两手空空，因此得罪了明朝第一代专权太监王振，被投入监狱，判处死刑，关在狱中三个月。后来百姓听说于谦被判处死刑，一时间群民共愤，联名上书。王振便编了个理由给自己下台，说是抓错了人，把该抓起来的那个"于谦"和被关起来的于谦搞错了。

王振原为一个略通经书，满腹经纶的读书人，但是深感考取进士做官荣华富贵太难了，于是便自阉入宫。王振入宫后，宣宗皇帝很喜欢他，便任他为东宫局郎，服侍皇太子也就是后来的英宗皇帝。英宗即位后，王振掌司礼监，以防备大臣罔上为由，开始干涉朝政。1442年，太皇太后死，王振勾结内外官僚，大肆揽权，并撤下明太祖留下的禁止宦官干政敕命铁牌，举朝称其为"翁父"。王振擅权七年，家产计有金银六十余库。

1449年瓦剌首领也先，率军南下伐明，王振怂恿英宗集结二十万京营御驾亲征。大军离燕京后，兵士乏粮劳顿，八月初大军才至大同，王振得报前线各路溃败，惧不敢战，又令返回。回师至土木堡，被瓦剌军追上，士兵死伤过半，随从大臣有五十余人阵亡。英宗突围不成被俘，王振为将军樊忠所怒杀，史称土木堡之变。

1449年的土木堡之变后，兵部侍郎于谦拥戴英宗弟弟朱祁钰即位，即明代宗，年号景泰。于谦升任兵部尚书，决定坚守北京，整顿边防，积极备战，随后南直隶、河南、山东等地勤王部队陆续赶到。同年十月，瓦剌军直逼北京城下，也先安置明英宗于德胜门外土关。于谦率领各路明军奋勇抗击，屡次大破瓦剌军，也先率军撤退。明朝取得北京保卫战的胜利，于谦力排众议，加紧巩固国防，拒绝求和，并于次年击退瓦剌多次侵犯。

1450年也先释放英宗。然而代宗因为皇权问题，后又把英宗困于南宫软禁，并废皇太子朱见深，立自己的儿子朱见济为太子。不久见济病死，代宗迟迟不肯再立朱见深为太子，俨然有夺正之态，英宗、代宗因而严重对立。

1457年石亨、徐有贞、曹吉祥等人联盟，欲拥戴英宗复辟。趁着明代宗重病之际发动政变。攻入紫禁城，占领东华门，立明英宗于奉天殿，改元天顺。他们贬明代宗为郕王，并且处死于谦及大学士王文，史称夺门之变。1464年英宗驾崩，朱见深即位，为于谦平反。

### 三、浩然之气与中国梦

孟子就特别提到，他说一定要有事情做的时候，你不要刻意去做，你要自然而然去做，就是需要时间慢慢去磨炼，譬如说我们教书最怕学生怎么一回事呢？叫做"其进锐者，其退速"，进步太快的退步也很快。我们自己当学生有这种经验，我年轻的时候听过一个老师的课，很有学问，上他课的时候，会觉得学问太好了，非常兴奋，开始回家拼命念书，因为进步太猛了之后，一个月就受不了，哎呀，太累了，下礼拜再念吧，一下子又放下了，因为进步太快的话，就很难有恒心，有恒心一定需要计划，要有步骤，要慢慢来，最主要在于恒心。很多时候我们决定做一件事，后来又放弃了，有一段时间之后再回头一看，当初如果没有放弃的话，今天一定很有成就。你不管学任何东西都是一样，你小时候学过琴，什么弹钢琴、大提琴，你放弃了。你常常会想，如果我当时坚持每天一个小时继续练的话，到现在一定是很有成绩表现的，但是不容易做到。人生在世，恒心是很难做到的事。孟子教我们培养浩然之气的时候他会强调，你不要刻意去做，但是你要常常放在心中，一有事情发生的时候，就要提醒自己"直、义、道"三个字。你不要刻意做，刻意做的话，你不会坚持下去。

他接着讲一段故事，到现在我们还在用这个故事，叫做"拔苗助长"。我们教小孩子的时候很容易都犯这个毛病，希望小孩子参加各种补习，现在小孩子很辛苦，又是补数学、补英文、补心算、补电脑，什么都补，补到最后消化不了。所以孟子就讲一段故事，他一个宋国的农夫，他总觉得麦子长得太慢，他说不行，我要帮帮忙，有一天他就把他们家种的苗一点一点拔高，回家说好累，跟家里人说我今天真累了，我帮助这些苗长高了。他一个儿子，大概是比较聪明，儿子一听不对，赶快跑到田里一看，苗都枯倒了，这就是拔苗助长，帮助它反而害了它。孟子讲这个故事他取材于宋国农夫，我们就简单说一下宋国人的处境。因为在战国时代宋国很弱，不久就被兼并了，所以大家开玩笑都拿宋国农夫开玩笑。譬如说我们听到另外一个成语，叫做"守株待兔"，哪一国农夫啊？宋国农夫。有一天在田里看到一只兔子撞到树干，昏倒了，就把它捡回去，"太好了，以后每天等着兔子来撞树干，那就不用种田了"，就开始等。所谓的揠苗助长也是宋国的农夫，我们知道宋国人比较委屈，因为国家比较弱，常常被人拿来开玩笑，他们也不敢抗议，抗议也没用，宋国人很委屈。

"浩然之气"是孟子思想的重要组成部分，是中华民族的重要精神支撑，中国的崛起、中华民族的复兴、中国梦的实现都离不开我们每个人"浩然之气"的培养。那么如何才能练出"浩然之气"呢？孟子的观点总结一下，无非就是：

第一，"以直养而无害""配义与道"。"浩然之气"只能生活在正义的环境中，养"浩然之气"，需要遵循正义和大道，使"浩然之气"不受伤害，它才能生长壮大起来。倘若存有私心私欲，无论如何都培养不出来。

第二，"浩然之气"是在长期坚持做正义之事的过程中积聚起来的，偶尔做了件好事而不能长期坚持，"浩然之气"就无法生长，因为它是"集义所生，非义袭而取之"。所以要日积月累，勿以善小而不为，要始终存有正义之心，行正义之事。

第三，养"浩然之气"，就不能做亏心事。心中的"浩然之气"就像个冰清玉洁的小姑娘，要是做了不道德的亏心事、坏事、丑事，"浩然之气"就会立马消失得无影无踪。所以，孟子一直主张，做人要"仰不愧于天，俯不怍于人"，这样才能理直气壮、勇敢无畏。因为人性是本善的，人要是做了坏事，哪怕是罪大恶极、穷凶极恶之人，内心也会有良心不安的感觉，这时候，哪里会有理直气壮、心安理得的浩然之气呢？

第四，不能急于求成拔苗助长。浩然之气的形成，是个长期积累的过程，出自一个人的自觉自愿、自然而然的行为，不能带有任何功利目的，不能急功近利强行拔苗助长。就像宋国人拔苗助长一样，违背了道德养成的规律，不但无益反而有害。

# 第七讲 君子三乐

　　君子应该拥有怎样的快乐？被尊为亚圣的孟子在几千年前，就给出了一份答案，他说："君子有三乐，而王天下不与存焉。父母俱存，兄弟无故，一乐也。仰不愧于天，俯不怍于人，二乐也。得天下英才而教育之，三乐也。"

## 第一节　亲情之乐

亲情，特指亲属之间的那种特殊的感情，不管对方怎样也会爱对方，无论贫穷或富有，无论健康或疾病，甚至无论善恶。它有两个特点：一是互相的，不是专一的；二是立体的，不能是单方面的。亲情重在"情"字，无血缘关系也可以有亲情；有血缘关系也不一定有亲情。真正的爱才是亲情，它是人间最自然而然最美的一种情感。

亲情无任何限制，若感情好可以情同父母、兄弟姐妹、子女；情侣通过婚姻关系也会成为亲情，只是它比普通的亲情更进一步，拥有使双方心动的爱情一体化联系，我们现在很多人说多年夫妻成兄弟，就是这个道理。

### 一、父母俱存

亲情的第一层关系就是父母和子女间的关系。中国社会，对人的品质的要求，第一个层面就是子女对父母的孝顺。何谓孝？《孝经·开宗明义》篇中讲："夫孝，德之本也。""孝"字的汉字构成，上为老、下为子，意思是子能承其两亲，并能顺其意。孝的观念源远流长，殷商的甲骨文中就已出现"孝"字。《论语·学而》中孔子说到"入则孝，出则悌，泛爱众，而亲仁，行有余力，则以学文"。"孝悌"指的是孝敬父母、尊重长辈、友爱兄弟及关爱幼者的伦理行为，体现出感恩、回报和礼敬。推及一切皆加礼敬，善待他人，名曰行"仁"，此为古人修身齐家治国平天下之基础。在中国传统道德规范中，孝道具有特殊的地位和作用。汉字教育的"教"字，就由"孝"和"文"组成，因此教育的根本就建立在孝道人伦的基础上，一切的教育随之扩展开来，起到化育人民的作用。

一个人最大的教养就是善待父母，没有之一。孔子曾说："色难。有事，弟子服其劳；有酒食，先生馔，曾是以为孝乎？""色难"，就是脸色很难看的意思。孔子认为孝顺不仅仅是在父母有事的时候去帮忙、有好吃的东西就给父母吃，这还远远不够！试想一下，如果你的父母饿了，你端一碗饭给他，

但是你态度不好，说话冷冰冰的，如果你是他们，你心里会舒服吗？那一碗饭还吃得下去吗？

孟子说父母俱存之乐应该包含了两个层面的意思。一是父母还健在，做子女的还可以孝顺他，二是父母还健在，我到外面去看到老人家，年纪跟父母差不多，我自然就容易尊重他们，帮助他们，叫做"老吾老，以及人之老"。我在家里面先侍候我的父母亲，到外面去看到年长的人我也愿意服侍他们，座位让给他们，帮他们一些小忙，都非常乐意。人的本性的发展跟人的情感的向外推广是有渐进的程序的，如果说你父母不在，你家里面没有老人家，你到外面看到老人家你没什么感觉，因为你一下子转不过来，缺乏同理心。

我们现在社会上关于孝的话题探讨也很多。大家都知道胡适先生，胡适写过一首诗，很有意思，诗名叫《我的儿子》[①]：

我实在不要儿子，
儿子自己来了。
"无后主义"的招牌，
于今挂不起来了！
譬如树上开花，
花落自然结果，
那果便是你，
那树便是我。
树本无心结子，
我也无恩于你。
但是你既来了，
我不能不养你教你，
那是我对人道的义务，
并不是待你的恩谊，
将来你长大时，
莫忘了我怎样教训儿子：

---

[①]《胡适作品集》，北京大学出版社，2013年版。

我要你做一个堂堂的人，

不要你做我的孝顺儿子。

这首诗是胡适在长子胡祖望出生时所作，发表在一九一九年八月三日《每周评论》第 33 期。当时的名流汪长禄读到这首诗后，给胡适去了封信，提出严厉的批评：

"大作结尾说道：'我要你做一个堂堂的人，不要你做我的孝顺儿子。'这话我倒并不十分反对。但是我以为应该加上一个字，可以这么说：'我要你做一个堂堂的人，不单要你做我的孝顺儿子。'为什么要加上这一个字呢？因为儿子孝顺父母，也是做人的一种信条，和那'悌弟''信友''爱群'等等是同样重要的。旧时代学说把一切善行都归纳在'孝'字里面，诚然流弊百出，但一定要把'孝'字驱逐出境，划在做人事业范围以外，好像人做了孝子，便不能够做一个堂堂的人。换一句话，就是人若要做一个堂堂的人，便非打定主意做一个不孝之子不可。总而言之，先生把'孝'字看得与做人的信条立在相反的地位。我以为'孝'字虽然没有'万能'的本领，但总还够得上和那做人的信条凑在一起，何必如此'雷厉风行'硬要把它'驱逐出境'呢？"

我们看其实汪长禄的质疑是有道理的，但是胡适后来也给出了解释，他说我这是父母对子女不作要求，不是反对孝道。我们其实都知道，胡适本身他是一个大孝子，对寡母非常孝顺，虽然自己学贯中西，依然奉母命娶了位小脚太太江冬秀，为胡适写口述历史的学者唐德刚曾赋诗："胡适大名垂宇宙，小脚太太亦随之。"

同样，在西方，纪伯伦也有一首关于父母和子女之间关系的诗，名为《致我们的孩子》：

一位妇人怀抱婴儿，她说，给我们谈谈孩子。

她说道：

你的孩子并非你的孩子。

他们是生命渴求自身的儿女。

他们由你而生，却并非从你而生，

纵然他们跟着你，却不属于你。

你能给他们爱，却不能给他们思想，

因为他们自己有自己的思想。

你能庇护他们的躯体，却庇护不了他们的灵魂，

因为他们的灵魂居于明日之星，那去处你不能拜访，即便是在梦乡。

你可尽力去效仿他们，却不可让他们像你。

因为生命不会逆转，也不会与昨日滞留。

你是弓，你的孩子犹如飞箭从弓上发出。

那射者瞄准无限路上的目标，他用力将弯曲，好让他的箭射得又远又快。

让你在射者手中的弯曲成为一件乐事吧。

因为他既爱飞穿的箭，也爱稳当的弓。

现代社会对父母与子女间关系，对孝顺，对如何孝顺父母的讨论也很多。尤其是过年过节的时候，很多关于给父母买什么礼物，给父母多少零花钱，甚至于要不要回家过年的讨论。总的来说，父母与子女间的代沟往往是客观存在的，但代沟和孝顺并不冲突，可能工作上的烦恼父母不能完全理解，但是他们为子女担忧和祈福的心情是真诚的。父母的很多老派作风，可能年轻人也不太能理解，但是没关系，谨记当我们成年之后，真的还能陪伴在父母身边的日子是过一天少一天，分分秒秒都得珍惜。中国人说"树欲静而风不止，子欲养而亲不待"，就是这个道理。

每两年，中宣部都会进行全国道德模范评选，在这些道德模范中，有很多是孝顺父母的典型。

白永皓，一位来自青海农村的小伙子，用孝心支撑起一个家，获得了第六届全国道德模范。1.9米的大高个，腼腆的笑容，清秀又阳光，是西安科技大学地质与环境学院地质工程专业的学生。故事要从2014年的6月说起，这一年白永皓21岁，一场飞来横祸打破了生活的宁静与美好。父亲遭遇车祸当场被夺去生命，母亲因胸椎三四节压缩性骨折导致高位截瘫。"完全没有时间让我去学着接受，我能做的只有面对。"他一边料理着父亲的后事，一边处理车祸后事宜，同时还要照顾伤残的妈妈。面对自己学业还未完成、妹妹大学

在读、家庭没有收入来源的状况，白永皓做出了属于一个男子汉的抉择：让妹妹继续上大学，自己休学在家照顾母亲。时间在白永皓对母亲的细心照顾中缓缓流逝。

2015年8月，休学一年的白永皓眼看开学在即，可母亲的身体尚未好转，他心急如焚。就在这时，他做出了一个大胆而勇敢的决定——背着妈妈上大学。在西安，他在学校附近租了套房，添置好必备的生活用品，开始了一边照顾妈妈一边上学的生活。自从背着妈妈重返校园后，他变得更加忙碌。在给妈妈做护理的过程中，白永皓学会了按摩和抽血。高位截瘫，大小便失禁，手术后的母亲易得并发症，需要极其精细的照顾，白永皓付出了常人无法想象的艰辛。每当闹铃响起，白永皓会准时醒来，给妈妈导尿，帮妈妈洗漱、准备早饭……妈妈每周都要做凝血检查，他就自己从网上学会抽血，每次抽好送到医院；不会做饭，就从网上看视频学着做；不会做家务，就让妈妈教，自己边学边做。"虽然生活很苦很累，但是每天都能看到妈妈在自己的身边，我就感到满足。每次回到家，能像大家一样喊声妈妈就是最大的幸福。"白永皓每次说到妈妈都眼含热泪。逢寒暑假，白永皓带着妈妈回到老家，放假归来的妹妹负责照顾妈妈，他起早贪黑地打工，赚取学费和生活费。

2017年春节，白永皓考虑母亲的身体状况，和刚刚大学毕业的妹妹白永娟商量后，将母亲送回了老家休养。如今的他，已可以很好地平衡生活与学业之间的关系。妹妹大学毕业后在家一边照顾妈妈，一边准备参加各类招聘考试，妈妈的病情也逐渐稳定。

"无论生活有多难，我必须把妈妈带在身边。只有她在，我们才有家……"谈到未来，白永皓说，为了更好地照顾妈妈，他打算放弃专业对口的野外工作，争取考上公务员回到家乡。我们可以看出，虽然生活诸多磨难，白永皓提及母亲的时候还是满满的幸福，这就是孟子所说的父母俱存的快乐，当然这份快乐于他只剩下二分之一，所以他付出很多的心血汗水让母亲过得相对舒适，用孝心和爱心撑起了本来摇摇欲坠的家庭。

## 二、兄弟无故

现在很多家庭都有些困扰。什么困扰呢？就因为只有一个孩子，这个孩子很辛苦，他将来进入学校之后跟别人一起当同学，他压力很大，因为他从

小有父母全部的爱，甚至还有祖父母、外祖父母全部的爱，三千宠爱在一身。他到学校去念书以后，跟同学们就要分享，他开始需要有一段时间慢慢适应了，压力很大，这也是我们现在教育必须考虑的重点，就是怎么样让一个独生子、独生女他们到学校去之后也能跟别人和谐相处，分享所有的一切。分享是不容易学会的，你从小没有这种分享的经验，你说你长大之后，本来都是你一个人独占的，要跟别人分享，你不见得愿意啊。或者你愿意的话，你不见得开心啊。

中国人把兄弟姐妹之情称作"手足之情"，这很贴切。手和足是什么关系？于身体都很重要，本是同根生，都是身体（父母）的宝贝。对于中国人来说，你不顾念手足之情是很可耻的一件事情，这是道德上的大缺陷。

有一首古诗，很多孩子小的时候就会背诵了，是用同一条根生长的萁和豆来比喻兄弟，最终却兄弟互相伤害的诗歌，这就是曹植的"七步诗"：

> 煮豆持作羹，漉菽以为汁。
> 萁在釜下燃，豆在釜中泣。
> 本是同根生，相煎何太急？

这里也是有故事的。曹植，字子建，在东武阳出生，是曹操和武宣卞皇后的第三个孩子。他是三国曹魏时期的著名文学家，在两晋的南北朝时期，被人推到了典范的位置。后人因为他在文学上的造诣，故把曹操、曹丕和曹植合称为"三曹"。曹操当时在北方的时候还没有那么稳固的势力，常在马背上到处游走，家属经常跟随着军队一起行动或者居住，故少年时候的曹植和其他兄弟一样是在颠簸劳累的环境中成长的。建安九年，曹操把强敌袁绍军队击败了，把袁绍经营多年的邺城攻克，曹植生活才得以改变。

曹植从小就很聪慧，十岁左右就可以诵读《诗经》《论语》以及先秦两汉辞赋，与曹操见面时，在提问的情况下总可以应声而对，出口就是文章。有一次曹操看到曹植写的东西，看到后非常的惊讶，询问他："你是不是请人代写的？"曹植回他话："话一出口就是论，笔放下就是文章，当面考试就可以明白了，为何需要请人代写呢？"曹操因其文采并且其性格坦率自然，不拘礼节非常合自己口味，慢慢开始把爱心都放在了曹植的身上。

刚刚成年的曹植离开了邺城的欢宴和吟诗作赋的生活，满腔热血的请缨，跟随着父亲曹操西征。一路上要跋山涉水，非常的奔波劳苦，当西征军队来到帝都的时候，被眼前的景色吓得惊呆了，因为战火一直袭击的缘故，洛阳城已经没有以前的繁华盛世了，有的都是残垣断壁，让人无法想象昔日的皇宫现已经成为一片废墟。后来西征军队继续往西出发，经历了一年多战争的洗礼，西部还是迎来了稳定和安宁的生活，凯旋的曹植不久之后被赐予"临淄侯"的封号。

后来，因曹操的受宠，曾几次要立曹植为太子，但曹植毕竟文人气重，有很任性的行为，有时饮酒更是毫无节制，并做出了几件让曹操甚是失望的事情。本是曹操宠爱的孩子，最终却因各种各样的任性行为失去了信任和宠爱，从此曹植陷入深深的苦闷和悲伤中。

在曹操病逝洛阳后，曹丕继承王位，对曹植严加防备。传说中有次曹丕在殿堂上刁难曹植，让他在七步之内做出一首诗，否则就要杀头。曹植心生一计，写了这首七步诗，让曹丕汗颜、羞愧。迫于幕后卞氏的压力，曹丕数次徙封曹植。

孟子是很看重兄弟无故这一层快乐的。我们看他特别推崇舜就知道了。舜有个弟弟叫象，同父异母，多次想要杀舜。舜继承尧的位子之后，把象封了诸侯，不计前嫌，因为"兄弟无故"就是一种快乐，只要他活着，曾经他对我做的那些算什么呢？都过去了！

## 第二节　问心无愧之乐

2007年5月,时任国务院总理的温家宝在《人民日报》文艺副刊发表《仰望星空》一诗，全文如下：

> 我仰望星空，
> 它是那样辽阔而深邃；
> 那无穷的真理，

让我苦苦地求索追随。

我仰望星空，

它是那样庄严而圣洁；

那凛然的正义，

让我充满热爱、感到敬畏。

我仰望星空，

它是那样自由而宁静；

那博大的胸怀，

让我的心灵栖息依偎。

我仰望星空，

它是那样壮丽而光辉；

那永恒的炽热，

让我心中燃起希望的烈焰、响起春雷。

这首诗的创作背景是同济大学百年校庆前夕，2007年5月14日，温家宝在同济大学建筑城规学院钟厅向师生们作了一个即席演讲，其中讲道：一个民族有一些关注天空的人，他们才有希望；一个民族只是关心脚下的事情，那是没有未来的。我们的民族是大有希望的民族！我希望同学们经常地仰望天空，学会做人，学会思考，学会知识和技能，做一个关心世界和国家命运的人。

事实上，孟子在两千多年前就发出了这样的呼唤："仰不愧于天，俯不怍于人。"一般而言，大多数人会理解为问心无愧之意。问题在于，如何才能做到问心无愧？任时光流逝无所作为吗？显然不是。从孟子一生的追求来看，我们也应该读出这两句话的内涵：关心国家和人民的命运，做一些实实在在的事情，才能问心无愧。换言之，就是要拥有家国情怀。

已故的爱国商人霍英东曾总结自己的人生，称"回首往事，我仰不愧于天，俯不怍于人"。霍英东是香港同代华人富豪里最苦的一个。1923年，他出生在一条舢板上。7岁那年，他丧兄丧父。从上岸流浪到日军铁蹄，黑暗的日子仿佛没有尽头，他一度一事无成，干了7份工作全被辞退。霍英东偶尔会想：或许生活就是这样，命运就是这样。直到日军投降，黑暗褪去。此后，香港从小渔村发展成为东方之珠，期间大事件里几乎都有他的身影。

1955年初，英姿勃发的霍英东在铜锣湾建成了当时香港最高的建筑——蟾宫大厦，自己住在顶层。这个舢板上出生的孩子，从未想过自己会在短时间内站上这样的高度。但木秀于林、风必摧之。名利双收的霍英东，却在不久卷入时局的"阴谋"，迎来人生中最严重、最持久的一次打击。因为这次打击，他在人生的第一个高点上黯然淡出，就此与香港经济发展最为迅猛的黄金时间擦身而过。蟾宫大厦在建期间，传出了许多霍英东的负面消息，包括他曾向内地走私物资、贩卖军火等，这些诽谤信息至今仍在流传。霍英东知道流言并非不胫而走，背后有两股力量在推动：一是港英政府因为朝鲜战争时期他与大陆的贸易往来对他"有意见"，二是一些传统地产商对于他这位后起之秀的"羡慕嫉妒恨"。这些传闻对霍英东的影响很大。其中最重要的一点是霍英东决定慢慢淡出香港商界。

20世纪60年代初，他和新华社驻香港的人员成为好朋友，之后顶着港英政府的压力谨小慎微地维持着这段联系。1964年，霍英东受邀参加中国15周年大典，为了缓解内地的粮食压力，他背着大大的行囊辗转了几十个小时。那一年，邓公和他握手，他因受到如此礼遇激动不已。虽然全程秘密进行，但纸终究包不住火。从北京返港后，港英政府开始对霍英东展开全面"歧视"：他中标的地收回不卖，旗下的星光最后被迫卖给英资地产公司，但霍英东拿到手的只有一张欠条。一栋大楼换一张欠条，对于霍英东而言，这已经不是钱的问题，而是一场史无前例的耻辱。接连的打击和压迫，霍英东决定彻底淡出香港商界。他离开后，郭得胜、李嘉诚、李兆基、郑裕彤等崛起成为中流砥柱，开始了新一轮的风云际会。

20世纪70年代中期，为了恢复中国在各项国际体育组织中应有的地位，霍英东到各种国际赛事中奔走呼吁，不遗余力。1984年，中国重返国际奥委会后第一次参加奥运会，他不顾威胁，带着全家人一起前往美国洛杉矶。在那里，他见证了许海峰、李宁一战封神，国歌响起、五星红旗升起的时候，霍英东情难自禁，他回忆称那是他一生中最难忘的时刻之一。后来，凡是大大小小的国际比赛，他都带头捐钱。北京申办亚运会成功，他捐建了亚运村的游泳馆，后来兴建了北京贵宾楼。为了配合北京申办2000年奥运会，霍英东全球奔走。2000年申办失败后，因为身体的原因（淋巴癌），霍英东逐渐放

下了体育大使的工作，将体育重任交给了长子霍震霆。不过，霍英东依旧以其他方式参与了北京奥运会的工作：2008年的奥运场馆中，水立方是唯一接受港澳台同胞和海外华人捐赠建设的奥运场馆，其中最大的一笔捐赠即来自霍英东。为中国体育出钱出力、不断奔走的霍英东，在大陆的经济发展史上也留下了身先士卒的贡献。

1978年夏天，霍英东带着全家回到祖籍地广东番禺。当时番禺一片破旧。回乡期间，儿媳问接待的姑娘哪里有洗手间，对方二话不说端来一盆热水：可以洗手啦！家里人都乐了起来，霍英东却笑不出来，心里堵得慌。回去之后，霍英东立刻捐钱给番禺建了一座宾馆。但他觉得捐资无法从根本上改变一个地方的落后，我要回家乡、回大陆投资，以实业带动地方经济的发展。当时，改革开放政策刚刚提出，外商投资大陆的先例是零，霍英东成了第一个投资内地的港澳商人。

他的第一个项目是在中山建酒店，这是中国第一个外商投资项目。在当时什么问题都上纲上线的背景下，投资酒店也不好做，很多人有各种各样的顾虑。霍英东不怕亏本，他的计划是即便全亏了，就当是又一次捐资。中山温泉酒店在某种程度上是改变了中山、改变了国内酒店业/建筑业的一次革新，甚至改变了"制度"。宾馆建成后，到中山旅游的人数大增，有时候一下子涌入几千人，物资供应很紧张。经济改革之初，新旧理念交汇，很多事情很难理清。当时很多人指责霍英东，开始他也有压力，后来觉得自己只是为了给国家和家乡做点好事，有什么好怕的呢？

中山温泉宾馆接待了很多中外名流政要，其中一位的到访则让霍英东悬着的心正式落下。1984年，邓小平同志在这里下榻，他对霍英东说："温泉宾馆搞得很漂亮，很好！开放是搞对了！"敲定温泉宾馆的同时，霍英东又筹办了投资大陆的第二项工程。当时中国提出八大中外合资酒店的计划，以此向海外投资者昭示推行改革开放的决心和诚意。1979年，霍英东投资2亿，兴建了34层高的广州白天鹅酒店。白天鹅是一项更大的工程，这项工程遇到的问题很多。当时霍英东心里没底，完全是摸着石头过河。那个年代的物资匮乏程度是现在人难以想象的。霍英东希望让国人看到发展经济所带来的变化，那期间，什么有利于经济发展，他就捐什么。比如在广州清平，他看见有人进行物品买卖，马上找广州政府捐建了一座天桥。落成后的白天鹅成了大陆首批3家五星级酒店之一，英国女王、美国前总统尼克松、老布什等都曾下榻于此。尼克松还在留言簿上写道：我曾经住过美国和全世界许多酒店的总统套间，我认为没有一间能够超过白天鹅宾馆。邓小平曾考察白天鹅酒店，过程中，总设计师一言不发，霍英东心中有点忐忑。登上28层、俯瞰珠江美景时，邓小平突然转身拉着霍英东的手，用浓浓的川普口音说：谢谢你，白天鹅，好！白天鹅对于霍英东而言像是一场战役，他从未如此疲惫。酒店开张后，霍英东突然病倒，经查罹患淋巴癌，后来他来北京治病。期间，霍英东经常躺在床上思考人生。他从贫苦中挣扎过来，而立之年便创下巨大财富，又在时局的压迫下步步惊心。几十年间，霍英东见惯了风风雨雨，到了卧病的年纪，他已经什么都看淡了。

霍英东当时的最大愿望，就是看到国民真正富裕起来。治病期间，他宣布出资10亿港币成立霍英东基金会，不久后又创立了霍英东教育基金会。1984年10月1日，身体康复的霍英东，应邀参加国庆35周年纪念日，登上天安门观看庆祝仪式。他第一次被安排到城楼上。站上城楼，霍英东看到了巨型导弹、新型坦克，一位女记者走到他身边，问他有什么感想。霍英东一时间不知道说什么，眼泪哗哗直淌。他一辈子也没哭过几回。长子霍震霆结婚时，霍英东因为母亲没能坚持到这一刻，伤心了很长时间，却也没有流泪。但在观礼台上，他却控制不住自己的情绪，直至痛哭流涕。霍英东当时的脑子里就像幻灯片一样飞速闪过一幅幅画面，他想起了番禺路边的茅屋、想起了在国际体育会议中的一次次辩论、想起了不久前洛杉矶奥运会上的国旗国歌……国家正发生巨大变化，祖国正走向富强，霍英东一时感慨万千。

因为巨大贡献，霍英东成为香港首位全国人大常委。香港回归时，他在主席台就座，近距离见证了中华人民共和国国旗冉冉升起、英国在香港超过150年的统治宣告终结。那一刻霍英东热血沸腾，为自己作为一个中国人，并且生存在这个伟大的时代感到无比自豪和荣幸。

无论是早年间在香港做生意，还是来大陆进行投资，霍英东都谨小慎微，能忍则忍。他的处世原则是：宁愿保持沉默，但一旦出来讲话，就得讲真话、实话，不能昧着良知说大话。霍英东是一个很遵从"自我规则"的人，他一生创立了大大小小数百个公司，没有一家上市。他给后辈定下规矩：除长房外，其他子女不得从商从政。

2006年10月28日,霍英东因病在北京逝世,有关部门参与操办其葬礼,以高规格送别了这位企业家。遗体返港期间,霍英东的灵柩覆盖着中华人民共和国国旗,并由十人扶灵,董建华、何鸿燊、李兆基等均在其列。有评论称,霍英东在"国葬"的级别中告别。前半生,他推动香港从小渔村蜕变为矗立亚洲的东方之珠;后半生,他倾注心血"唤醒"东方雄狮;这之后,他的名字被写入史册。

何谓家国情怀,就是把个人命运与国家、民族和社会的命运融合在一起。家国情怀最重要的是立足于本职工作,这是对党,对组织,对人民,对良心的职责所在,家国情怀是每个人的立身之本。比如为人师表者,就是要爱国、爱人民、爱自己教书育人的岗位。

年轻的学子们,不仅要成为有知识、有文化、有技术、有能力的精英和人才,更要成为有思想、有情怀、有责任、有担当的中国未来。家国情怀如何诠释?有的青年人说,我爱国,足矣。其实,要做一个有家国情怀的青年人,并不简单。首先,在埋头多学习、吸收知识的同时,也应多抬头关心国家大事。要在纷繁复杂的社会中坚守正确的世界观、人生观和价值观,在仰望星空时应该将注重个人价值与社会价值联系起来,将个人志向建筑在为国家、为人民有益的事业中。习总书记说"当代青年要树立与这个时代主题同心同向的理想信念,勇于担当这个时代赋予的历史责任"。所谓的担当并不遥远,可以从关爱身边的人做起,从勇于承担社会责任做起。

## 第三节　教育之乐

我们每个人的成长,都离不开一个重要的角色——老师。老师曾经对我们说的那句话"只要你在学业上有所进步,我们做老师的都特别开心",这句话真的是由衷之言。这就是孟子所说的第三乐"得天下英才而教育之"。

孟子这位大教育家,把得到天下的英才并进行教育作为自己人生的快乐,可见他对于栽培人才的那种至情的热忱、敬业的执着,反映了他审美的情志。

## 一、得天下英才而育之

我们都知道一般老师常常会想说,如果在第一流的名校教书的话,那就是英才自然就来了,每年高考经过这个选择,好学生就到重点大学去了,那这些老师们就觉得我现在得到了英才。我们现在要公开地说,这是不对的看法。在儒家所谓的英才只有一个标准,什么标准呢?绝不是考试考得好不好,我们都知道考试考得好不好有时候是父母的功劳,给你好的IQ,让你念书。而在儒家里面讲到英才的时候要把它放到孔子的视野中。《论语》里面有一句话不容易解释,他说,"中人以上,可以语上也;中人以下,不可以语上也。"这什么意思呢? 中人以上是说中等材质的人愿意上进就跟他讲高深的道理,中等材质的人不愿意上进叫做以下,他往下堕落,我不愿意上进,就不能跟他讲高深的道理。所以孔子面对的学生都是中等材质的人,为什么这样说呢? 因为孔子另外说过一句话,"惟上智与下愚不移",只有最聪明的跟最笨的无法改变他们,最聪明的20%,最笨的20%,孔子也没办法,这说明什么? 这说明以上以下是看你自己愿不愿意上进。儒家在谈到教学的时候一定会肯定,这个学生自己愿意上进,你当老师当了很久你就会发现,你教得再好也没用,除非学生自己愿意上进。所以儒家里面提到的英才就是愿意上进的人,孟子说"得天下英才而教育之",绝对不要把英才想成是IQ很高的、高考考得很好的人,那个不叫英才,而是不管你IQ高不高,你愿意上进就是英才,就这一个简单的答案。这样了解儒家的话,才不会有偏差,把儒家说成是专门念书的,考试考得好的,将来要考科举的,其实这些都不是。它是纯粹讲愿意上进,而愿意上进的话代表在人性向善的路上要往上走。

第三种"得天下英才而教育之"千万不要以为是老师的特权,做父母的、做长辈的、做长官的,对于年轻一辈来说也是老师啊,我们看很多年轻人新进单位,称呼前辈往往都用上"老师",特别是一些专业性比较强的职业,比如医生、刑警,当然也喊"师傅",那是一个意思。如果父母亲教孩子,长官教属下,长辈也是一样教晚辈,只要这些年轻一辈的愿意上进,对于他们来说就是"得英才而教育之",把自己的技术、自己的经验、自己的体会教给他们,这是很快乐的事情啊,所以这样去认识的话就不会有什么偏差的问题。

师生间的美谈自古就很多。我们可以找出很多例子。比如毛泽东和他的

恩师杨昌济先生。杨昌济对毛泽东的评价很高，逝世前，他曾致信好友章士钊，介绍毛泽东与蔡和森的"学、品、行"，赞扬毛、蔡是"海内人才，前程远大。君不言救国则已，救国必先重二子"。杨昌济教授真有慧眼，不愧为近代伯乐。毛泽东也很尊敬他的老师。1936年毛泽东与斯诺谈话时，曾回忆："给我印象最深的老师是杨昌济，他是一位从英国回来的留学生，我后来同他的生活有密切的联系。他讲授伦理学，是一个唯心主义者，但是，他是一个道德高尚的人。他对自己的伦理学有强烈信仰，努力鼓励学生立志做一个公平正直、品德高尚和有益于社会的人。在他的影响下，我读了蔡元培翻译的一本《伦理学原理》，而且在这部书的启发下，写了一篇题为《心之力》的文章。我当时是一个唯心主义者，杨昌济从他的唯心主义观点出发，高度赞赏我那篇文章，给了一百分。"

还有些老师，不是常规意义上的搞教学，他们亦伟大。比如有位老人叫王直，中共党员，1994年退休，原任安徽省泾县文化馆副馆长兼孤峰中心文化站站长。王直老人退而不休，心系教育，情系学子。1998年，当看到皖南革命老区泾县部分农村校舍破旧，他募集资金22万余元，重建了安徽泾县盘坑、田坊两所小学，改善了老区近300名孩子的学习环境。紧接着，他又募集资金5万余元，为泾县茂林、云岭、华桥、周冲、孤峰等十余所小学贫困学生购买课桌凳、服装、学习用品等，使贫困山区的孩子快快乐乐地走进了课堂。随着外出打工农民日渐增多，留守孩子健康成长出现了一系列问题。为解决留守儿童的教育和管理问题，2001年，王直开始创办"王直助教中心"，为农村外出务工农民的"三缺"（行为上缺少管教、学习上缺少辅导、生活上缺少照顾）留守儿童提供全托服务，先后有近千名留守儿童在这里幸福生活，健康成长，早年升学的孩子已读大学三年级了。为解决老区贫困学生上学难问题，王直老人利用以前从事新四军史料征集工作时建立的人脉关系，奔波于苏、浙、沪等地，先后为一千多名老区特困学生寻得了一对一的资助，资助总金额超过240万元，使众多辍学的特困生重新走进了课堂，数百名特困生圆了自己的大学梦。许多经济上并不富裕的老朋友在他的感召下，也纷纷与该县的农村贫困孩子结成对子助学。"救一个孩子，等于救了一个家庭""帮一个孩子走完最关键的一步，就是帮了他一生"。这就是王直二十年来的追求和行动。

不光老师以教育学生为乐，学生不忘师恩的例子也很多。比如我们都知道一个成语"程门立雪"。宋朝的时候,有一位有学问的人,名叫杨时,他对老师十分尊重,一向虚心好学。"程门立雪"便是他尊敬老师、刻苦求学的一段小故事。杨时在青少年时代,就非常用功。后来中了进士,他不愿做官,继续访师求教,钻研学问。当时程颢、程颐兄弟俩是全国有名的学问家。杨时先是拜程颢为老师,学到了不少知识。4年后,程颢逝世了。为了继续学习,他又拜程颐为老师。这时候,杨时已经40岁了,但对老师还是那么谦虚、恭敬。有一天,天空浓云密布,眼看一场大雪就要到来。午饭后,杨时为了找老师请教一个问题,约了同学游酢一起去程颐家里。守门的说,程颐正在睡午觉,他们不愿打扰老师的午睡,便一声不响地立在门外等着。天上飘起了鹅毛大雪,越下越大。他们站在门外,雪花在头上飘舞,凛冽的寒气,冻得他们浑身发抖,他们仍旧站在门外等着。过了好长时间,程颐醒过来了,这才知道杨时和游酢在门外雪地里已经等了好久,便叫他们赶快进来。这时候,门外的雪,已经积得有一尺多深了。杨时这种尊敬老师的优良品德,一直受到人们的称赞。正由于他能够尊敬师长,虚心向老师求教,学业才进步很快,后来终于成为一位全国知名的学者。四面八方来向他求教的人,都不远千里地来拜他为老师,大家尊称他为"龟山先生"。

今天,我们很多学子也继承了古人这种"程门立雪"的精神。1998年秋季开学不久,一天早晨,季羡林先生走出家门,在荷塘边的泥土地上发现了两行用树枝写的字:"季老好九八级日语"和"来访九八级日语"。很显然,这是日语专业九八级新生来过,他们想看一看自己敬仰的季先生,又不想打扰老人家,就用这样的方法,表达对季先生的崇敬和热爱。看到这些写在泥土地上的字,季先生的眼泪夺眶而出,洒落在泥地上。季先生曾说过一段话:"我是一个平凡的人,生平靠自己那一点勤奋,做出了一点微不足道的成绩,对此我并没有多大信心。独独对于青年,我却有自己一套看法。我认为,我们中年人或老年人,不应当一过了青年阶段,就忘记了自己当年穿开裆裤的样子,好像自己一生下来就老成持重,对青年总是横挑鼻子竖挑眼。我们应当努力理解青年,爱护青年;不能要求他们总是四平八稳,总是温良恭俭让。我相信,中国青年都是爱国的,爱真理的,即使有什么'逾矩'的地方,也只能耐心加以劝说,惩罚是万不得已而为之的。一个国家,一个民族,如果对自己的青年失掉了信心,那它就失掉了希望,失掉了前途。我常常这样想,也努力

这样做。"

新中国成立之初，毛泽东尽管政务十分繁忙，仍忘不了他与徐特立之间的师生情谊。一次，毛泽东特地派人来到徐特立的住地，邀请他到中南海家中吃饭。席上，还专备了几样家乡风味的菜肴招待老师———一碗湘笋，一盘青椒，这是两人都爱吃的。毛泽东抱歉地说："徐老，请你来，没有好菜吃。"徐老笑着说："人意好，水也甜嘛！"主席要让老师坐上席，徐老说："你是全国人民的主席，应该坐上席。"毛泽东马上说："您是主席的老师，'一日为师，终身为父'，您更应该上坐。"硬是让徐老坐了上席。

最近一则新闻引起了大家的广泛关注，深圳中学关于招聘老师的公示，赫然显示今年引进的各类教师基本上都是名校的硕士生和博士生，其中包括清华和北大两所最顶尖学府的博士生。其实高端人才进入中学任教，已经不是一件新鲜的事情，像人大附中、成都七中、杭州二中等名校也曾有过类似的招聘。这说明中国的教育是在进步，教师的质量正在提高，这对于下一代的教育有着重大的意义，而且由于教师的名校学历，能让学生当成榜样学习，这也是一件好事。教育是一个国家的根本，不断提高教师的水平也是国家发展的必然。从国外的情况来看，顶尖人才来做老师的情况并不少见。各国教育之间的较量，必然从基础教育开始，所以高端人才进入基础教育领域，也是很正常的现象。华为老总任正非最近在接受央视记者采访的时候就谈道："中美之间贸易的较量根本上来说是教育水平的较量""一个国家的崛起往往是在小学教师的讲台上完成的！"

对于选择成为中学教师的名校毕业生来说，他们选择这个职业肯定是有所考虑的，当中一个重要的因素应该是对这个职业的喜爱和向往，培育出优秀的中学毕业生会让他们感到快乐和满足，符合他们的价值观，到老了回首这教书育人的一生，很有成就感。

此外，教书育人之乐在当下也并非教师独享的乐趣。"三人行必有我师"，学习也好、工作也好、生活也好，每个人都会有自己不同的经验体会，与他人分享自己的经验甚至是教训、传递正能量，倘若身边之人能因此有所启发、受到影响，也未尝不是君子之乐。

## 二、孟子的教育思想

孟子强调社会教育在人类社会发展中的作用。"设为庠序学校以教之",意思就是在乡（古代一乡有十里）、里（古代一种居民组织，先秦以二十五家为里）设立学校，建立地方教育来教化百姓。在人民的物质生活有了保障的前提下，兴办学校，用孝悌的道理进行教化，引导他们向善，这就可以造成一种"亲亲""长长"的良好道德风尚，推动社会的进步。"人伦明于上，小民亲于下。"第一次明确地提出了教育的目的就是"明人伦"并为政治服务。灌输着"五常"（仁、义、礼、智、信）的思想道德观念的教育，认为良好的道德教化比良好的政治更容易获得民心，它能帮助统治者更好地管理天下。所以，教育是最有效的"得民心"的手段。他还主张教育要持养节气，"养浩然之气""舍生取义"。培养"君子""圣贤"和"富贵不能淫，贫贱不能移，威武不能屈"的大丈夫。

在学习方法上，他强调"尽心、知性、知天"，指出了知识获得的途径和教育在人的发展过程中的作用。并强调独立学习和思考的重要性，认为知识的学习，并非从外而来，必须经过自己主动自觉地努力钻研，才能彻底领悟，才能融会贯通，运用自如。"君子深造之以道，欲其自得之也。自得之，则居之安；居之安，则资之深；资之深，则取之左右逢其原，故君子欲其自得之也。"君子的高深造诣要有正确的办法，这就是要求他自觉地追求得到。自觉地追求得到，掌握得比较牢固，牢固地掌握而不动摇，就能积蓄很深，积蓄很深，便能取之不尽，左右逢源。然后"博学而详说之，将以反说约也"。广博地学习，详细地解说，在融会贯通之后，再回到简略地述说大义的地步。也就是我们平常说的，先把书读厚，然后再把书读薄，可是现在很多人急功近利，没有详细地了解大意，就偷工减料，用提纲或者思维导图形式浓缩知识点，导致知识不连贯，甚至断层现象。学习要"行有不得，皆反求诸己"，也就是严于律己，"思则得之，不思则不得也"。不断反思，最后形成自己的学问。

在教育方法上，他主张教师要"引而不发，跃如也；中道而立，能者从之"，意思是善于引导的老师总是给学生留有消化理解的余地，重在传授方法，以身作则激发学生学习的主动性。要做好准备，等待时机，而不代庖。

在学习和教学过程中要循序渐进。孟子说："流水之为物也，不盈科不

行。"又说："其进锐者，其退速。"绝不能拔苗助长，否则会适得其反。同时要注意方法的多变性，"教亦多术矣，予不屑之教诲也者，是亦教诲之而已矣。"要因人而异，更要润物无声、春风化雨。"君子之所以教者五：有如时雨化之者，有成德者，有达财（材）者，有答问者，有私淑艾者，此五者，君子之所以教也。"在学习过程中他强调要专注，反对三心二意。《奕秋》出自《孟子·告子上》，说明学习要专心致志，不可一心二用，否则什么也学不会。奕秋是全国的下棋圣手，让他教两个人下棋。一个人专心专意，只听奕秋的话。另一个呢，虽然听着，但心里却想着有只天鹅快要飞来，要拿起弓箭去射它。这样，即使跟人家一道学习，他的成绩也一定不如人家的。是因为他的聪明不如人家吗？自然不是这样的。这说明学习上的差异，和对学习是否专心有关，而不完全是决定于人的天资的高低。这是中国教育史上最早讨论注意问题，有意注意与无意注意以及注意力的分配问题。在方法上他还强调了榜样学习的重要性，"君仁，莫不仁；君义，莫不义；君正，莫不正。"（孟子·离娄章句上）以榜样的力量，教化百姓。

　　孟子十分重视家庭教育。在对待子女的教育上，孟子认为最好的方法是"易子而教"，他认为父子之间由于感情深厚，父亲对儿子的教育往往不严，对于儿子的一些错误和毛病也因为溺爱和娇惯放任，从而使正确的教育难以继续下去。所以，交换儿子让别人来教育，既能从严要求，也能保持父子之间的亲密关系，不伤害感情。"古者易子而教之，父子之间不责善。责善则离，离则不祥莫大焉。"所谓"责善"，就是以善来互相要求对方。譬如，父亲要求儿子行善避恶，但是儿子一时之间做不到，怎么办呢？父子之间的亲情，很可能因为这种深切期待的落空，而受到伤害。万一儿子反过来请教父亲，说："夫子教我以正，夫子未出于正也。"（《孟子·离娄上》）竟然要父亲自行反省是否走在正途上，那岂不是更伤感情了吗？如果"易子而教"，上述困境就可以化解。以老师的身份来教导别人的孩子，原本就须以善来互相要求，但是万一做不到，也没什么伤害，正好可以多加鼓励，继续要求。同时，孩子在学校受到过重的压力，或者因为达不到标准而自觉惭愧时，回家之后还有父母的亲情可以抚慰、宽恕与期勉。如果不懂这个道理，父子互相指责，就会使人（或是父，或是子，或是两者）觉得自己无所逃于天地之间，连家庭里面也没有包容自己的余地，那真是人生悲剧。亲子之间就会因相互指责而疏远，终至离异，成为人生最不幸的事和最遗憾的事。

### 三、孟子教育弟子

孟子除了是一个思想家以外，和孔子一样，他也是一位教育家。对于传道授业解惑也有自己独特的看法和追求。孟子的这个观点，可能也是受到自己母亲的影响，前面我们说过孟母为了自己的孩子三次迁移家址的故事，孟母对于自己孩子的教育的重视也直接地影响了自己的孩子。孟子在自己的学识和涵养达到一个很高的程度的时候，他所想的是将自己的学识教育给那些学子们，这是一种很无私的想法，是一个教育家的思想目标。北宋文学家王安石所著的《伤仲永》一文，主人公方仲永的天资很高但是他的父亲不让他学习而把他当作是赚钱的工具，最后那个少时就展现出超出常人的天才少年就这样沦为了一个普通人。一个人有天资固然十分可贵，但是他必须要通过教育来提升自己。孟子所提出的这一君子之乐，从一定程度上也可以理解为不让伤仲永再现于世，非常的了不起。

（1）孟子教育匡章

匡章（生卒年不详），又称章子、匡子、田章，战国时期齐国将领。孟子的学生，初游于魏，齐威王末年为齐将，曾率军打退秦国的进攻。齐宣王六年（公元前314年），乘燕国内乱，率兵十万，从渤海进发，五十日，直破燕都，灭燕国。齐宣王八年（公元前312年），在濮水上游抵御秦军，失利。齐宣王十九年（公元前301年），联合韩、魏攻打楚国。匡章在垂沙（今河南省唐河西南）大败楚军，杀楚将唐眛。齐闵王三年（公元前298年），匡章率齐、魏、韩三国联军（后加入赵、宋两国）攻破秦国函谷关，迫使秦国求和。

孟子有一次和匡章讨论什么是廉洁。匡章问孟子道："陈仲子住在于陵，连续三天没有吃东西，也不向人讨要，以至于他耳朵失聪，眼睛也看不见东西了。后来他在井边拿到一个被金龟子吃了大半的李子来吃了，耳朵才开始恢复听觉，眼睛才能看见东西。他应该算是廉洁的人吧？"

孟子听后，摇摇头说："在齐国的士人中，我是很欣赏陈仲子的。但我不赞同他是廉洁之士的观点，如果要推广陈仲子的作为，只有把所有人都变成蚯蚓后才能办到。""蚯蚓在地面上便吃干土，在地面下就喝泉水，这才是无求于人，廉洁之至。而陈仲子能做得到吗？""他所住的房子，是像伯夷那

样廉洁的人所建筑的呢？还是像盗跖那样的强盗所建筑的呢？他所吃的谷米，是像伯夷那样廉洁的人所种植的呢？还是像盗跖那样的强盗所种植的呢？这个连他自己都不知道，怎么能说他的廉洁可以称道呢？"

匡章听了老师的一番议论，很不服气地说："那又有什么关系呢？这些都是他亲自编织草蒲团同别人交换来的，自力更生有什么不好的呢？"

孟子说道："在齐国，陈仲子是宗族大家，享有世代相传的禄田。他哥哥陈戴，从邑收入的俸禄就有几万石之多，可他却以为哥哥的俸禄是贪来之物，不去吃它；认为哥哥的房屋是不祥之物，不去居住。他逃避父母、哥哥，一个人住在于陵。"

"有一天他回到家里，正巧有个人送给他哥哥一只大鹅，他皱着眉头说：'要这种呃呃叫的东西有什么用呢？'他哥哥听了自然不高兴。过了几天，他母亲把鹅杀了炖了，拿给他吃。这时他哥哥从外面来，见他在吃鹅肉，就说：'你不是说这呃呃叫的东西没用吗？你怎么还吃它呢？'陈仲子听了，知道吃的是鹅肉，忙跑出门，在外面呕吐起来。"

说到这儿，孟子看着匡章，见他仍是一副不以为然的样子，又说："母亲的食物不吃，却吃妻子的；哥哥的房子不住，却住在于陵，难道这是推广廉洁之义到了顶点吗？像陈仲子这样的行为，如果一定要看成是廉洁，不把人变成蚯蚓是办不到的。"

匡章听了惭愧地低下头，不再说一句话。真正的廉明之士是用德行教化别人，使清廉刚正的风气得以发扬光大，而不是时时处处刻薄自己，那样做只能叫迂腐。

（2）孟子教育公孙丑

春秋战国时期，鲁平公听说孟子的学生乐正子是个贤德又有才能的人，有意授予他官职，请他帮助治理国家。孟子听说后，非常高兴。孟子的另一个学生公孙丑不以为然，认为这事太平常，觉得这没什么了不起的。

他问孟子："鲁平公请乐正子去帮他治理国家，是因为乐正子很坚强吗？"孟子说："不是。""那是他很聪明很有主意吗？""也不是。""那是他见识广吗？"孟子答道："也不是。""那他凭什么本领去治理好鲁国呢？"孟子说："乐正子的最大优点是善于听取好的意见，并能及时采纳正确的意见和建议。"

"能够听取好的意见就能治理国家吗？"孟子看着公孙丑很不服气的样子，

想好好地教育教育他,说道:"你知道治理国家最为重要的是什么吗?最重要的就是善于听取好的意见,听取来自各方面的意见才不致闭塞,这样治理天下,是能游刃有余的,更何况治理小小的鲁国呢?如果不善于听取好的建议,总是排斥他人,自以为是,那就总会说:'呵呵,我早都知道',这傲慢的声音和脸色就会把别人拒于千里之外,有才能的人止于千里之外不来,他们的好建议也就听不到,时间长了你就会变成孤家寡人,那些阿谀奉承、专好拨弄是非之人就会包围你。同那些挑拨是非、阿谀奉承之徒在一起,要想把国家治理好,能做得到吗?"

公孙丑听完后,面带愧色,再也没说什么。各人看问题的角度不一样,提出意见的深度也就不一样。只有善于采纳不同的意见,借鉴别人的智慧,才能成就一番事业。

(3)孟子教育公明休

公明休说:"古时候,逄蒙跟随羿学射箭,但逄蒙人品很坏。当他将后羿的箭术完全掌握了以后,就认为,要是没有羿,我就是天下第一了,于是,他杀死了羿。逄蒙真是太坏了。"

孟子说:"羿本身也有过错,不能全怪逄蒙啊。"

公明休不解,问:"羿不是冤死的吗?他又有什么过错呢?"

孟子说:"郑国曾经派子濯孺子率军攻打卫国,卫国派庾公之斯率军反击,结果郑军大败,子濯孺子乘车逃跑。庾公之斯紧追不放,眼看就要追上了。子濯孺子由于过度紧张,又犯了肌肉抽搐的老毛病,他呻吟着说:'哎,在这紧要关头,我的老毛病又犯了,看来我是活不成了。'说完,他又抱着一线希望问车夫说:'你回头看看,是谁在追我?'车夫说:'是庾公之斯。'子濯孺子一听,立即高兴地说:'吉人自有天相啊!我这次死不了啦!'车夫很奇怪地问:'庾公之斯是卫国有名的射手,他来追咱们,我们已经很危险了,您却说死不了啦,这是为什么?'子濯孺子说:'庾公之斯跟尹公之他学射箭,尹公之他是我的徒弟。按这样算,庾公之斯就是我的徒孙了。尹公之他为人正派,品行端正,他所选择的徒弟也一定正派,所以我说死不了。'话刚说完,庾公之斯追上了,他问子濯孺子说:'老师为什么不拿弓射箭来反击?'子濯孺子说:'我的老毛病犯了,拿不动弓。'庾公之斯说:'我跟尹公之学射,尹公之他又跟您学射,我不忍心拿您的技巧反过来伤害您。但今天是国家的公事,我又

不能因私而害公。'说着,他抽出一支箭,往子濯孺子的车轮上敲了几下,把箭头敲掉了,然后又象征性地射了四箭便回去了。"

说到这儿,孟子看看公明休,又说:"人的品质最重要,你们看子濯孺子因了解弟子的人品而活,羿因不了解弟子人品而死,难道羿自己一点过错都没有吗?"公明休听后,点头表示赞同。无论交朋友还是收徒弟,都要首先考验一下对方的人品才好,否则就会发生很多不如意的事。近朱者赤,近墨者黑,人与人之间是会相互影响的。交了一个品质差的朋友,反过来就会带坏你。现在我们的高校每年毕业季,会涌现出很多的"学霸情侣""学霸宿舍",这充分说明了人与人之间的相互影响是存在的。

## 第四节　快乐的内涵

《孟子》里有"万物皆备于我矣,反身而诚,乐莫大焉"。我们要理解为,在我这里所有的一切都够了,等于是一个人活在世界上,他如果想做一个好人,做一个人格高尚的人,他不需要具备名、利、权、位,他不需要有富贵荣华,他不需要有任何外在的各种享受,各种条件,他只要了解到在我这里不需要任何外在的东西。把"万物皆备于我矣"逆向思考,说我这里完全不需要万物,就是人格的尊严。活得有人的尊严,不需要靠外在的各种条件来配合,这是儒家最精彩的地方。《圣经》里的耶稣也曾说过,"人哪,你得到了全世界而丧失你的灵魂对你有什么好处?"这个观念在西方有很大的影响,到后来德国的学者歌德,在《浮士德》里就写道,浮士德跟魔鬼说,你只要让我这个浮士德获得快乐,让我觉得说这样真好,我的灵魂就卖给你。这是有名的故事,浮士德与魔鬼交换灵魂,结果浮士德跟一般人一样,要的是财富、美女。魔鬼达成了浮士德的愿望,但是他后来发现,他刚刚得到的时候很开心,得到之后又有"重复而乏味"的感觉。你还没得到一样东西的时候,觉得如果没有它活不下去,得到之后又发现重复而乏味。年轻的时候还没工作,没赚到钱,觉得非有钱不可,不然活不下去,赚到钱之后发现,钱有什么用呢,不过是一些数字而已。浮士德与魔鬼的故事告诉我们,人类得到所有的一切,但他并不快乐，他还是不能说这样就够了，"余愿足矣"。浮士德最后发现，原来能够复苏帮助别人才是快乐。"施比受有福"，我来服务，我来奉献，我才有真正的快乐。我只要反省我自己，发现我做到了完全真诚，完全真诚就是心中坦坦荡荡，见了父母亲孝顺，见了朋友讲信用、讲道义，跟别人来往，上班的时候认真，会觉得真的是快乐无比，"乐莫大焉"。这种快乐是孟子所强调的。

关于内心与快乐的关系，《孟子》里有说，"仁之实，事亲是也；义之实，从兄是也。"意思是你要做到仁，那就要好好侍奉父母亲，你要做到义，那就要好好听兄长的话，这叫做孝悌。换句话就是，仁就从孝顺开始，义就从尊敬长辈开始。第三个就是"智"，是指了解这两者是我人生一定要做的。"礼"就是按照适当的方式来把它加以规范。所以仁、义是一个人一定要走的路，智是一种判断，礼是适当的规范。这四点做到的话，接着出现"乐"，音乐使人快乐，一个人快乐了，自然就演奏音乐唱歌去了，"足之蹈之，手之舞之"。《孟子》里面很多地方都会形容这种快乐，这种快乐当然由内而发了，从做到仁跟义、智、礼、乐，然后快乐起来的时候身不由己，这是儒家的思想。一个人行善的时候不要说从下面了，从背后看都觉得他背上发出光辉，感觉到一个人的快乐，真的是非常充实。在内在的生命没有任何欠缺，这种思想它就给你一种肯定，每一个人生下来都有一种向善的本性。你好好地去走这个路，跟别人好好相处，内在就可以达到圆满的程度。外面的成败得失，功名富贵这些真是要看各种时代、各种条件的配合，不能保证你一定有，你再努力也不一定得到。儒家的快乐以这样一种观点，从真诚做到这一生内在充实圆满，"反身而诚，乐莫大焉"，整个思想系统就可以讲得比较完整。

我们现代人喜欢谈论快乐，尤其是谈论快乐的源泉。这些年来，随着经济的发展，生活富裕了，会有一些错误的思潮，比如有的人说：我有钱就一定快乐，即使不快乐了，我拿钱能换来快乐，比如去商场买买买，比如拿钱去解决让我不快乐的障碍。这是一种变相的金钱至上主义，这是错误的思想。甚至有的人会说：何以解忧，唯有买它。

有钱让人快乐吗？不一定啊。但在美国就发生一件事。有一个老人家中了彩券，钱多得用不完，跟他相依为命的就是一个孙女，才在念初中，四年之后孙女自杀，老人家也一身是病，钱也花得差不多了，他说我早知道不要

中奖算了，以前还能够平平淡淡过日子，因为他中了太多钱之后孙女才刚刚念初中，根本不需要念书了，不需要工作了，那个钱利息你一辈子吃不完了，但是这个时候就立刻很多坏朋友来了，每天吃啊玩的，吸食毒品，到最后发生了不幸的悲剧。那你想想看，谁让你变成这样子的？你说你发财了，发财好吗？不一定啊。同样的，很多人在各方面很有成就，在政治上取得权利，而最后结果好吗？也不一定啊。所以儒家的思想并不是反对你社会上各种成就，它说你可以有社会上各种成就，但是你要知道哪一个是根本，哪一个是重要的原则，你没有把握住根本，没有掌握住原则，你外面再怎么好，反而让你越走越远，离开了人生的正路，后果不堪设想。

　　台湾作家林清玄是底层出身。他出生在高雄一个山村，家中有兄弟姐妹18人，十分贫困。但贫困更激发了他对阅读的珍惜和渴望："要比别人读更多的书，更努力地写作，更努力地看世界。"从小学开始，林清玄就给自己规定每天写500字，后来不断增加到每天1000字、2000字、3000字。为了出人头地，他17岁离开家乡外出求学，生活一度过得很辛苦。在餐厅当过服务生，做过码头工人，摆过地摊，甚至还杀过猪。但杀完猪回到家，洗完手，就继续写作。林清玄很喜欢写他小时候在乡里的一些故事，以及他与亲人们发生的事情，由此引发一系列回忆与深思，再用他那细腻柔美的文笔写出来，如《冰糖芋泥》《生平一瓣香》等，细腻感人，形成了他独特的写作风格。林清玄17岁就开始陆续发表作品，被许多人视为"天才"；20岁出版第一本书之后，一发不可收，作品源源不断；30岁，就得遍了台湾所有文学大奖。

　　在大陆出版的《你心柔软，却有力量》《人间有味是清欢》等散文集，本本畅销，粉丝无数。在一次演讲里，林清玄说自己年轻时像所有的年轻人一样，希望得到名利、金钱和影响力。因为工作卖力和才华出众，工作第六年就当了《中国时报》的总编辑，同时在报纸上写18个专栏，当电视公司的总经理，还有一档个人的广播节目《林清玄时间》。一时间风头无两，成为大众眼中成功的人。当时台湾有个杂志，评选"40岁以下的成功人士"，林清玄排行第一，马英九还在他后面。有了钱和地位，人为什么还会不快乐？普通人渴望成功，以为成功之后，肯定会很快乐，可以自由做想做的事情，买想买的东西，过想要的生活。但林清玄成功之后却渐渐发现，自己并不开心，感觉很累，对生活里的一切东西都失去了兴趣，就连原本喜欢的阅读和写作也很难静下心来。那时候，他每天要开五六个会，晚上很晚下班，报社之间激烈的竞争让林清玄好像陷入了漩涡之中，"我感觉生活非常累，不知道何时能结束。"有一天，他坐在报社里等待看样刊，无聊的时候随手翻开一本书，开篇第一句话就说："一个人到30岁要把全部时间用来觉悟，如果不用来觉悟，就是一天一天走向死亡。"这句话给了林清玄很大启发，他开始思考人为什么会有了钱和地位之后还会不快乐？到底什么才是成功？等种种问题。后来，他辞去了工作，上山修行，借助佛学的智慧，来解决这些困惑。3年后，林清玄下了山，此时，他想通了许多问题。他明白了与人相处，需要"在红尘中要有独处的心，独处时要有人群的环抱"；明白了有些快乐是钱买不到的，人比如小时候我们全身脱光到清凉的溪水里游泳，晚上在密林里捉萤火虫，那些快乐不是钱能给我们的；明白自己想要的成功是，"今天比昨天慈悲，今天比昨天智慧，今天比昨天快乐"；下山后的林清玄不再像以往那样把自己逼成陀螺，他的生活变得简单，读书、写作、与大自然相处，收入虽然减少了，但人却更开心。他的文章也开始更有禅意，包含着他对读者们的教诲，对世界万物的赞美，对大自然的向往与留念。

清朝名臣曾国藩说他有"三乐"："读书声出金石，一乐也；宏奖人才，诱人日进，二乐也；勤劳而后憩息，三乐也。"这"三乐"，出自他在咸丰九年十一月初二日写的一篇日记。今日读来，颇有同感。

先说一乐：读书声出金石。读书声出金石的意思是读书声调抑扬顿挫，声如金石之意。这里的金石意思是金石碰撞发出的声音，代指读书声铿锵有力。第一乐，通俗地讲，就是"好读书"。曾国藩读书不是找黄金屋、颜如玉，而是"读书养我浩然之气"。他当年做官，十年七迁，连跃十级，从七品一跃而为二品大员。进步如飞，曾国藩是没有家庭背景的，他的父辈只是湖南双峰县的一个地主。从平头百姓成长为影响清朝历史的一员大臣，没有"好读书"是不可能的。咸丰九年十一月初二日，曾国藩写这篇日记的时候，已经是四十六岁的大官了，但仍念念不忘读书，实在令人折服。现代的我们把读书挂在嘴边的多，"养浩然之气"的少。试闻，有多少落马官员不是忏悔自己忘记了学习，忘记了改造人生观、价值观。读书如良药，做官者好读，则长才干，涤心胸，冶情操；干事者好读，则增技艺，明事理，辨方向。晚上偶尔听听济南电台的"金山夜话"，遇到整天为鸡毛蒜皮而烦恼的咨询者，主持人金山更是一语中的："你

得读书，得学习。"读书，说起来俗套，做起来困难。如果下至黎民百姓，上至我们的官员，都嗜读书，相信，腐败会少些，无知会少些，犯罪会少些；同时，我们国家人才会更多些，国家将进步得更快些。

曾国藩的二乐是"宏奖人才，诱人日进"。这个不难理解，即褒奖人才，循循善诱，激发人日益进步。字面上不难理解，但是像曾国藩这样的"高层人士"，还能把培养人才作为一乐，实在难能可贵。遇到这样的"好领导"，下属之福气也。重视培养人才，是曾国藩有感而发。据载，曾国藩读《史记·高祖本纪》，深深地为汉高祖称赞萧何、韩信、张良的一段话所吸引。他想，刘邦起事前，不过泗水一亭长，文武方面都平平，后之所以有天下，实仗三杰之功；而使三杰各尽其才，这便是刘邦的才能。而曾某在带兵打仗这方面，既无才能又无经验，今后务必要多多地培养物色人才。曾国藩认为"国家之强，以得人为强"，把人才问题提到了关系国家兴衰的高度，他总结出"广揽、慎用、勤教、严绳"八字用人观，值得后世借鉴和学习。大至督抚，小至营哨，他举荐和扶植的人才不计其数，只要这个人确有所长，哪怕他给曾国藩的印象并不好，甚至得罪过他，他都大胆举荐任用。就是凭着超强的用人能力，曾国藩所带出来的左宗棠、李鸿章、沈葆祯等大将，都是大清后期的栋梁之材。因此，做官也好，企业也好，百姓也好，到底有多大能耐、多大"刷子"，关键还是看有多少人才，妒贤嫉能是干不成大事的。

说到人才，让我想起了三国。蜀国的发展到后主刘禅就戛然而止。览遍三国前后，也没发现刘备、诸葛亮等人在培养后代方面下了多少工夫。关于刘禅，三国中给人印象深刻的莫过于刘皇叔"摔阿斗"和"乐不思蜀"。诸葛亮也是干到老，累死在军营里。与曹操教子培养后代相比，蜀主只能望其项背。

"勤劳而后憩息"，是曾国藩的第三乐。在江西省南昌市，有这样一位享受退休"勤劳而后憩息"之快乐的人。李豆罗，他曾任南昌市市长、人大常委会主任，已经退休回乡5年。2010年1月22日上午，李豆罗以南昌市人大常委会主任的身份在人大会上作完报告，4个小时后，就回到自己的老家西湖李家。他自己称，从农民到市长用了40年，从市长到农民只用了4个小时。他回乡后是真真正正做起了农民，地里种了早稻、晚稻、芝麻、大豆、油菜、花生等等，天天日出而作，日落而息。也坦陈因落差太大开始有些不适应，但很快就熟悉了，因为做农民对于他而言是"正本清源"，"我一开始就是一个农民"。退休回乡领导的一个共同特点，就是想彻底告别官场，李豆罗也是，表示自己退休后"脑子不想，耳朵不听，眼睛不看，嘴巴不说"，以前的同事朋友来到西湖李家，他也不想谈，"过去就过去了"。凡是有关老干部疗养，大年初一团拜等等，"我一概免见，一概不去，我就留在我这个地方"。之所以这次再走进公众视野，是因为在他回乡的5年中，西湖李家建成了"景区"，游客来参观的，是优美的乡村和过往那些逝去的农耕生产方式。有报道称，今年五一假期后，景区正式开始收费，20块钱一个人，一个月收了4万多块。带领村民致富也是他的一大乐趣。

另外值得关注的一点是，孟子在提出"君子三乐"的同时，还明确指出了不能称为"君子之乐"的一点，即权力地位，这并不是一位君子获得满足感的必要条件。在当代语境看来，孟子此言也是在告诫诸位君子不要迷失本心、迷失在权力里，成为被权力左右的奴隶。对得起家人、对得起对自己怀有期待的人，不轻易被路边的风景动摇信念，不愧不怍、积极传递正能量，方是君子本色。

君子有三乐，我们现代人生活的背景和古时候大不一样了，但是关于快乐的追求是一样的，比如为人师者，能够教书育人就是快乐。无论各行各业，工作中脚踏实地、问心无愧就是快乐。生活中，父母妻儿手足平安健康，更是最大的快乐。

# 第八讲 以义为利

"义利之辨"是中国思想史上历久常新的议题。"以义为利"则是中国先哲们确立的基本理念。义利之辨在中国延续了两千多年，不只是在古代，也是在今天。当今社会发生了很多深刻变化，如果我们头脑里的观念未变、内心价值判断没有改变，那么即使在信息化时代，依然会产生更多的义利障碍。

# 第一节　义利之辨

"义利之辨",这个伦理学中道德评价标准的问题,在中国是由孔夫子最先揭举的。

## 一、君子喻于义,小人喻于利

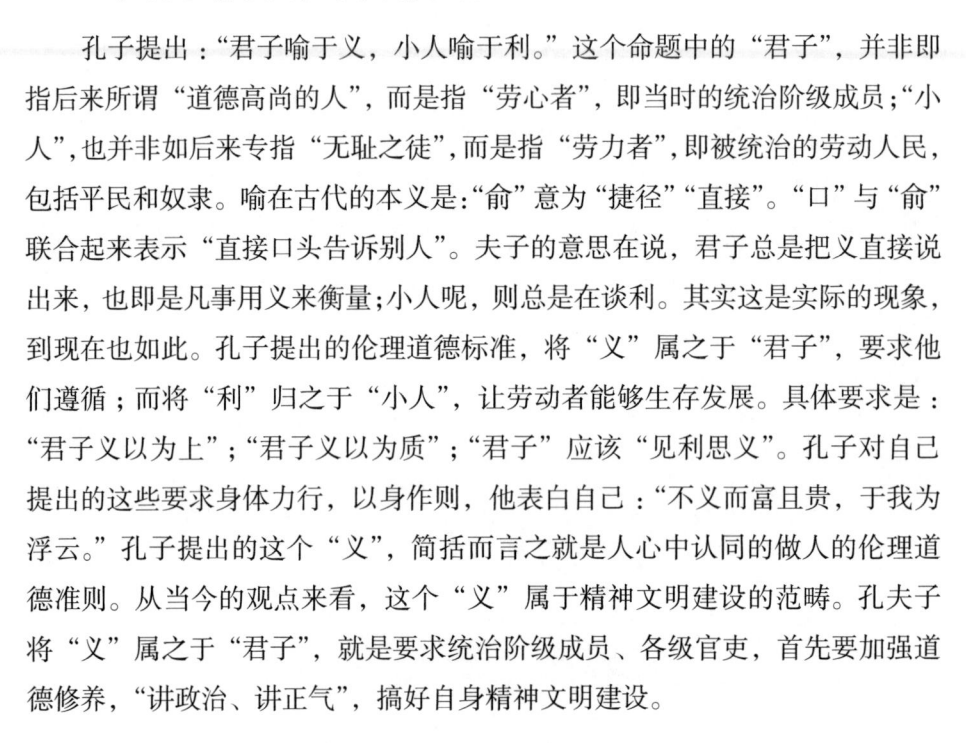

孔子提出:"君子喻于义,小人喻于利。"这个命题中的"君子",并非即指后来所谓"道德高尚的人",而是指"劳心者",即当时的统治阶级成员;"小人",也并非如后来专指"无耻之徒",而是指"劳力者",即被统治的劳动人民,包括平民和奴隶。喻在古代的本义是:"俞"意为"捷径""直接"。"口"与"俞"联合起来表示"直接口头告诉别人"。夫子的意思在说,君子总是把义直接说出来,也即是凡事用义来衡量;小人呢,则总是在谈利。其实这是实际的现象,到现在也如此。孔子提出的伦理道德标准,将"义"属之于"君子",要求他们遵循;而将"利"归之于"小人",让劳动者能够生存发展。具体要求是:"君子义以为上";"君子义以为质";"君子"应该"见利思义"。孔子对自己提出的这些要求身体力行,以身作则,他表白自己:"不义而富且贵,于我为浮云。"孔子提出的这个"义",简括而言之就是人心中认同的做人的伦理道德准则。从当今的观点来看,这个"义"属于精神文明建设的范畴。孔夫子将"义"属之于"君子",就是要求统治阶级成员、各级官吏,首先要加强道德修养,"讲政治、讲正气",搞好自身精神文明建设。

## 二、何必曰利

"承继孔学,倡导仁政"是孟子的平生志业。因此,孔子对于"义"与"利"的态度和观点势必对孟子的"义利之辨"有所影响;而从另一个角度来讲,孟子的"义利之辨"实际上是对孔子义利观的继承和发展。从孔子多次论及"见利思义""富与贵,是人之所欲也,不以其道得之,不处也""不义而富且贵,于我如浮云""义然后取"等可以看出,孔子对"义利之辨"的重视。从

这个角度来讲,"君子喻于义,小人喻于利"旨在说明君子与小人的两种不同的价值标准或价值选择。"义"代表着从人之所以为人的应然理想来取舍;"利"则代表着从个人的实然欲求来进行取舍。

孟子继承孔子思想,特别推重"义"。他认为"义"是"人之正路";为了"义",他甚至表示愿意放弃生命:"生,亦我所欲也;义,亦我所欲也;二者不可得兼,舍生而取义者也。"孟子的"义利"观是引起后世批评争议的。

王曰:"叟不远千里而来,亦将有以利吾国乎?"

孟子对曰:"王何必曰利?亦有仁义而已矣。王曰'何以利吾国'?大夫曰'何以利吾家'?士庶人曰'何以利吾身'?上下交征利而国危矣。万乘之国,弑其君者必千乘之家;千乘之国,弑其君者必百乘之家。万取千焉,千取百焉,不为不多矣。苟为后义而先利,不夺不餍。未有仁而遗其亲者也,未有义而后其君者也。王亦曰仁义而已矣,何必曰利?"

梁惠王即魏惠王,按照《史记·魏世家》的记载可知,这位魏惠王执政三十多年,频频攻伐,穷兵黩武;然而东败于齐,西丧地于秦,损兵折将,国力空虚,被迫迁都大梁,因而被称为"梁惠王"。造成如此困难局面,梁惠王才"卑礼厚币以招贤者",以高待遇延请贤能的人来帮助他。孟子谒见,梁惠王是怎么提出问题的呢?他说:"寡人不佞,兵三折于外,太子掳,上将死,国以空虚,以羞先君宗庙社稷,寡人甚丑之。叟不远千里,辱幸至弊邑之廷,将何以利吾国?"这样一番话,可见梁惠王仍然没有认识到自己穷兵黩武的错误,没有认识到国君的责任首要在于"敬天保民"、富民教民。他所谓"利吾国",并非指有利于国富民丰、人民安居乐业;而是指希望国富兵强,继续征战以开疆拓土,为他"先君宗庙"洗刷"羞"辱,为他这个"寡人"遮"丑",给他带来更多的财富和享受。这不是要求"利吾国",而纯粹是欲以利他的一己之私。孟子当年勇敢地、超前地主张"民为贵,社稷次之,君为轻",对于梁惠王这种不顾人民,只图自己的论调自然反感,所以当即斥之曰:"王何必曰利!"

孟子如此推崇仁义,是否根本不要"利"呢?我们应该首先分析一下"利"。人世间的"利",大致可以分为三个层次,即第一类是"利己",这是生物的本性之一,利己性是推动个人奋发进取的最主要的原初力量,却也由于利己性,导致占有欲大膨胀,这也是很多贪官落马后对着镜头痛哭流涕反省的内容;

第二类是"互利",这也是生物本性之一,在群体、社会中善于用此,可以生存得更好、发展得更繁荣,墨子提倡"兼相爱,交相利",其实已经渗入到"义"的范畴了,今天我们提出人类命运共同体,更是对共利、互利的历史传承和超越;第三类是"利他",如"苟利国家,生死以之"的"利",虽称为"利",实在又纯是"义",我们中国共产党的入党誓词有"随时准备为党和人民牺牲一切",就是这种境界。

孟子只是反对"上下交征利"那种统治者只图利己的"利"。孟子呼吁推行"仁义",要求统治者梁惠王施行对人民有利的仁政;人民安定了,国家也就能巩固,因而对国家也有利。可见孟子的主张是人民和国家及君主互利、共利、"双赢"、都赢。孟子这些重民轻君,反对攻伐的主张,不利于统治者黩武称霸、享受威风,因而被视为迂阔迂腐,不受短视、恶劣的统治者欢迎。

## 三、君子有勇而无义为乱

董仲舒继承孔孟思想,建议汉武帝"罢黜百家,独尊儒术",为儒家思想学说在后来两千多年的中国封建社会中争得了正统地位。董仲舒的"义利"观,本来是比较全面的;他在《春秋繁露·身之养莫重于义》中说:"天之生人也,使人生义与利。利以养其体,义以养其心。心不得义不能乐,体不得利不能安。"但是,他那一句"正其谊(义)不谋其利,明其道不计其功",却遭到后来许多人质疑、指责、抨击。然而这句话的提出是有历史语境的,据《汉书·董仲舒传》记载,汉武帝即位,举贤良文学之士;董仲舒接连呈上著名的"天人三策",为汉武帝所赏识,被任命为江都相,服事易王。易王是汉武帝的哥哥,"素骄,好勇",全靠董仲舒"以礼谊(义)匡正"。董仲舒防微杜渐,治病救人,告诫易王:"徒见问耳,且犹羞之,况设诈以伐吴乎?由此言之,越本无一仁。夫仁人者,正其谊不谋其利,明其道不计其功。是以仲尼之门,五尺之童羞称五伯(霸),为其先诈力而后仁谊也。"这句话,有鉴于"君子有勇而无义为乱",因而以对"仁人"品行的赞美,希望消除易王心中好勇作乱的思想苗头,保证国家的安定团结。这句话即使展开来讲,也只能是针对统治者、各级官吏,告诫他们不要贪功名图自利,以私心邪念来滋事搅事、祸国殃民;而应该立足于道义(谊),一切以国家和人民的安定幸福为归依。但后来一些人将董仲舒这句话到处套用,用之于要求劳动者、一般人,因而导致谬误。

## 四、义者以利尊

西汉建立之初，由于战争等原因，儒学知识分子大量减少，儒学发展缓慢。陆贾是由秦入汉的儒家知识分子，其学术思想融合了儒、法、道等精神。早年追随刘邦，后又两次出使南越，说服赵佗臣服汉朝，对汉初社会的稳定作出了突出的贡献。其主要思想集中于《新语》一书中，提出了"仁者以治亲，义者以利尊""道莫大于无为，行莫大于谨敬""行仁义，法先圣"[①]等思想，为西汉思想文化的发展奠定了基础。虽然《新语》一书包含了儒家的"仁与义"，道家的"无为"和法家的"规则与法度"，但是它对西汉儒学的发展产生了巨大的影响。首先，改变了刘邦对儒学的态度，使刘邦成为中国历史上拜孔的帝王，汉王朝也由轻儒转变为用儒。陆贾在总结秦二世而亡的教训时指出："秦非不欲为治，然失之者，凡举措暴众而用刑太极故也。"认为夺取政权与巩固政权的策略是不同的，秦不知道我的区别是下降。所以陆贾提出了他的"文武并用"的"长久之术"，意即治国不能单靠刑罚暴力即"武"的一手，还必须靠"行仁义"，而且二者相较，当"以仁义为巢"。陆贾说："仁者以治亲，义者以利尊。万世不乱，仁义之所治也。"即是说，只有行仁义之治，才能达到天下安治。

# 第二节　孟子"义利之辨"的整体解读

"义利之辨"是孟子哲学思想的核心之一；它与"王霸之辨""人禽之辨"并称为孟子"三辨之学"。从历史的角度来看，孟子并非"义利之辨"的首倡者。早在孟子之前，关于"义""利"的概念及其区别的讨论就已经开始。孔子、墨子等也都曾对"义利之辨"发表过不同的看法。然而，就影响而言，孟子的"义利之辨"无疑是最大的。

---

[①] 姜爱林：《新语今译》，国家行政学院出版社，2015年版。

## 一、"义""利"的探本与溯源

清代学者皮锡瑞在《经学历史》的开篇写道:"凡学不考其源流,莫能通古今之变;不辨其得失,无以获从入之途。"① 基于此,我们认为如果要想准确地把握孟子"义利之辨"的基本内涵,就有必要对"义""利"这两个概念做一番简要的探本与溯源,一方面以明确"义""利"这两个概念在词源学上考察上的内涵,另一方面以揭示孔子对"义""利"概念的界定以及孟子对孔子的这两个概念的继承与发展。

关于"义",《说文解字》云:"义,己之威仪也。从我羊。"朱骏声注云:"古者威仪字作义,今仁义字用之。仪者、度也;今威仪字用之。谊者、人所宜也;今情谊字用之。"由此可见,"义"是一个会意字,从我,从羊。"我"是指兵器,又表仪仗;"羊"表祭祀。"义"是指合理的道德、行为或原则。"义"作为一个道德性的概念起源很早。"义"字在诗经中出现过3次,在《尚书》中出现过21次。但根据有关学者的分析,《诗经》《尚书》中所保留的"义"的概念基本上是指作为一种客观的公共行为中所蕴含的美德或原则,并没有涉及人的价值自觉或意志自由。

如《诗经·大雅·文王》云:"宣昭义问,有虞殷自天。"这里的"义",就是善的、美好的意思。"问",通"闻";"义问"即"美好的名声"。又如《尚书·康诰》云:"汝陈时臬事罚。蔽殷彝,用其义刑义杀,勿庸以次汝封。乃汝尽逊曰时叙,惟曰未有逊事。"这里的"义",就是合理的、适当的意思;"义刑义杀",即合理的刑法以及合理的死刑。

再如《尚书·仲虺之诰》云:"王懋昭大德,建中于民,以义制事,以礼制心,垂裕后昆。"② 这里的"义",就是一种外在的客观的处世原则;"以义制事",即按照一定的原则治理国家。

关于"利",《说文》云:"利,铦也。从刀,和然后利,从和省。易曰:利者,义之和也。"可见,"利"也是一个会意字,表示以刀断禾的意思,本义为锋利,后引申为恩惠、好处、福利、利益意思。据统计,"利"字在《诗经》中出现2次,在《尚书》中出现9次。如《诗经·小雅·大田》云:"彼有遗秉,此有滞穗、

---

① 皮锡瑞:《经学历史》,中华书局,2018年版。
② 王世舜译注《尚书》,中华书局,2012年版。

伊寡妇之利。"这里的"利",可以理解为恩惠的意思。《诗经·大雅·桑柔》云:"为民不利,如云不克。"这里的"利",可以理解为好处、利益的意思;"为民不利"即尽做一些对百姓没有利益的事情。又如《尚书·盘庚中》云:"殷降大虐,先王不怀,厥攸作视民利,用迁。"这里的"利",也是指好处,福利的意思。《尚书·泰誓》云:"人之彦圣,其心好之,不啻若自其口出。是能容之,以保我子孙黎民,亦职有利哉。"这里的"利",即是有用、有益处的意思。

综上讨论,"义""利"在三代以前,就已经经常被使用和讨论。此时的"义",主要是指合理的道德、行为或原则;而"利",也主要是指锋利、好处、恩惠、福利、利益等。但是,二者都没有真正进入人伦价值领域,没有涉及人的价值评判和自由意志,也没有成为一种内在的价值评判标准。

## 二、孟子承继孔子对"义""利"的界定

孟子所说的"义""利",是接着孔子的"义""利"所讲的。他所倡导的"居仁由义","仁,人心也;义,人路也";"仁,人之所安宅也;义,人之所正路也";实际上就是对孔子"仁义"思想的承继和发展。据统计,"义"字在《孟子》中共出现108次,"利"字共出现39次。归纳起来,"义"字的含义大致为三种:"礼义"之"义","理义"之"义"以及"仁义"之"义"。第一种主要就人伦而言,第二种主要指合理的或正确的道理、原则;第三种主要指内在的道德根据或评价标准。"利"字含义大致有两种:一种是锋利锐利的意思;一种是好处、恩惠或利益的意思。

通过简要的分析我们不难发现,孟子对"义""利"的理解和阐释明显是承继自孔子"仁、义、礼"相结合的思想。那么,为什么历代学者会将"义利之辨"视为孟子哲学的特殊贡献呢?换言之,孟子在"义""利"的理解和阐释上,对孔子的发展和推进表现在何处呢?对此,台湾学者袁保新认为,孟子对"义"的发展和推进在于,他不仅与梁惠王、宋牼力陈"义""利"的不同,而且将"义"的本质建立在人性论的基础上。

换言之,"义"作为一种内在的道德根据或者价值标准,不仅是孟子"义利之辨""王霸之辨"的重要依据;同时又内在于人性,成为孟子人性论的核心概念。袁保新的解释一语中的,揭示了孔、孟在"义""利"的认识和发展上的内在逻辑。然而,我们也应该清醒地认识到,孟子对"义""利"的认识

和发展，也是在与当时所盛行的以利为上思想的对抗和互动中不断丰富和完善的。

这是孟子在"义""利"的认识和发展上的历史境遇。

### 三、孟子"义利之辨"的内涵界定

孟子"义利之辨"的内涵是非常丰富的，可以从很多不同的角度进行总结和提炼。然而我们又不得不承认，任何形式的总结和提炼都难免挂一漏万。但出于认知和论述的需要，我们还是尝试重点从"义以为上""以义制利""义利统一"这三个层面来阐释孟子"义利之辨"的基本内涵。

（1）义以为上

孟子"义以为上"的思想主要体现在"舍生取义"这一观念上。"舍生取义"是孟子"义利之辨"中辨识度最高的基本内涵，甚至被视为孟子"义利之辨"的代名词；然而，也是被误解最深的内涵。表面看来，"舍生取义"不是处理的"义""利"关系，而是讲"生"与"义"的关系。然而在"生"的背后实则蕴含了更深一层次的"利"。

《孟子·告子上》有这样的描述："生，亦我所欲也；义，亦我所欲也，二者不可得兼，舍生而取义者也。"孟子在"生"与"义"不可兼得的情况下宁可舍弃生也要选择义，义以为上。很明显，这一段讨论的是在面临生死利害之时该如何抉择的问题，孟子不仅给出了"舍生取义"的答案，而且从人性的角度上给出了合理的解释和说明。首先，孟子承认，欲生恶死、趋利避害是人之常情。其次，当我们面临生死利害的抉择时，并非仅仅是欲生恶死或趋利避害，而是会在内心中做一番比较，即"所欲有甚于生者"，或"所恶有甚于死者"，这也是孔子所谓的"权"。接下来，通过内心的权衡，我们会在生死利害之间做出一种价值选择；而这种价值选择的标准和根据，即是作为内在价值评判标准和原则的"义"。而"义"的根据，则是建立在孟子"人性善"的基础之上，即"羞恶之心，义之端也"。我们说，儒家固然重视生命、身体发肤这些东西，但是这只是"小体"；而在孟子那里更重视的是"义""仁"等层面的东西而提出先"立乎其大"。因此，在孟子那里，"舍生取义"所折射出的便是在"义""利"选择面前"义以为上"的原则。

由此可见，在"舍生取义"的价值选择上，孟子并非将"义""利"完全

对立起来，而是以"羞恶之心"为基础，通过"权"的方式，做出了一种符合儒家伦理价值取向的最佳选择。在这样的价值选择中，孟子并没有一丝对生命价值的轻视和不屑，而是通过"义"来实现了对生命最高价值的一种重构。或许，在孟子的价值谱系中，作为生命的内在价值的"义"要比作为生命的外在价值"小体"的"生"具有更高的层级。

（2）以义制利

孟子的"以义制利"思想即是通过"义"来限制"利"、引导"利"，进而实现"利"，而反对以"利"来引导、发展"义"。在孟子那里，"义"是第一性的，占主导地位；"利"是第二性的，占次要地位。总之，"以义制利"即孟子所说的"怀义取利"。这种观点是有一定的文本基础的。

《孟子·告子下》云："先生以利说秦楚之王 是君臣、父子、兄弟终去仁义，怀利以相接……先生以仁义说秦楚之王……是君臣、父子、兄弟去利，怀仁义以相接也。"通过上述文本，我们可以窥得孟子的"以义制利"思想。"以义制利"是对"怀义取利"的进一步扩展，是孟子"义利之辨"的基本观点，它与"怀利去义"相对而言，通过对"怀利去义"的否定而证成。

其一，孟子认为，宋牼劝说秦楚罢兵的目的是好的，是符合"义"的。但是，宋牼实现"义"的方式是有问题的，他采取的方式在本质上是"怀利去义"，将"义"作为手段，"利"作为目的，"义"与"利"的次序完全颠倒。

其二，孟子认为，宋牼"怀利去义"的观点之所以行不通是因为他没有看到"义"对"利"的引导和制约，会导致一些恶性后果。这样做不仅不能实现他最初的目标——说服秦楚罢兵，反而会使君臣、父子、兄弟皆"怀利相接"而破坏家国伦常之"大义"，最终结果只能是国破家亡，伦常失序。

其三，孟子看到，只有君臣、父子、兄弟皆"怀仁义以相接"，才能保证伦常有序，而这些是实现社会稳定和王道政治的根本。"利"只有在"义"的引导和制约作用下才能够逐步实现，两者的先后顺序不能错乱。基于这样的推理和分析，孟子认为宋牼的做法不可取，应该采取"以义制利"的方式解决问题。

孟子所主张的"以义制利"观点有其坚实的人性论基础，即孟子的"性善论"。孟子认为，人性本善，这个"善"是导源于天的，有先天依据的，人与天相通，天道贵德，对应之人性则为善。理由是人都有"良心""本心"，"此天之所与我者"(《孟子·告子上》)。"亲亲,仁也;敬长,义也。无他,达之天下也。"(《孟子·尽心上》)人都知道亲其亲人,尊敬长者,其中就包含了仁义。因此仁义是内在于人的。因此,"以义制利"有其对应的理论依据。

另外,"以义制利"有一定的现实可能性。人都有"良知""良能",即不虑而知、不学而能的本领,这便是"仁义"。"仁义"单纯作为内在的道德要求而言,是可以实现的,做到与否关键在于做出怎样的选择而已,一旦主观意愿达成,便可以实现。诸如"挟泰山以超北海"之类的事,如果说做不到则是超出能力范围而不能做到,而不是"不为也";而在义利选择面前,做到义以为上,这是如"为长者折枝"之类的事,如果做不到实则不情愿罢了,并不是能力范围之外的事。

由此可见,孟子通过对"怀利去义"观点的反驳,提出要"怀义取利",蕴含了"以义制利"以"义"来引导、制约"利"的思想。其"以义制利"思想是建立在坚实是人性论基础之上的,有一定的理论根据,并且具有一定的现实可能性,成为孟子"义利之辨"的重要内涵。

(3)义利统一

"义利统一"也是孟子"义利之辨"的基本内涵之一。很多人误解孟子,以为他只讲"义"而反对"利",将"义"与"利"完全对立起来。实则不然。如果我们深入而细致地分析文本不难发现,孟子其实已经发现"义""利"的统一性问题;并且,他还尝试以"义利统一"来解决民众的道德教化,重建民众的道德心理。

《孟子·梁惠王上》云:"然则小固不可以敌大,寡固不可以敌众,弱固不可以敌强。海内之地方千里者九,齐集有其一。以一服八,何以异于邹敌楚哉?盖亦反其本矣。今王发政施仁,使天下仕者皆欲立于王之朝,耕者皆欲耕于王之野,商贾皆欲藏于王之市,行旅皆欲出于王之涂,天下之欲疾其君者皆欲赴愬于王。其若是,孰能御之?"在孟子与齐宣王的这段对话中,孟子毫不掩饰地对宣王陈述了推行"仁政"之后,会给他的国家所带来什么结果。很明显,"使天下仕者皆欲立于王之朝,耕者皆欲耕于王之野,商贾皆欲藏于王之市,行旅皆欲出于王之涂,天下之欲疾其君者皆欲赴愬于王",这些对于齐宣王而言,确实都是真真切切的政治利益或者国家利益。在这里,孟子实际上已经点明了政治上的"义"与实际中的"利"之间的统一,二者是

可以相互转化的。

对于国家或者君主是这样，对于百姓更是如此。《孟子·滕文公上》云："民之为道，有恒产者有恒心，无恒产者无恒心。"这里所说的"民之为道"，就是百姓对于道德的践行或对于"义"的操守；"恒产"即稳定的产业或实际的利益；"恒心"即稳定的道德意识或"义"的操守。孟子认为，对于百姓而言，如果没有稳定的产业或实际的利益，他们很难有稳定的道德意识或对"义"的操守。换言之，稳定的产业或实际的利益是百姓践行道德、坚守"义"行的基础。

《孟子·梁惠王上》云："若民，则无恒产，因无恒心。苟无恒心，放辟邪侈，无不为己。是故明君制民之产，必使仰足以事父母，俯足以畜妻子，乐岁终身饱，凶年免于死亡。然后驱而之善，故民之从之也轻。"孟子此番论述中我们不难发现，百姓的物质利益与道德教化之间有着密切的关系，二者并不是完全对立和相互排斥的，而是在一定条件下相互统一的。一方面，物质利益的保障是改善道德教化的基础和前提；另一方面，道德教化的改善也会促进物质利益的增加。

## 第三节 以义为利

2016年3月，"问题疫苗"事件曝光，不法商人为牟取暴利，致使"问题疫苗"流入市场，涉及北京、福建、甘肃、广东、河南、广西等24个省市，先后300多名相关人员涉案，2000多个婴幼儿的生命受到威胁。

2008年9月，"三鹿毒奶粉"事件曝光，三鹿奶粉中添加有毒物质三聚氰胺，致使30万婴幼儿的健康受到影响，100多个婴儿先后死亡。

2011年10月，"地沟油"事件曝光，黑心商贩为降低成本，利用熬制泔水的方法加工地沟油，致使3万多吨地沟油流入上海、安徽、江苏、广东、浙江等18个省市，上亿人民的饮食健康受到威胁。

2018年7月22日，国家药监局负责人通报长春长生生物科技有限责任公司违法违规生产冻干人用狂犬病疫苗案件有关情况。现已查明，企业编造生产记录和产品检验记录，随意变更工艺参数和设备。2018年7月24日，吉林省纪委监委启动对长春长生生物疫苗案件腐败问题调查追责。2018年10月16日，国家药监局和吉林省食药监局分别对长春长生公司作出多项行政处罚。

上述种种，都是孟子所说的"上下交征利"的例子。于是种种危机就产生了，家庭破碎，社会瓦解，百年的大企业、跨国的大公司，因为部分主管的贪婪而毁于一旦；个别群体的非法营利，造成国家经济的衰退，政府形象受损，乃至造成全世界的经济危机。基于现实的需要和理论的困惑，我们必须重新回到传统儒家哲学中的一个基本命题——义利之辨。因为它的核心就是"义"与"利"、道德原则与物质利益之间关系与定位的问题，是社会最高价值标准的选择问题，更是关乎人类社会追求与发展方向的问题。

2014年7月4日，习近平主席在韩国国立首尔大学的演讲中指出："倡导合作发展理念，在国际关系中践行正确义利观。'国不以利为利，以义为利也。'在国际合作中，我们要注重利，更要注重义。"

"国不以利为利，以义为利也"出自《礼记·大学》。《大学》讲的是君子修齐治平的学问，对于治国之道也有详细的论述，其论述的根本就是认为治国之道"德本财末"，"是故君子先慎乎德。有德此有人，有人此有土，有土此有财，有财此有用。德者本也，财者末也"。因此，《大学》认为，聚敛财富民众就会离散，施舍财富民众就会凝聚。当然，《大学》也强调财富和生财的重要性，但是强调生财有道："生财有大道。生之者众，食之者寡，为之者疾，用之者舒，则财恒足矣。仁者以财发身，不仁者以身发财。未有上好仁而下不好义者也，未有好义其事不终者也，未有府库财非其财者也。孟献子曰：'畜马乘，不察于鸡豚；伐冰之家，不畜牛羊；百乘之家，不畜聚敛之臣。与其有聚敛之臣，宁有盗臣。'此谓国不以利为利，以义为利也。长国家而务财用者，必自小人矣。彼为善之，小人之使为国家，菑（灾）害并至；虽有善者，亦无如之何矣！此谓国不以利为利，以义为利也。"[①] 这段话大意是说，生产货财有大原则：生产者多，食用者少；制造得快，使用得慢，那么货财就充足。仁爱之人用财富发扬自身的德行与事业，不仁的人不惜丧身以求发财。从没有在上位的人好仁德而在下位的人不好义德的，从没有好义德而事业会

---

① 《大学全鉴》，中国纺织出版社，2012年版。

不成功的，也从未听说国库里的货财不是国君所有的。春秋时鲁国的贤大夫孟献子说过："家里有四匹马的马车的官员，就不应养鸡与猪以牟利了。有资格在祭祀时使用冰块的贵族家，就不要再畜养牛羊了。拥有一百辆兵车的贵族，就不应该豢养聚敛财富的家臣。与其有搜刮钱财的家臣，不如有盗窃钱财的家臣。"这就是说，国家不应把财货看成利，而要把道义看成利。掌管国家的官员而致力于与民争利和敛财，一定是从小人的诱惑开始的。国君也是想着要国家好起来，却使用贪财的小人去治理，一定会招来各种灾难与祸患。到时候纵有贤能之臣也没有办法了。这也就是说，国家不要把财货看成利，而应将道义看成利。

以上道出了儒家一贯的观点，即治国平天下的根本，在于官员们的道德修养。孔子说："不义而富且贵，于我如浮云。"提倡"见利思义""见得思义"。孟子说："王何必曰利？亦有仁义而已矣。""上下交征利，而国危矣！"荀子说："先义而后利者荣，先利而后义者辱。"

《大学》与孔孟以义制利的思想是一致的。《大学》提出具有"絜矩之道"的优秀管理者具有的五种法宝：与民同好恶；散财于民，不与民争利；以善为宝，以义为利；见贤能举，举而能先；见不贤而能退，退而能远之；生之者众，食之者寡，为之者疾，用之者舒，也都是以义制利、先义后利的具体体现。这五种法宝直至今日，依然是优秀官员的重要内涵。国家的立本是以"为民谋利"作为"义"。如果与民争利，或者干脆从百姓那里聚敛财货，那自然是失去民心而导致垮台。所以当权者必然把"义"放在首位，而如果讲"利"则必然是为百姓谋划，有财货必然是散给民间。这样，才会得到人民的拥护。这里的"义"，就是政府提供公共产品。比如，民众教化、国家安全、社会稳定、水利和道路设施齐备、创造好的政治经济环境等。政府以税收为收入来源，为的是有能力为社会提供更佳的服务。

## 第九讲 既仁且智

古人说"功夫在诗外",读古书也是如此。孔子说"仕而优则学,学而优则仕",也是教导我们在读书修身和责任担当之间保持审慎的平衡。日常生活里的体验,往往有助于我们更好地体味孟子的心绪。今天的读书和阅历都是为了锤炼更健全的常识与德性,为更好地应对明日的起起落落、承担机运可能赋予的更多责任做好准备。希望通过阅读《孟子》,获取智慧和勇气,荫庇我们追求更好的生活。

## 第一节　仁者无敌

古龙的武侠小说《风云第一刀》，有个特别厉害的人物叫李寻欢，他的制胜武器是什么？是飞刀。传说"小李飞刀，例无虚发"，一出手就会置敌人于死地。但是几乎没有人看到他出手？为什么，因为古龙的这部小说其实宣扬的是仁义之说，道义，是仁心仁术，非到万不得已，飞刀是不会出手的。所以，比有形的飞刀还要厉害的就是一个"仁"字，很多武侠小说的主旨也是四个字：仁者无敌。

### 一、儒家的仁政思想

仁政是一种儒家思想。是儒家思想代表孟子从孔子的"仁学"继承发展而来。是孟子学说中的"民本""仁政""王道"和"性善论"等政治理想之一。"仁政"这种儒家思想在它诞生之后的很多个朝代中都作为统治者的思想。这种思想主要宣扬"民贵君轻"，"人性本善"理论。在当代的哲学研究中，这种思想还是具有先进性的。

司马迁说孟子"迂远而阔于事情"是有背景的，当时社会讲儒家思想的时候提到仁政，常被认为很迂腐，当时看重的是富国强兵，比较武力，各方面壮盛，这样可以打赢别人，但是你打赢别人，别人更强的时候也打赢你啊，我们老百姓有句俗话"狠的还会遇见更狠的"，常被用来劝人不要轻易打架，更不要轻易因为今天打架稍微占了上风就沾沾自喜。我们看当时齐国跟梁国这些国家，后来又都被兼并了，到最后得到天下的是谁？秦始皇啊，但是秦始皇真的赢得彻底吗？秦历二世而亡，秦朝不过短短十几年啊。所以我们这个时候就要了解，在历史上有一个大的问题，很多人就问，说儒家的理想从来没有实现过，你能说他是对的吗？那你反过来也可以问，儒家思想没有实现过，你能说他是错的吗？对不对？因此按照法家秦始皇得到天下，然后很快到二世就结束了，他本来称始皇帝，意思是我子孙万代都要统治天下，结果第二世就没有了，那后代又在哪里呢。

读《孟子》的时候,有时候念到一些话,确实内心里面佩服孟子的一些见解。孟子怎么描写孔子?他说孔子这个人他跟很多其他伟大的人一样,他如果负责政治的话,用一句话来描写,这十六个字是我个人了解的古今中外所有政治领袖都应该拿来当座右铭的。孟子说的是"行一不义,杀一不辜而得天下,皆不为也"。意思是做一件不该做的事,杀一个无辜的人,因此可以得到天下,他也不要。在这里面,每一个人的人权受到完全的尊重,你叫他杀一个无辜的人可以得到天下,他不要,但是多少人不是为得天下,为了得一个小小的职位冤枉别人,造谣生事了,为了得到小小的地方主管的机会,说不定就会害人,更不要说为了一个国家。你看中国历史上一代代下来,这些取得政权的人,随便杀多少人根本不放在心上。像这个就是儒家思想的伟大,孟子能够说这样的话,说一个人从事政治活动,做一件不该做的事,杀一个无辜的人,把天下给他他也不要,请问古今中外谁做得到?但是这种理想有什么不对?非常正确,哪一个人不向往这样的理想。

所以我们今天学习儒家的思想,像孟子,他绝不是随便讲几句口号的,像仁者无敌可以作为一个匾额挂起来,"仁者无敌",那他所讲的是并非要你跟天下人为敌,说看谁比较厉害,而是让你做好人,那做好人为什么很好呢?因为人性向善,所以做好人我自己首先愉快,并且朋友也多。像在《论语》里面孔子说过一句话"子曰,德不孤必有邻",有德行的人不会孤单,一定有很多邻居,邻居代表什么?很多人挺他,这是儒家基本的观念。他的基础都在于人性向善,所以你行善的话,别人自然而然就会支持你,也就是因为这样一种背景,这样的一种基本的理想,孟子才可以大声疾呼,说"仁者无敌",并且他让这些国君"王请勿疑",请你们这些大王不要怀疑。我们现在人也很向往他所说的仁政,统治者跟老百姓大家像一家人一样,这样多好。

## 二、施行仁政的原则

(1)轻赋税

我们现在说税收,大家都是往个税上想,直接和我们的工资收入挂钩,其实过去我们有个很重要的税收,叫农业税。据史料记载,农业税始于春秋时期鲁国的"初税亩",到汉初形成制度。新中国成立以后,第一届全国人大常委会第九十六次会议于1958年6月3日颁布了农业税条例,并实施至今。这一古老的税种，已延续了2600年的历史。历史上，"皇粮国税"一直牵动着中国的兴衰。尽管中国历史上出现过"两税法""一条鞭法""摊丁入亩"等改革，以扩大纳税面，让有地产、有钱财的人多纳税，但由于吏治腐败，负担最终转嫁到农民头上。即使是屡被提起的"文景之治""贞观之治""康乾盛世"，也只是短暂的轻徭薄赋，历代封建统治者始终未能跳出农民负担越减越重的"黄宗羲定律"。革命战争时期，广大农民用一辆辆装满粮食的小推车，"推出"了中国革命的胜利；新中国成立后，又为社会主义建设事业作出了巨大贡献。几十年来，农业税一直是国家财力的重要基石。据统计，从1949年至2000年的52年间，农民给国家缴纳了7000多亿公斤粮食，农业税也一直是国家财力的重要支柱。2004年，国务院开始实行减征或免征农业税的惠农政策。据统计，免征农业税、取消烟叶外的农业特产税可减轻农民负担500亿元左右，到2005年已有近8亿农民直接受益。2005年岁末免除农业税的惠农政策以法律的形式固定下来，让9亿中国农民彻底告别了缴纳农业税的历史。

2018年底，我们迎来了个人所得税专项附加扣除条例。这是国家为了落实新修订的个人所得税法的配套措施之一，其目的就是减轻广大群众的负担。个税专项附加包含六个方面，即大病医疗、住房贷款利息、住房租金、子女教育、继续教育和赡养老人。很多工薪阶层，上有老人赡养，下有子女抚养，这个条例的实施，是党和国家切实为人民利益考虑，实实在在的减负行为。

在孟子那个时代，农业税当道。实行仁政首先就是不要增加税收，税收太重的话，老百姓赚了钱，好不容易收成了谷物，一大半都缴出去了，所以《孟子》里面描写当时老百姓，你要现在看了还是很难过，说这些老百姓，往上无法奉养父母亲，往下太太、孩子吃不饱，收成好的时候，一年到头还是很苦，收成不好的时候，就只有死亡了。"老弱转乎沟壑之中"，年老的、年轻的在山上的水沟里面死掉了。为什么在山上水沟里死呢？别的地方不好去吗？是因为到山上找一些树根吃，找不到只好就死了，尸体就堆在山沟里面，野外也有饿死的尸体。孟子当时经常用这样的话，是可以了解的，战国时代中期老百姓的经济生活是非常苦的，但是上面的领导者却是享受不完，孟子把他称作"率兽食人"，带着野兽来吃人。因为你统治者厨房里有肥肉，代表猪羊很肥，待杀的，马厩里有肥马，养得很肥的马，为什么？要侍候统治者。但是老百姓脸上都是菜色，我们说一个人面有菜色，就是营养不良，野外就

有饿死尸体，当时是这样的情况。孟子对于税收秉持的是一个中庸之道。

（2）轻刑罚

古代的法律很严格，而且用我们现在的观点来看，很残忍暴虐。一个人犯了罪，动不动就把你手砍掉，脚砍掉。不像我们现在，刑罚就是死刑、死缓、无期徒刑、有期徒刑。孔子的学生曾参过世之前，生病很严重，就把学生找来说，各位同学看看我的脚，看看我的手都还好，"身体发肤，受之父母，不可毁伤"，代表我曾参这一辈子没有被处罚过，所以手脚健全。你看的时候觉得说以前的人到老的时候手脚健全是不简单的事情，那到战国时代更严重了。所以孟子就说，你要避免随便杀人。

梁惠王的儿子梁襄王上台之后很年轻，他知道孟子很有学问，他就直接问他问题，孟子出来之后怎么说他，底下这句话我们到现在还用，孟子说"望之不似人君"，所讲的就是梁襄王。说这个人远远看过去，不像一个领导的样子，站没有站相，坐没有坐相，样子实在是不够大方，好，看起来不像人君，接近他一提问题，看他样子好像是天不怕地不怕，一下就问，谁能统一天下，孟子就回答了，不喜欢杀人就可以统一天下，我们今天听这个问题，这个答案，都觉得那么简单吗？一个国家领导只要不喜欢杀人就可以统一天下，代表当时各国国君都喜欢杀人呢？动不动就杀，如果有个国君不喜欢杀人就会统一天下，因为各国老百姓听说，这个梁国的国君不喜欢杀人，我们去投靠他，因为可以活久一点。所以孟子就透过这种方式让他们知道说，你对百姓要好一点。在消极方面就是你不要做这些伤害欺压、委屈百姓的事，让老百姓活下去。

（3）井田制

孟子说"仁政必自经界始"，经界什么意思呢？把田界划分清楚。因为古代的社会，老百姓都会分到田，因为人口少，国家那么大，你只要到这里来，一个壮丁分你多少亩地，多的时候一夫百亩，一百亩地分给你，不需要你买，让你耕田来交税。在这种情况下，如果田界混乱的话，老百姓田越来越小，到最后的收获不够用，不够吃，才会有这些穷困的情况，所以孟子说你要让国家推行仁政，就要从田界开始划分，因为老百姓的田界，在平原当然没有问题了，你靠近山边的话，你说这个山给你，给我有什么用？我不能耕田呢。

孟子有一个好朋友叫滕文公，滕文公当太子的时候跟孟子就认识了，他后来就位了，当了滕文公，他就派人去请教孟子，该怎么治理国家，孟子就跟他说你要搞井田制度，井田制度就是把一块地用井字来划分，周围是八块，中间有一块，这叫做井，八家共耕一整块地，中间那一块叫公田，旁边的叫私田。你不能说这是我的田，我尽量耕，那公田不要管他，不行，将来收成的时候，按照比例，如果公田的比例太低，要罚款的。所以他们当时有一些诗，所写的都令人感动，说下雨的时候最好先把雨下在公田，让公田的稻米、麦子长得好一点，然后再来下到我的私田，要不然将来收成的时候说公田收得太少，政府要罚的，等于是说我们八家人耕完地之后一起来耕公田，希望公田收成给国家纳税，九分之一，对国家比较有利，因为分成九分，八家耕各自的私田，中间那一块是公田，耕了之后收成归国家。孟子把这套周朝开始的时候就有的井田制度还搬到战国时候来，说你做这个试试看，你看的时候就会很感动，他思考的不是你收成多少，而是人与人之间一种社区的观念。

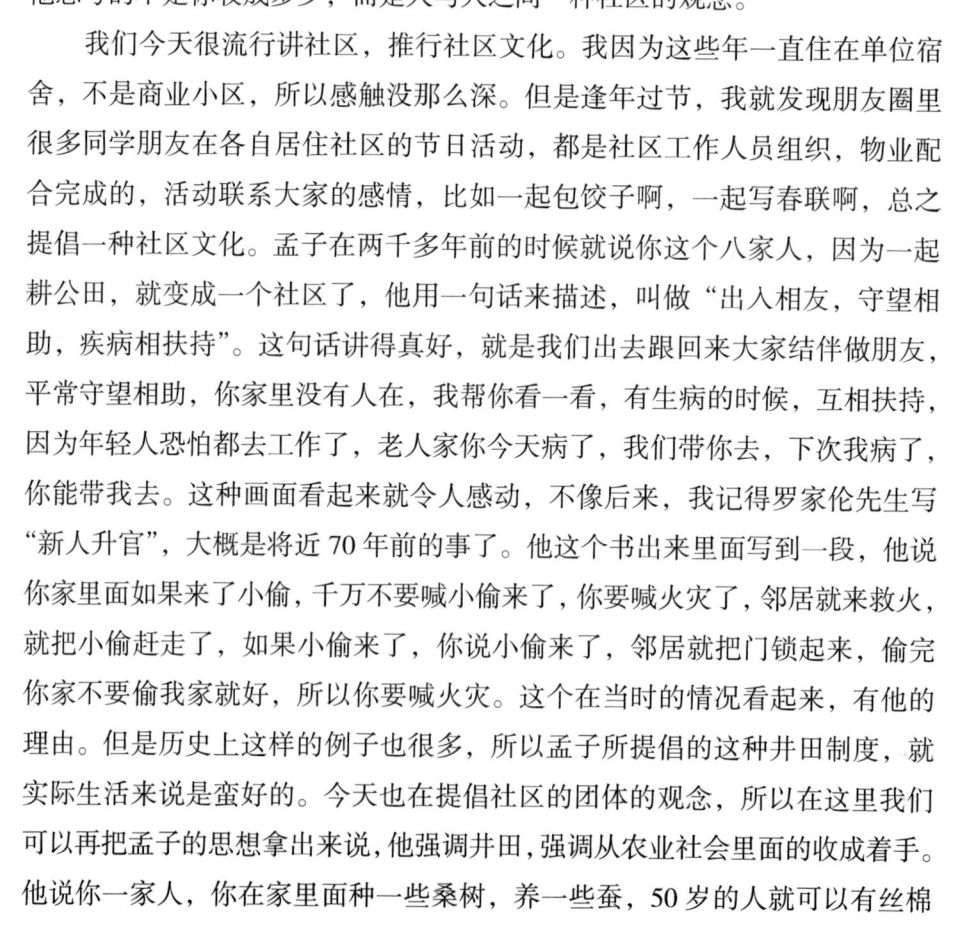

我们今天很流行讲社区，推行社区文化。我因为这些年一直住在单位宿舍，不是商业小区，所以感触没那么深。但是逢年过节，我就发现朋友圈里很多同学朋友在各自居住社区的节日活动，都是社区工作人员组织，物业配合完成的，活动联系大家的感情，比如一起包饺子啊，一起写春联啊，总之提倡一种社区文化。孟子在两千多年前的时候就说你这个八家人，因为一起耕公田，就变成一个社区了，他用一句话来描述，叫做"出入相友，守望相助，疾病相扶持"。这句话讲得真好，就是我们出去跟回来大家结伴做朋友，平常守望相助，你家里没有人在，我帮你看一看，有生病的时候，互相扶持，因为年轻人恐怕都去工作了，老人家你今天病了，我们带你去，下次我病了，你能带我去。这种画面看起来就令人感动，不像后来，我记得罗家伦先生写"新人升官"，大概是将近70年前的事了。他这个书出来里面写到一段，他说你家里面如果来了小偷，千万不要喊小偷来了，你要喊火灾了，邻居就来救火，就把小偷赶走了，如果小偷来了，你说小偷来了，邻居就把门锁起来，偷完你家不要偷我家就好，所以你要喊火灾。这个在当时的情况看起来，有他的理由。但是历史上这样的例子也很多，所以孟子所提倡的这种井田制度，就实际生活来说是蛮好的。今天也在提倡社区的团体的观念，所以在这里我们可以再把孟子的思想拿出来说，他强调井田，强调从农业社会里面的收成着手。他说你一家人，你在家里面种一些桑树，养一些蚕，50岁的人就可以有丝棉袄穿。你家里面养着鸡，养着猪、养着狗，说实在古代有一个坏处，他们吃狗肉就不太好，现在我们大家都不太接受这个了，但是古代就把这些鸡跟狗跟猪放在一起。放在一起之后，你不要在它生产、繁衍的时候去骚扰他，让他可以繁衍下一代，70岁的人就有肉吃了。换句话说是一个自给自足的小农经济，这样一来政府你不要去管他，不要去剥削他，老百姓一家人就有吃有喝。50岁有丝棉袄可以穿，我也不知道为什么50岁，我们现在生活比以前好多了，有时候会觉得丝棉袄也不是非穿不可，恐怕古人觉得穿丝棉袄比较保暖吧。70岁要有肉吃，我们现在是几岁都有肉吃了，不是问题了，但是孟子的标准很低，让老百姓不要挨饿，不要受冻，这个是王道，是仁政的开始。所以我们就说，孟子讲仁政，并不是说在天上，像柏拉图理想国这么远的，那柏拉图理想国还有老子的小国寡民，那个反而不切实际。为什么？你说西方柏拉图他有一个理想国的规划，多少人呢？5040人，你说哪里有这个国家，那么小，只有5040个人，因为柏拉图希望说这个小国家可以规划，为什么要5040呢，一定要被3除尽，因为国家人分三种，领导者、老百姓，中间还有军人、卫士，保卫城邦的，因为古代的雅典人、希腊人，他的想法都非常小，雅典都是城邦，一个城邦顶多几万人，有时候几十万人，就这么大了，所以他规划起理想国，我们今天会觉得难以想象，老子的小国寡民与此相像，但是也是不太符合实际的需要，所以在孟子里面讲这种规划的时候，我们觉得还蛮实际的，符合实际的情况。

（4）有恒产者有恒心

《孟子·滕文公上》说："民之为道也，有恒产者有恒心，无恒产者无恒心，苟无恒心，放辟邪侈，无不为己。"《孟子·梁惠王上》说："无恒产而有恒心者，惟士为能，若民，则无恒产，因无恒心。苟无恒心，放辟邪侈，无不为己。""恒产"，长期恒久占有的财产。"恒心"，指有坚定的仁义之心。意即人们拥有一定数量的私有财产，是巩固社会秩序，保持社会安宁的必要条件。孟子认为人民之所以"放辟邪侈"，是由于无恒产所致。于是提出要"制民之产"，即赋予人民一定的个人生活资料和生产资料，使民"仰足以事父母，俯足以畜妻子，乐岁终身饱，凶年免于死亡"（《孟子·梁惠王上》）。与恒产概念相关的是孟子推崇的小土地经营方式："五亩之宅，树之以桑，五十者可以衣帛矣。鸡豚狗彘之畜，无失其时，七十者可以食肉矣。百亩之田，勿夺其时，八口之家可以无饥矣。谨庠序之教，申之以孝悌之义，颁白者不负戴于道路矣。老者衣帛食肉，黎民不饥不寒，然而不王者，未之有也。"

如果没有恒产，你叫他好好做人处世，他做不到啊，"衣食足然后知荣辱"，我现在吃不饱穿不暖，你叫我守规矩我怎么守？我快饿死了，所以西方有些法律很有弹性，他说我快饿死了，去面包店偷一块面包，法官知道你完全是为了自己吃，而不是拿去变卖图利的话，这个罪判得很轻，因为你只是为了活命，你并不是为了享受，这不一样。我努力工作只为了活命，谁能怪我呢？我如果说努力工作不择手段，为了享受，那完全不一样，所以孟子说有恒产才有恒心，一般老百姓没有恒产就没有恒心，就不可能老老实实做人，这话讲得很体贴。他说只有一种例外，读书人。但是读书人在古代看样子标准很高的，没有恒产而有恒心的，唯士唯能，只有念书人能够做得到，所以孟子对念书人的要求标准很高。因为念书人学会儒家的道理之后就懂得说有比生命更重要的事。

孟子的这个观点，在我们今天依然有现实意义。2017年3月15日，国务院总理李克强在人民大会堂三楼金色大厅会见采访十二届全国人大五次会议的中外记者并回答记者提出的问题。在谈到70年住宅土地使用权到期续期问题，李克强引用了孟子的话，他说国务院已经要求有关部门作了回应，就是可以续期，不需申请，没有前置条件，也不影响交易。"民之为道也，有恒产者有恒心，无恒产者无恒心"，古代思想家孟子的这句话，历经两千多年依然闪烁着智慧光芒，并经实践一再证明它的正确。总理在答记者问时，援引"有恒产者有恒心"，不只是表达了对该话的认可，更回应了舆论疑问，给国人吃了一颗定心丸。众所周知，在当前房价高企的背景中，一套房往往需要消耗掉整个家庭的财力。如果不解决好续期问题，民众就没有安定感；如果续费过高，让民众不堪重负，也会重创民众对未来的信心。住宅土地使用权到期续期问题，实则牵涉一个并不新鲜的话题，即产权。产权，被誉为"市场经济的基础、社会文明的基石、社会向前发展的动力"。70年住宅土地使用权到期后，如何续期，的确备受关注。这关系到产权，关系到公民财产，关系到社会稳定。如何续？总理回答得很果断，可以续期，不需申请，没有前置条件，也不影响交易。寥寥数语，切中肯綮，最让人激赏的就是"没有前置条件"，一时间赢得无数点赞。其实，总理日前在政府工作报告中，已表示加强

产权保护制度建设是2017年重点工作任务中的一项,并阐释了其重要意义,"保护产权就是保护劳动、保护发明创造、保护和发展生产力。要加快完善产权保护制度,依法保障各种所有制经济组织和公民财产权,激励人们创业创新创富"。从中可看出,保护产权,不只是给人恒心,更能助推时代进步,为全社会注入安稳因素。70年住宅土地使用权到期续期问题,一些地方已有探索。从具体操作看,国土资源部提出了"两不一正常"的处理办法:一是不需要提出续期申请;二是不收取相关费用;三是正常办理交易和登记手续。尽管这是过渡性措施,但显然具有导向性价值。值得一提的是,2016年11月27日,《中共中央国务院关于完善产权保护制度依法保护产权的意见》公布,这一制度设计传递的积极信号是,国家将依法保护公民产权权益和创新收益,增强公众财产财富安全感。其背景是,随着我国经济社会快速发展,社会财富不断积累和壮大,中等收入群体日渐扩大,人们对产权安全性的要求越来越迫切。当然,具体到70年住宅土地使用权到期续期问题,的确需要强有力的法治保障。《物权法》第149条第1款规定:"住宅建设用地使用权期间届满的,自动续期。"但是,究竟如何续,仍需要细化,通过法律来实现。正如总理所称,"我在这里强调,国务院已经责成相关部门就不动产保护相关法律抓紧研究提出议案。""人心是最大的政治",70年住宅土地使用权到期续期问题,不只是社会经济问题,更是政治命题。让"有恒产者有恒心",更有勃勃生机,就是契合人心,也是最大的政治。当公民拥有踏实感,我们所生活的社会就更有希望。

### 三、施行仁政的表率

尧舜加上禹汤、周文王、周武王,这些领袖都是施仁政的,替老百姓服务,所以这些仁政表现出来的时候就是天下太平,确实维持长期的安定,夏朝400多年,商朝600多年,到周朝前面是西周也过了将近500年,后面是东周,到战国时代乱得一塌糊涂。所以说我们讲到仁政,很多人向往说能不能回到从前太平的时代呢?孟子说可以,就靠仁政,但是当时很多政治领袖就说我努力做怎么好像没有效果?因为有些政治领袖他会想办法做得好一点,譬如梁惠王就觉得自己不错。梁惠王怎么说自己呢?代表一个人对自己的一点点成绩都牢牢记在心中,梁惠王他跟孟子说,我比别的国家的国君好多了,我的国家里面,譬如说河西发生了水灾,我就把一部分百姓移到河东去,把河东的粮食运一点过来，让老百姓都可以活命，然后看别的国家的国君没那么做，让老百姓随便去求生，我这么努力替老百姓服务，可是我的国家老百姓并没有增加啊，别的国家的老百姓并没有减少啊，这样子我做好事做了半天就没有恒心也没有耐心啊。看到没有？这说明有些诸侯，国家的领袖，他做一点好事就希望人人歌颂，不明白恒心的意义，你偶然做一两件好事来看看没有效果就故态复萌，又回到从前的轨道，他当然不会有什么样的好的收获。孟子就用一个比喻，叫做杯水车薪。

一整辆的车装满了柴火，古时候人都要砍柴，才能烧火，一整辆的车装满木材，起火了，你用一杯水去救，为什么？因为古时候讲五行，水克火，这边发生火灾我用水把火给灭掉了，但是差别在什么地方，数量差太远了，一车的木材都烧起来了，一杯水怎么救呢？你不能说水克火，我一点水去克，那个火就应该熄掉，没那个道理，因为他量太大。所以你那个水代表什么，天下都在燃烧，你这个国君做一件好事，有一杯水了，到时候发现怎么火没熄呢？这样我就不要做好事了，我还是跟别人一样吧，反正天下这么乱也不能怪我一个，别的国家做那么差，也不在乎我一个，跟他一样，天下就一直乱下去了。所以孟子有时候劝这些百姓，劝这些国君改弦更张，你这个政策是不对的，你就要有仁政的观念，仁政做到最后就是四个字"与民偕乐"，我跟老百姓一块乐。你只要跟老百姓一块乐的话，就没有多少问题。

孟子见梁惠王，王立于沼上，顾鸿雁麋鹿，曰："贤者亦乐此乎？"

孟子对曰："贤者而后乐此，不贤者虽有此，不乐也。《诗》云：'经始灵台，经之营之，庶民攻之，不日成之。经始勿亟，庶民子来。王在灵囿，麀鹿攸伏，麀鹿濯濯，白鸟鹤鹤。王在灵沼，于牣鱼跃。'文王以民力为台为沼。而民欢乐之，谓其台曰灵台，谓其沼曰灵沼，乐其有麋鹿鱼鳖。古之人与民偕乐，故能乐也。《汤誓》曰：'时日害丧？予及女偕亡。'民欲与之偕亡，虽有台池鸟兽，岂能独乐哉？"

"古之人（贤者）与民偕乐，故能乐也。"这句话，已经让梁惠王明白，王独乐，是不能久的，也不能由自己乐而惠及众乐。只有与民乐，才能安乐，才能永乐。并举了《诗经》，文王，夏桀三个例子做论证。

## 四、何谓仁政

在《孟子》里面他就跟齐宣王谈到类似的问题，齐宣王就抱怨，齐国很大，齐宣王抱怨，他听说周文王有一个观赏跟打猎的大园子，方七十里，老百姓以为这不算大。今天我齐王有一个院子，观赏打猎的一个园林，方四十里，百姓就一直抱怨说这个太大了，他就跟孟子说，这不公平吧，周文王有方七十里的一个园林，百姓认为小，我这个园林才方四十里，百姓为什么认为大呢？这很好的问题啊，一般人就是看不清楚啊，当局者迷。孟子怎么说？孟子说，周文王的园林方七十里是百姓都可以来里面玩耍，你可以到里面打猎、射兔子、射鸟，随便你，所以老百姓认为这不算大，国君有一个很大的园林，也是我们的，老百姓可以来里面休息，来里面打一点小的猎物，没有问题。你不一样啊，你齐宣王我到你齐国第一件先问，入境问俗，齐国有什么规矩？马上就有人告诉我，小心，在我们的王宫附近有一座园林方四十里，谁敢闯进去就跟闯入王宫一样，谁敢打一只鹿就跟杀人一样，要判死刑，那太可怕了，等于是国家里面有方四十里的地方都是陷阱，你到里面走一走，一只鹿忽然老了死掉了，算你的账，你要赔命，那老百姓谁敢去呢？到里面去抓一只兔子，等于是偷国家的财产，关起来，这不得了。齐宣王只想到说周文王的园子那么大，我的院子这么小，好像我很委屈，但是他不了解周文王的院子是跟老百姓一起用，与民偕乐，而你那个是你一个人独享，所以老百姓受不了。真正的仁政是推己及人。

孟子说过，"老吾老以及人之老，幼吾幼以及人之幼"。所以孟子的仁政思想基本上是很好的一种观念，但是你要问一个问题，他有什么根据，他的根据就是"人性本善"。如果不是人性本善的话，你推行仁政别人为什么要支持？你一定是人性向善，仁政就是行善，我当国家领导，我做很多好事，照顾百姓，百姓自然就会喜欢，自然就会支持你。这叫人性向善。所以你行善的话，我们就民心归向，大家支持你，你自然就统一天下了，这就是仁者无敌基本的观念。当然我们也知道在历史上他的理想并没有真的实现，你不能因为理想没有实现，就说他是空想，而你更应该进一步去了解说他为什么这样想？我们今天介绍孟子思想，但是你要懂得他这个想法背后的根据是什么。

## 第二节 人生的境界智慧

说到人生境界，有一个困难。如果年龄不够，经验也不足，人生的历练更是缺乏，这个时候跟你讲高的经验，高的人生境界，恐怕你听了之后会觉得很遥远，不切实际，甚至有的人会觉得夸张了。譬如我们都知道孔子谈到自己的一生的发展，从十五岁立志求学，三十而立，四十而不惑，不要再往上说了。我在大学教书，学生都是二十岁上下，我有时候问他们，孔子四十岁如何呢？他们说不惑。什么叫不惑？没有迷惑。孔子讲的不惑当然不是考试都会写的，你要到四十岁才知道什么叫做人生的真正困惑啊。所以这个时候的年轻人，你跟他说孔子五十而知天命，那就更模糊了，再到"从心所欲，不逾矩"，不知所云。所以谈人生境界的困难就在于说，如果说你没有这样的体验，你要去了解，是不容易的。

孟子最好的学生之一叫做乐正子，为什么说他是最好的学生之一呢？因为乐正子在鲁国准备当执政的卿，鲁平公准备把政权交给乐正子来负责的时候，孟子高兴得睡不着觉，让别的学生都觉得有一点儿吃味了，说老师，乐正子有什么特别呢？学生连问了三个问题，他既不是很刚强，也不是很聪明，也不是很有学问，那老师你为什么高兴呢？他说乐正子只有一个好处，"好善"，喜欢听取善言就可以集思广益，把天下好的建议都拿来用，这个我们上次谈过一些，这个是关键。所以说乐正子这个学生算是很不错了。结果别的学生就问了，说老师你认为乐正子这个学生怎么样？等于是说让老师给学生做个点评。孟子怎么说？他说，他这个人算是一个行善的人，也算是一个真实的人。学生就问，这个到底好不好呢？所以老师就把人生分成六个层次加以说明。

第一个叫做善，第二个叫做信，信则真也，我们讲真善美，第三个叫做美，这个顺序很特别，先说善，再说真，再说美，第四个叫做大，接着叫做圣，最高叫做神，这六个层次，各有一句话加以解释，他说乐正子在六个层次里面四之下，二之中，等于是他不到第四个层次，他在第二跟第三之间，叫做四之下，二之中。你看，这么好的一个学生乐正子，以孟子的标准来看，还不到一半。胸怀决定人生格局是孟子整个思想的精华所在，就是你人生的修养，到底要达到什么样的境界，这个是我们每一个人都可以做到的，如果孟子举

一个境界，只有少数人做到，念了书之后只有觉得自己没希望，这不是儒家教人的原则。

## 一、人生的六个境界

（1）可欲之谓善

如果解释为任何东西只要我觉得可以追求它的，它就是善，这话很容易引起误解，美国就有一个学者研究儒家，他就说了，牛排就是善的，他说孟子说可欲之谓善，我觉得牛排很可欲嘛，外国人喜欢吃牛排啊。那你不能说他错啊，因为孟子只说"可欲"两个字，那牛排可欲啊。那如果说你喜欢做任何事，这个很好，这就是善嘛，那这样的话，善变成没有标准了。孟子说可欲的时候，还有其他各方面的说法作为它的基础。

人有两部分，有身跟心，身，孟子称为小体；心，孟子称为大体。小跟大这样的分法，很多人都觉得奇怪，明明一个人这么胖，这个身体叫做小，那个心看不到，怎么叫大呢？所以大小不以形体论，以重要性来说。代表我们的身体是次要的，我们心才是重要的，所以孟子既然把人的身跟心分为身小心大，那你就要问了，可欲之谓善的"可欲"是指什么可欲？他会说身体可欲吗？当然是指他的心可欲。为什么我这么说？因为孟子在另外一个地方他谈得很清楚，他说我的口喜欢吃各种美味的料理，我的心就喜欢合理性跟正当性。因为合理性、正当性叫做善，可欲之谓善，可欲的主体当然是我的心嘛。你这一分析就会知道，孟子说可欲之谓善，你要理解为我的心认为可欲的，那才是善。而不要提到我的身体，我的口觉得牛排可欲，所以牛排是善。这样就完全曲解，完全曲解孟子，跟孟子其他地方的言论完全不能配合。

所以孟子对人性的看法是建立在他的身体结构的理解上，我有时候也觉得孟子说话有时候会稍微快了一点，他讲身跟心有一种合一、结合的关系。当我坐在车上，老太太上来的时候，我的心很不忍啊，很希望让座。但是身体很奇怪，太累了，动不得。那这个时候身心就分裂了，我的心很想让座，我的身体可惜不听使唤。那怎么办呢？那这个时候你可以说你行善吗？不行，你还是没有行到善。所以身心，这个身体最好配合心的要求。所以孟子提到说"可欲之谓善"，意思非常清楚，我的心觉得可欲了，就是善。在任何地方看到一个行为你也不知道是不是善，你心里面觉得很喜欢的，你没有任何动机，跟自己没有什么利害关系，却从心里觉得喜欢，这个行为就是善，这叫做"可欲之谓善"，这也正好说明人性向善，所以你不需要有任何其他的前提。第一步可欲之谓善，这个说实在的，不能算真的境界，只能算出发点，但是它的基础非常的深刻，就是人性向善，所以可欲之谓善。

（2）有诸己之谓信

信就是真，真假的真。这句话的意思是我自己来做到善代表我是一个真正的人。因为我也向善啊，我光是喜欢别人善的行为，那我自己还没有做到的话，我就不能算真正的人。所以我自己身上去实现这个善，因为我也是向善。我实现了善之后，我的人性才得到肯定，我就是一个人。这是第二步，所以讲真的话，要有行善才能决定你这个人是不是真正的人。因为人性向善，你没有第二个选择。你再会念书，不见得是真的；你再有本事，不见得是真的。你只有行善的时候，才会发现我真正是一个人。这叫做"有诸己之谓信"，第一步光看到别人可欲的行为，第二步把这个行为在自己的身上实现，我就是一个真正的人。

（3）充实之谓美

"充实之谓美"就是你在任何时候、任何地方跟任何人来往，都能够把前面的可欲的善设法加以实现，没有任何遗漏，叫做充实之谓美，充实这两个字就代表没有任何遗漏，我们很容易遗漏的，人很难做到充实之谓美。因为你时间有限、力量有限，有时候判断还会错误。比如说一个人他有五个朋友，他如果想对五个朋友统统讲道义的话，他时间不够分配啊。五个人忽然都有事情找他帮助。他怎么办？手机同时收到五个请求，都是危急情况，请你来帮助。他怎么办？他只能选一个帮助。他选一个去帮助，另外四个就觉得你不够朋友，这就是为难呐。所以你要做到充实之谓美的话，有时候你要不断地修炼，一方面要增强自己的能力，另外一方面少交几个朋友，要不然你帮不了那么多。因为你一旦有困难的时候，就会分一个本末先后，就会区分出朋友交情，有的比较深，有的比较浅。但是如果朋友的需要跟父母的需要同时出现的话，怎么办？那当然毫不考虑先去照顾父母亲啊。这样一来的话，你还是会觉得人生有些遗憾，恨不得自己有三头六臂，任何人有需要我都可以帮忙，这是儒家一个正常的思考，所以儒家在这个时候就会教你怎么判断。你要学会判断，什么时候该做什么事，哪一个事情先做，哪一个事情后做，

这是一个很难的挑战。

（4）充实而有光辉之谓大

我们常常看到孟子提到大人，大人这个概念非常重要。因为我们都是平凡人，从小是一个小孩子，叫做小人，长大之后有没有成为大人呢？不一定。那就要看你有没有培养你的大体，我的心，让我的欲望减少，养心莫善于寡欲。欲望减少，我的心得到存养充扩，慢慢就变成大人。但这个大人真是不容易做到，因为孟子所谓的大人一方面不能失去赤子之心，单纯的小孩子的心，你不能失去。等于是你要保存那种最原始的人性向善的根苗，你要把握住。"大人者，不失其赤子之心也。"这是大人。

但这个大人很难做到，底下一句话你想想看怎么做？他说："大人者，言不必信，行不必果，唯义所在。"我们以前念书念到这句话都说太好了，我跟大人一样，说话不用守信。这一来的话，大人说话不用守信，做事不用有结果，那不是赖皮嘛。怎么叫大人呢？所以这个时候你就要了解，他最后一句话四个字，唯义所在。看看他该不该，道义在什么地方。

儒家一向强调说话要守信，但是说话要守信里面有一个困难，你说的话要守信，代表你说话的时候跟你将来去守信的时候有一个时间的落差，这是没有问题的。所以守信用绝不是说我现在说现在就守了，不是。我现在说明天我们在哪里见面，那我明天就要去，这叫做守信。那好了，今天到明天正好发生一件事，谁能预测呢？谁能控制呢？所以我常常举一个例子虽然有些极端，但是很容易了解。假设我买一把猎枪，我的一个好朋友跟我说，你下个月猎枪借我用吧。那当然没问题了，我猎枪打了一个月打猎也打够了，下个月借你，先答应了。下个月到了，你跑来找我，说你答应借我猎枪，来吧，枪借我吧。我不能借啊，为什么？因为这个月之中我这个朋友患了抑郁症啊，所有人都知道他患了抑郁症，有自杀的倾向啊。那这个时候我把枪借给他，我为了守信，结果他自杀了，那么请问，我心里怎么过得去呢？所以这个时候需要勇敢的判断。而不是说一言既出，驷马难追，我既然答应枪借给你，我就一定要借。不可以这样讲。你应该想说这个月之内他发生了问题，有了这个抑郁症的现象，枪借给他很可能自杀。那这个时候我只好撒谎了，哎呀，枪不见了。反正找各种理由我不守信，这就是大人者，言不必信的考虑啊。

行不必果也是一样，我们一起做一件事，没问题，要有结果。做了一半才发现你是不良分子，如果把它做成的话，正好帮助你下一步继续做坏事。那怎么办？做了一半我就毁约了，不做了。这是很难的事情，因为表面上别人会说你这个人好像不守信用、不讲道义，大人照样要坚持，因为他最后有一句，唯义所在。要看道义在什么地方，这个太难了。所以这样的大人在《孟子》里面经常出现，代表你修养到一个大的阶段，它有一个特色，叫做充实而有光辉。

光辉代表你在任何时候、任何地方跟任何人来往，都可以做到你善的要求，并且这个时候你出现光辉了，因为你日日如此做，有恒心之后才会出现光辉，我们有时候没有耐心，《孟子》里面常常提到，他说你挖一口井，挖了九仞了，一仞是七尺，一口井挖了几丈深，还是没有看到泉水涌出来，就算差一寸，水没有涌出来，这还是废井。什么意思？要有恒心啊。所有德行上的修养不能够说我已经不错了。不行，你不到最后你不能说你已经不错了。你光做好事做了几天，发现说别人不太肯定你，算了，其他人没做好事也照样过日子，我干吗那么累呢，那就放弃了，那就不会有光辉了。

很多宗教里面修行的人，他在画像上面头上都出现光辉，你看很多佛教的画像，里面一些菩萨头上都有光圈。西方更明显，西方中世纪以后，很多画像只要是圣人，头上都有光圈，充实而有光辉，孟子早就说了。一个人经常行善的话，他头上就出现光辉，到任何地方大家都感觉到一股力量。

（5）大而化之之谓圣

儒家讲圣人，这个圣人有什么作用呢，大而化之。我们今天讲大而化之是说这个人不拘小节，大而化之，什么事情都无所谓。而孟子所谓的"大"是什么意思，充实而有光辉，光辉是静态的，大而化之是动态的，等于是一个人他有这样的修炼之后还需要适当的位置，所以古代人对于"圣"这个字，常常跟"王"联系在一起，你要当帝王你这个圣德才有机会表现。所以孔子为什么经常梦见周公？因为周公拥有完美的德行，圣人，又有天子的位子，他曾经代理天子。所以周公治理卓越，孔子对他特别的崇拜。

《孟子》里面提到圣人，有四种：伯夷，圣人里面最清高的；柳下惠，圣人里面最随和的；伊尹，圣人里面最有责任感的；孔子，圣人里面最识时务的。孟子特别强调，这几种人在他们当时周围人都受到感动，每一个人看到他们都受到影响，风俗就开始慢慢变得敦厚了。每一个人都受到一种力量的一种

感染，甚至推动，"风动草偃"。那孔子更是不要说了，孔子感化了他的学生。所以孟子讲孔子的学生对孔子就用四个字，心悦诚服，代表你大而化之，能够感动这些学生。学生本来都很平凡，跟我们一样，经过孔子这个老师的教导，每一个人都表现出他的特色，至少在德行上有一定的成就，这叫做大而化之之谓圣。

（6）圣，而不可知之，之谓神

因为他说了"不可知之"四个字嘛，我们没有办法谈。你既然讲了无法去了解它，无法说得清楚，所以大家都不谈了。但是如果真的不谈的话，反而错过孟子思想最高深的境界、最精彩的地方。

这个"神"在这里并不是指鬼神的神，而是指人的世界里面所有的精微奥妙，简直神妙无比的一种情况，叫做神，比圣还要高的，这个叫做神。什么叫不可知之呢？凡是你可以去思考的，可以说得出来的境界，都不够高。真正最高的境界是不可思议，其实这个话有一点像是诡辩一样。为什么我这样讲呢？因为你说不可思议，反正你也想不通，我也想不通，那你怎么知道他就有呢？问题来了。我们常常说真是不可思议，不可思议代表你怎么想也想不通嘛，既然不可思议，你怎么知道他是什么样子？你怎么知道他真的存在呢？这就需要某种修炼。说明我们可以这样来看，一个人年轻的时候，看到老人家的修养，会觉得这个好像很难理解，一个人为什么要自我牺牲，要以德报怨，像老子讲以德报怨。也很难理解，一个人活在世界上，为什么要谦虚退让？像我们对于道家的思想，很多地方觉得说这个很难理解。为什么？因为我们自己经验不够，认识有限，就觉得很多别人所说的话不可思议。因为我不懂。但是哪一天，我如果继续去努力的话，说不定就懂了。所以不可思议有可能因为你自己的成长而成为可以理解。所以孟子特别提到什么，你要往上走，从善到信、到美、到大，再往上到圣，这个已经很难想象了。因为孟子提到的圣只有那几个人，他还是往上走，神，代表什么，他对人性的了解是肯定人性可以达到像神明一样的伟大。我们不能因为自己的年龄有限、格局有限，就说别人那个不可能，先不要说不可能，哪一天你到一个修养的境界，才发现你虽然达到了这一境界，但是说不清楚，因为你跟那些没有经验的人说，说了也是白说。因为他没有经验，你怎么样去找语言来描绘都不够，就好像你看道家，"道可道，非常道"。你用言语可以说得出来的道就不是永恒的道。你真的体验到了之后不用说也罢。

人一定要承认，我们的生命是一个神奇、奥妙的东西，叫做五行之秀，天地之灵啊。那么这样的一个人，他有非常神秘的部分，只是我们自己有时候把自己看得太平凡了，如果说你给自己机会的话，就会发现我们的生命可以跟别人的生命互相感应，感应就是我本来只求自己的温饱，自己的安全照顾好就好了，后来发现别人有困难，就觉得不忍心，这个"不忍心"三个字，孟子就把他作为仁政的基础，一个统治者，他只要有不忍心，就是不忍别人受苦的心，就够了。把他推出去治理天下，好像在手掌上转东西一样，可运于掌这么容易。如果你把这个不忍心去掉的话，很忍心，看到别人受伤没感觉，看到别人有困难也不愿意去帮忙，到最后就变成一个封闭的、小的、狭隘的世界，跟动物没有差别了。

## 二、如何提升个人境界

学习孟子思想的话，他的人生的六个境界一定要充分地理解，尤其是越往上面越难懂的地方，越要下功夫去认识。像成为大人，需要某种修炼；成为圣人的话，那还需要有力量，大而化之，能够感动、感化周围的人。

在儒家来说，每一个人都是价值的主体，他的可贵在于他是一个人，人性向善，他也一样。所以在社会上，年纪大的、当权的这些人，就要想尽办法让每一个人都可以把他的向善的人性有充分发挥的机会，从教育，到社会制度。到整个政策都配合这个目标去发展，而这个目标确立之后，整个社会每一个人都觉得自己受到尊重，我是一个主体，我有自主性，我应该为自己的行为负责，他就可以从第一步"可欲之为善"慢慢往上走。所以孟子的学生，像乐正子，他认为在四之下，二之中，在二跟三之间，顶多做到充实之谓美，就上不去了。就是我自己可以独善其身，你要叫我去大而化之，能够感动其他人的这种成果，他不见得做得到。

今天我们谈论儒家的人生境界，儒家思想的精髓，可以用一句话来概括：修身齐家治国平天下。第一重，修身。第二重，齐家。第三重，治国平天下。儒家思想主张恪守中庸之道，中即中正之道不偏不倚之意，庸是常的意思，合起来就是永恒恪守中道之意。而中庸之道的根本又在于一个诚字，古时候想要把彰明的天赋从个人推广到天下人，先要治理好自己的国家；要治理好

自己的国家，先要整治好自己的家族；要整治好自己的家族，先要提高自己的道德修养；要提高自己道德修养，先要端正自己的内心；要端正自己的内心，先要使自己的意念真诚。大学里说：大学之道，在明明德，在亲民，在止于至善。古时候的人八岁入小学，学习识文洒扫应对之事，十五岁入大学，学习做人及治国平天下的大道理，修养自身品德在于端正自己的内心。自身有所愤怒，内心不能端正；自身有所畏惧，内心不能端正；自身有所逸乐，内心不能端正；自身有所忧患，内心不能端正。所以归根到底，修养自身又在于端正自己的内心，所以修身应为人生第一重境界。自身修养好了才可以治理好自己的家族，人们对于自己所亲爱的人往往会偏爱，自己的家族不能教育好而要去教育别人，那也是不可能做到的事情，古时的人讲究人治，圣明的君主不出自己的家族也能治理好天下，所以儒家认为孝道可以用来侍奉国君，悌道可以用来侍奉长辈，慈道可以用来指挥民众，那么齐家应该作为人生第二重境界。

为什么要把治国和平天下合并为第三重境界呢？我是这样理解的，人生的道德修养是一个循序渐进的过程，菜根谭里不是说嘛，会得个中趣，五湖之烟月尽入寸里；破得眼前机，千古之英雄尽归掌握。能够懂得天地之间所蕴含的机趣，那么五湖四海的山川景色都可以容纳进我的心中；能够识破眼前的机用，那么千古的英雄豪杰都可以由我掌握。所谓天下太平在于治理好自己的国家，因为处上位的人孝敬老人，就会兴起孝敬之风；处上位的人尊敬长辈，就会兴起敬上之风；处上位的人怜惜孤寡，下面的人就不会互相背弃。所以治国平天下应为儒家的第三重境界。

## 第三节　知人者智

人活在世上，既要认识自己，也要认识别人。老子说："知人者智，自知者明。"然而要做到"二知"之"明智"，也绝非易事。孟子识人，有他的智慧。

### 一、孟子看舜

孟子说舜这个人年轻的时候其实没什么特别，他住在深山里面，跟深山里面的野人差不多，都是树木、都是石头、都是野猪、都是野鹿，舜有什么特别呢？他的特别在于他听到一句善的话，见到一件善的行为，立刻内心里面向善的力量涌现出来。换句话说，因为别人的善言跟善行使他内心向善的力量涌现出来，"若决江河，沛然莫之能御也"。就好像江河决了口，这个水冲下来，没有人挡得住。这种人性向善的力量表现出来了。我们其实跟舜一样，也常常听到别人说善的话，见到别人做善的事，但是没什么感觉。为什么？太不真诚了，不能够像舜一样敏锐的感受。所以舜作为一个人就真诚到极点，真诚到极点的话，看到别人善的行为，听到别人善的话，马上互相呼应，内心里面的力量表现出来。所以代表舜年轻的时候跟一般人一样，他的特色就是闻一善言，见一善行，之后完全努力行善。

他行善还有方法，叫做"与人为善"。他曾经做过什么呢？耕过田，打过鱼，做过陶器，他到任何地方做这些事，像在骊山耕田，这些农夫大家都互相让，以前的人耕田都是半夜把田埂往外推，早上起来你的田少了，我的田多了。现在不是，大家都让一点儿；捕鱼的时候，捕到晚上了，在我家过夜吧；做陶器的话，都用好的材料，不再偷工减料，所以大家都用起来很顺利，很方便。所以他到任何地方，一年成聚，二年成邑，三年成都，什么地方只要舜待一年，大家都聚在一起，因为跟他在一起，大家相处得很愉快。同样一群人，就看有没有舜来当领导。他当领导，马上这些人就变得都把善的方面表现出来。二年成为邑，邑代表一个村落，已经比较大了；三年成都，都代表一个都会，像一个城市一样。

尧年纪越来越大了，要找一个接班人，就到处打听，就看到舜这个人真是了不起。他就到田里去跟他商量，说我把天下交给你，我两个女儿嫁给你，我九个儿子都当你部下，文武百官全部听你使唤。你接受吗？这个舜，平凡的一个人，忽然有这样一个机会，他觉得说既然别人需要我，国家需要我，我就出来服务吧。那他有一个大的问题，什么问题？家庭问题。他的家庭非常复杂，因为他的母亲比较早过世，父亲娶了后母生了一个弟弟叫做象，这个象是坏得不得了，我也不知道怎么会有人这么坏，恐怕舜也很难想象，同父异母的弟弟这么坏。结果这个弟弟就联合父亲、母亲，三个人要害舜这个人。因为他们发现尧把两个女儿嫁给他，舜贵为天子，要做接班人，就想把舜给害死。所以舜每天在这种环境之下，在田里，他照样耕田，耕着耕着就哭了，

向上天哭泣。所以孟子的学生就问孟子说，舜为什么向上天哭泣，他难道在抱怨吗？对他父母不满意吗？他一方面是抱怨，另一方面是思慕。思慕什么呢？父母亲我非常怀念他们,希望他们对我好。但是他们怎么样都不肯对我好，好像是说我跟弟弟两个人是一分为二，你只能选一个，他是一个是非题，你要选弟弟，就不能选哥哥，这个是"零和游戏"了，所以舜心里很委屈。因为一个人如果非常孝顺，而父母不喜欢他，他如果说我已经尽了孝心了，父母不喜欢我我也没办法，不能怪我了，这还不够孝顺。这是孟子的说法，一个人非常孝顺，父母不喜欢他，他再怎么孝顺，都不能说我没事，不能怪我，反正我已经很孝顺了。他还是要想办法让父母喜欢他,这就是作为人子的困难。

所以有时候家人如果要犯错的话，我们做亲人的只有想办法，让他犯不了错，因为你不能够改变他，也不能够禁止他，他也是一个人。那你设法让他避免，不要犯这个错，这需要智慧。舜这个人他的故事经过孟子的介绍，我们才知道他为什么伟大，他能够尽一个做好哥哥的义务照顾弟弟，最主要的是能尽一个好的儿子的义务，让父母亲开心,所以后来他的父亲也真的开心。作为天子，对父亲那么好，对母亲那么孝顺，对弟弟也那么照顾，父母就满意了。能做到这个份上，舜还有什么话说呢？整个天下都被感动了，天下人本来都要求正义，说弟弟不好就要处罚，但是后来发现，他把他弟弟感化了。所以舜这个故事最适合用来解释儒家的思想。什么意思呢？当一个人行善的时候，因为善是我跟别人之间适当关系的实现，一个人行善的时候就会影响到相关的人，舜要做一个好儿子，一定会影响到父母亲，舜要做一个好哥哥，会影响他的弟弟。所以你不可能离开父母做一个孝顺的儿子，不可能离开弟弟做一个好的哥哥。人与人之间适当的关系都看对方跟你之间如何配合，你不能要求对方，你只能要求你自己，这样一来的话，就把儒家的思想人性向善，如何择善固执都可以说清楚了。

所以孟子对于舜的这些描述，最令人感动的是他提到说舜年轻的时候啃着干粮，吃着野菜，好像准备终生就这么样度过了，就做一个农夫。后来当了天子，尧把两个女儿嫁给他侍候他，然后每天过着很尊贵的生活，就好像他本来就有这样的生活似的，"若固有之"，好像本来就有这样的条件。我念《孟子》，这四个字真是让我沉吟良久，人生最难的就是做到若固有之，当你年轻的时候做一个学生好好念书，好像人生就一路念下去，永远没有别的发展似的，专心念书。后来当到像舜这样的国家领导，好像我本来就是国家领导，很自在、很自然，不会说我是侥幸的，我是运气好，我是别人提拔的，都不是。好像我本来就该做，今天轮到我了，我就做。这种坦然的态度真是一种非常精彩的观点，说明我们在任何地方做任何事要了解自己的本分，只要是知道自己的本分好好去做的话，若固有之。舜年轻的时候多么穷困啊，一个农夫，他觉得我准备这一生这样过没有任何遗憾，如果尧没有提拔我，没有发现我，我就一辈子这样子啃干粮、吃野菜，然后躲避父母跟弟弟对我的迫害，一辈子准备玩这种捉迷藏的游戏，他也可以玩下去。他不会说不行，我要脱离这个地方、我要另图发展，没有那回事。我在哪里就安在哪里，就定在哪里，这是儒家的思想。你如果在这个地方不能成就你的德行，你说换一个地方会更好吗？不一定的。

西方有一个简单的寓言故事，有一条河流，河流两边各有城镇，有一个年轻人在这边过得不开心，总觉得大家相处得不好，互相之间缺乏情感，工作也不顺利，他就找渡河的一个老船夫跟他请教，他说老船夫，你在两岸摆渡很多人，你会不会觉得岸那一边的人比较好？我想移民移到那边去怎么样？这个老船夫就问他说，你先告诉我你这一边人怎么样？他就开始描绘了，这边人小气了、吝啬了、骄傲了、相处困难了，列了五六个缺点，老船夫说据我了解，那边的人跟你这边所描写的都一样。因为重要的不是别人怎么样，而是你自己有没有改变，你千万不要幻想说，哎呀，我生不逢时。你要问自己了，你真的有本事的话，任何时代都可以发挥，任何地方都可以修养，这是儒家很好的建议，所以舜这个表率若固有之，不管有任何遭遇、任何情况，好像我本来就是如此似的，没有任何抱怨，没有任何幻想，安定在自己现在的位置上。

## 二、孟子看颜渊

颜渊是孔子最好的学生，可惜他活的时间太短，连孔子都说不幸短命死矣。但是孟子给颜渊一个平反的机会，什么叫平反的机会呢？就是孟子说，禹，治理洪水；稷，负责种植稻米这些五谷杂粮。然后他说"禹思天下有溺者，尤己溺之也"。大禹想到天下有人被水淹死，就好像自己让他淹死一样，因为我水没有治好。稷呢，想到天下有人挨饿就好像我让他挨饿一样，因为我的

五谷没有栽培好。他说如果是颜渊的话，也跟禹、跟稷一样的。五个字，异地则皆然。他们如果交换处境，做的事情都一样。我们都知道，颜渊没有做过官，没有任何具体的成就可以让你称颂的，除了德行以外。但是孟子居然把他跟大禹、跟后稷并列，就是说这两位古代的圣贤，他们对百姓的功劳非常大。他说颜渊跟他们一样，这个话颜渊地下有知，也会感激得不得了。会觉得说你看孟子这么了解我，知道我这个颜渊体弱多病，一箪食，一瓢饮，在陋巷，每一次周游列国都跑在后面，有时候老师遇难我还赶不上，这样的一个颜渊好像一事无成，但颜渊在孟子口中不一样，把他提高到跟大禹、后稷并列的地位。

这就是孟子的眼光，因为你说这些话你没有什么好处，你只是让别人觉得诧异，孟子根据的是不同的时代有不同的做法。他举一个比喻很有意思，他说有一个人，同一个房间里面的人，两个人在打架，这个时候他衣服没穿整齐，帽子没戴正，就要立刻去劝架，因为同寝室的两个人打架，说不定人家放火一烧，哎呀，我的房子也被你们烧掉，因为我们三个人住同一间房子，同一个房间里面的人如果吵架的话，很危险的，可能殃及池鱼。所以我立刻劝架，帽子没有戴好都应该去劝，但是如果隔了几条街，有一个邻居两个人吵架，那我帽子也没有戴好就跑去劝架就变成多余的了。因为他们两个吵他们的，也说不清楚谁是谁非，你去劝什么架呢？儒家基本上对于劝架这件事是比较谨慎的，因为劝架很容易变成乡愿，你们两个吵架，你们别吵了，你没错，他也没错，是我错了，这一下子变成乡愿了。所以孟子举这个比喻非常生动，他说大禹跟后稷就好像是同一个房间的人在打架一样，有洪水了，人们没饭吃了，所以他们立刻就要去帮助，有机会发挥他们的抱负。颜渊不一样，颜渊在乱世，别人不给你机会，你也没有机会去做，因为你活的时间不够长，就好像几条街之外有人打架，那颜渊就自己还是修德，因为你去劝架也没用，他举这个比喻，所以孟子的思想跟他的语言都非常的灵活，他替颜渊把他的委屈说出来了，我们到今天还记得一句话，也是孟子所记的，颜渊说"舜何人也，禹何人也，有为者亦若是"，我们今天很流行讲最后几个字，有为者亦若是，别人能做我也能做类似的意思。他里面所说的就是颜渊的志向，他说舜是什么样的人，我是什么样的人，有为的人就要跟舜学习，这是颜渊的志向，真的是取法乎上，所以颜渊为什么那么了不起这句话在《论语》里面没有出现，在《孟子》里面反而出现了。

### 三、孟子看子路

孟子对于子路也特别肯定，我们都知道子路在《论语》里面的表现也是有限的，但是在《孟子》里面怎么说子路呢？孟子说，"子路闻过则喜"，子路听到有人说他的过失就很高兴，这一点真了不起，我们一般人都是闻过则怒，只要有人说我的过失我就发脾气，你怎么可以说我有错，你这是冤枉我，找各种借口。子路不一样，子路听到说他的过失非常高兴。因为他可以改过啊，接着他说什么，"禹闻善言，则拜"。

### 四、孟子看大禹

讲完子路之后，再说大禹，禹听到有价值的言论就向别人拜谢，因为禹是天子，你这个言论很有价值，我听到之后把他变成政策，来造福百姓，天下不是更好了嘛。接着说舜，"大舜有大焉，善与人同"，就是我们经常提到的与人为善，就是舜。所以你看，孟子居然把孔子的学生子路，跟大禹、舜排列，子路地下有知，一定会觉得这个孟子太了解我了，所以说在《孟子》里面平反了历史上很多人的委屈，孟子替他们把这个理想说出来，给他一个历史的评价，这个评价非常的高。

### 五、孟子看曾子

根据孟子的说法，曾子晚年的时候，眼睛也看不清楚了。曾子怎么孝顺呢，每一顿饭都是有酒有肉，让父亲吃得很满意，吃完之后父亲就问还有剩的吗？曾子说还有，他父亲就想做好事，所以曾子就主动问，剩下的酒肉父亲认为要送给谁呢？因为他们邻居一定有些人很穷嘛，所以爸爸就会说，好，今天剩下的菜送给隔壁张家吧。唉，到下一次是不是送给那边的李家吧？都可能啊，说明什么呢？爸爸虽然年纪大了，身体老了，眼睛看不清楚了，也不能工作挣钱了，还是可以行善。这个时候我们就可以了解什么呢，了解这叫做"养志"，心意，让爸爸的心意可以得到实现的机会，这才是真正的孝顺。可惜曾子老的时候，他的儿子就跟他不太一样了，他的儿子叫曾元，曾元怎么奉养曾子呢，也是一样，每顿饭有酒有肉，但是吃完毕之后，爸爸问还有剩吗？没有了。

他准备下一顿热了再给爸爸吃，差别就在这里。这说明真正的孝顺不是让父母吃饱喝足，还要让父母行善的心意可以实现。再经过孟子的介绍，我们才知道真正的孝顺是怎么一回事，也才知道做人子女的怎么样做才是真正的孝顺，这就是孟子的不凡的见识。

　　孟子识人的方法和智慧是对儒家智慧的又一传承，譬如可以追溯到孔子、曾子那里。《论语》记载观察人的方法，孔子有说："视其所以，观其所由，察其所安。人焉廋哉？人焉廋哉？"当然，我们今天学习孟子和儒家的识人方法，也不能死扣着去用，而是要辩证地灵活地看待。

# 第十讲 《孟子》与儒家

中国传统文化的主干是儒、释、道三家思想，其中儒家思想是最核心的内容，直接决定着中国人的价值取向，影响了中国人的思维方式。先秦儒学是儒家思想形成和发展的关键时期，而这一时期的儒家思想又是以孔子、孟子和荀子为代表的，他们的思想为后世儒学的发展奠定了基础。

## 第一节　儒分为八

孔子是儒家学派的创始人，孔子逝世后，战国时期出现了"儒分为八"，这是怎样的情况？孟子在其中又是何等地位？《韩非子·显学》："自孔子之死也，有子张之儒，有子思之儒，有颜氏之儒，有孟氏之儒，有漆雕氏之儒，有仲良氏之儒，有孙氏之儒，有乐正氏之儒。"这里讲孔子之后儒家分化而成的八派。

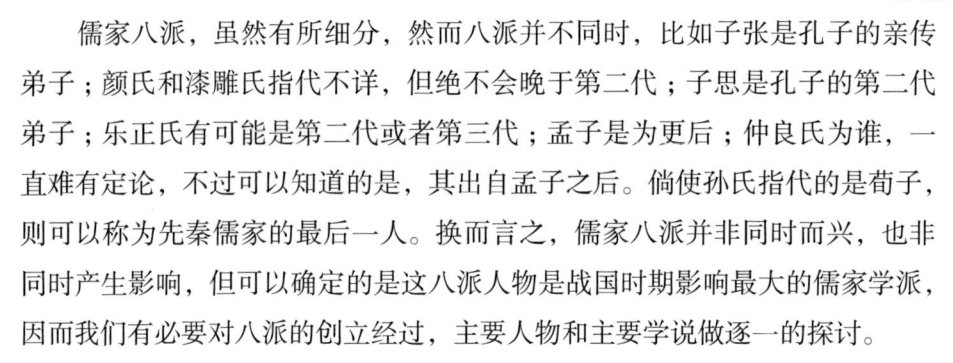

儒家八派，虽然有所细分，然而八派并不同时，比如子张是孔子的亲传弟子；颜氏和漆雕氏指代不详，但绝不会晚于第二代；子思是孔子的第二代弟子；乐正氏有可能是第二代或者第三代；孟子是为更后；仲良氏为谁，一直难有定论，不过可以知道的是，其出自孟子之后。倘使孙氏指代的是荀子，则可以称为先秦儒家的最后一人。换而言之，儒家八派并非同时而兴，也非同时产生影响，但可以确定的是这八派人物是战国时期影响最大的儒家学派，因而我们有必要对八派的创立经过，主要人物和主要学说做逐一的探讨。

### 一、子张之儒

子张氏之儒是继有子以后产生的最有影响力的学派，并有能力也有可能主导此后的孔门弟子的争锋。子张其人，按孔子的评价是"师也辟"。对于"师也辟"，朱熹认为是孔子对子张的道德判断，其《论语集注》的解释是"便辟"，"便辟"一词在《论语》中凡一见。《季氏》篇第四章："孔子曰：益者三友，损者三友：友直，友谅，友多闻，益矣；友便辟，友善柔，友便佞，损矣。"值得注意的是，此处直言是"孔子曰"，而非模糊意义上的"子曰"，表明是孔子对便辟之人的态度，以为损友。倘"师也辟"中"辟"作"便辟"解，则包含孔子对子张批判的意思，子张之后则很难在孔门发展，更难以以真孔自居，甚至批判子夏。所以，朱熹的这种理解，并不符合当年的现实情况。清儒黄式三在《论语后案》中释此句，释"辟"为"偏"，黄氏言："辟，偏也。以其志过高而流于一偏也。"这是参考了《先进》篇中孔子对子张"师也过"而

做出的推断，很合道理。

在关于子张的资料中，除了他向孔子的问学以及上文引用过的一处外，只有两句能够表达子张的思想。分别是《子张》篇的第一及第二章。子张曰："士见危致命，见得思义，祭思敬，丧思哀，其可已矣。"子张曰："执德不弘，信道不笃，焉能为有？焉能为亡？"钱穆释："执，守义。德在己，故曰执，犹云据德。弘，大义。"此则可见子张的主要学说观点正在"义"为核心，先前我们只知道孟子尚义，却不知子张为其前辈。第二章中还讲一个"信"字，这也是子张的观念所在。《卫灵公》第五章："子张问'行'。子曰：'言忠信，行笃敬，虽蛮貊之邦行矣；言不忠信，行不笃敬，虽州里行乎哉？立，则见其参于前也；在舆，则见期倚于衡也；夫然后行！'子张书诸绅。"可见子张对忠信之道也是十分重视的。

此外，子张对恕道也有自己的理解。前文引子张批判子夏的话："异乎吾所闻：'君子尊贤而容众，嘉善而矜不能。'我之大贤与，于人何所不容？我之不贤与，人将拒我，如之何其拒人也？"有一种来者不拒的宽大胸怀。但这种胸怀是否符合孔子的恕道原意还很难说，

有道是"尽己之谓忠，推己之谓恕""中心为忠，如心为恕"，孔子对"恕"的解释也正是"己所不欲，勿施于人"。"恕"是一种将心比心的原谅与通脱，而绝非一种无原则的"容众"。而子夏"可者与之，其不可者拒之"的说法，虽说消极，但确实是中肯的交友之道。而孔子对二人"师也过，商也不及"的说法，更彰显其作为老师的识人之明。

孔子提倡中庸之道，所以批评子张和子夏"过犹不及"。但是孔门也有"不得中行而与之，必也狂狷乎。狂者进取，狷者有所不为也"的话，虽然这里只是模糊的"子曰"，但相信较为接近孔子本人的观点。子夏便是"狷"者的代表，而子张则是"狂"者的典范，两者虽得孔子批评，却实是各有其可取之处的。

## 二、子思之儒

在孔门弟子中，一种有两位子思，一位是孔子的弟子名原宪，一位是孔子的孙子，名孔伋。几乎没有疑义的，子思之儒是指的后者。然而在后世所传《子思子》中（《子思子》原书已佚，今本系宋人汪晫所编），不免有原宪

的一些思想观点窜入。比如《子思子·外篇·无忧第四》中"子思贫居"和"子思居于卫,缊袍无里"两则和同书《外篇·胡母豹第五》"卫公子交馈马四乘于子思"一则中子思"量腹以食卫之粟矣,又且朝夕受酒脯及祭腊之赐"的说法便相左。何况通过《孟子》等书,我们得知鲁缪公曾经给很高的礼遇。而又据《史记·仲尼弟子列传》,我们又可以得知,真正的贫者乃是原宪。因此我们猜想,《子思子》之中关于子思贫苦生活的记载,乃是关于原宪生活内容的窜入和演变,并非孔伋的生活现实。然而其中却不乏一些先贤资料的汇整,因而也不能说完全没有意义。《四库全书总目提要》评价《子思子》说:"特以书中所录虽真赝互见,然多先贤之格言,故虽编次踳驳,至今不得而废焉。"可谓论之中肯。所以关于子思(此处及以下特指孔伋)的思想学说,可以称信的资料并不是很多。

郭店楚简中有《缁衣》《五行》等若干篇,可做参考。荀子批评子思、孟子一派时说:"略法先王而不知其统,犹然而犹材剧志大,闻见杂博。案往旧造说,谓之五行,甚僻违而无类,幽隐而无说,闭约而无解。案饰其辞而只敬之,曰:此真先君子之言也。"(《荀子·非十二子》)其中"法先王而不知其统"一句有若干解释,笔者以为,《孟子》一书中多有对古王事迹的杜撰和开脱,所以此句之意或可以为,子思、孟子一派只知效法先王而不知先王统治的真相。

至于其中所言之"五行",按唐代杨惊之说,"五行"即"五常",亦即"仁义礼智信"。近代学者章太炎同意此说。郭沫若先生则以为,《孟子》书中,"诚"的概念最为重要,子思、孟子"把诚当成了万物的本体"。因此,所谓"五德"应该为"仁义礼智诚"。但郭老所言亦有其不足,按汉许慎《说文解字》:"信,诚也。释诂。诚,信也。从人言。序说会意曰信武是也。人言则无不信者。故从人言。""诚""信"二字互训,所以区别仅在于一字,而其义无别。郭店楚简有《五行》篇,第一简就是释"五行"章,其中有一缺文,剩下四行为"仁""义""礼""圣",五六七简中,"仁""智""圣"排比,因而可以得知子思、孟子之"五行"为"仁义礼智圣"五德。李零先生认为,《五行》篇乃是子思本人的论述,如是这样,我们大致可以窥见子思的一些主要思想和主张。楚简中《鲁穆公问子思》篇则可以看出子思直言不屈、刚强正直的人格,这一点对后来的孟子产生了很大的影响。

关于子思与孟子的师承关系，历史上有两种说法：一是《史记·孟荀列传》记载，孟子"受业于子思之门人"；二是班固《汉书·艺文志》"《孟子》十一篇"后云："名轲，邹人，子思弟子，有《列传》。"东汉赵岐云："孟子生有淑质……长师孔子之孙子思，治儒述之道。"根据清华大学刘鄂培教授推算，孔子生于前551年，假定二十余而有伯鱼，伯鱼二十余而又有子思，则子思约生于公元前500年左右。又按《史记·孔子世家》："孔子生鲤，字伯鱼，年五十，先孔子死。伯鱼生伋，字子思，年六十二。"则子思享年62岁，约卒于前440年左右。孟子生于前372年。因此，子思的死约先于孟子的生70年，已不可能见到孟子，更不可能是孟子的老师。

但这种算法是有问题的，因为不排除孔子及伯鱼均中年得子的可能，所以子思的年龄被刘先生推算得大了一些。按照子思年纪算小的算法，孔子的死年是确定的，即公元前479年，伯鱼死于孔子逝前三年（据钱穆《孔子年表》），则死于公元前476年，此年即子思的最迟生年。另，按清人毛奇龄《四书賸言》引王草堂的说法，"《史记》所云'子思年六十二'，或是八十二之误"，则子思最迟逝于公元前394年。孟子生于前372年，自然无法师事子思。而按照时间的推算，子思的弟子见到孟子的可能性是很大的。《荀子·非十二子》言及二者关系时云："子思唱之，孟轲和之。"又依据《中庸》和《孟子》中的文段分析，孟子受到子思的思想又是分明可见的。因而《史记》中说孟子受业于子思门人的说法是可信的。

## 三、颜氏之儒

韩非所述儒家八派，至此而一边，此前俱言其字，此后乃称其姓氏。颜氏之儒为诸氏之首，而谜团最多。第一需要弄清的是，颜氏之儒的传承者和领袖是何人。我们知道，儒家八派的分裂乃是在于孔子去世以后，颜回之死则早于孔子。所以有人怀疑，颜氏之儒的导师并非通常所认为的颜回，而是另有其人。因为孔门颜氏弟子八人，除颜回外，尚有：颜无繇（颜回父）、颜幸、颜高、颜祖、颜之仆、颜哙、颜何七人。值得注意的是，据《史记·仲尼弟子列传》记载，此八人俱为鲁人。孔门弟子之中，也唯颜姓弟子为最多。不过此议立即引发了反对，反对者认为，虽然儒家八派的分裂在于孔子的死后，却并不意味着众家弟子在孔子逝世后方才收徒。颜回应该在生前应已有从学者。如《先进》篇第十章："颜渊死，门人欲厚葬之。子曰：不可！门人厚葬之。子曰：回也，视予犹父也，予不得视犹子也；非我也，夫二三子也。"这里的门人未必是孔子弟子，而是颜回本人的弟子。

而这又为颜氏之儒增添了第二个谜团——发生时间之谜。还有一点值得注意的是，倘使颜氏之儒的领导者为颜回，那么为何在孔子逝世后，丧失了导师的颜氏之儒还能在之后的儒家八派中依然存在竞争力。

为了搞清楚这些问题，我们有必要对颜氏家族的起源做出一些必要的探究。据济南大学常昭老师考证：颜氏得姓于西周时期颜友，起源于小邾国，毗邻鲁国，颜友的庶支世代为鲁国大夫。所以至孔子时代，在鲁地人数众多。颜氏弟子既有师出同门之缘，又有同宗之亲，思想主张及学术特点趋向于一致，形成儒家之一派是顺理成章的。

这里值得注意的是，与孔子有关的颜氏族人并非只有八位弟子，孔子之母亦为颜氏族人，名曰颜征在，颜征在亦为鲁女。所以很有可能的事实是，孔子之母亦与孔门八颜同族，而孔子所谓："回也，视予犹父也，予不得视犹子也"的说法，很有可能证明颜回为其母族的后辈。颜回之父颜无繇少孔子六岁，颜回则有可能称孔子为表伯。也许正是在这样的情况下，子禽才会向伯鱼问"子亦有异闻乎"。因为我们知道，子禽的目的绝非在于问伯鱼在孔子所学，而是欢乐得到"君子远其子也"的结论。对伯鱼尚且如此，对颜回更不可能因为其是亲眷而不住称赞。亦从另一角度证明，颜回的确具有真才实学。拥有这样的结果以后，我们发现，其实颜氏之儒的传承者和领袖是谁或许并不重要，其派系发生的先后也不重要，因为颜氏的一系，始终拥有相似的思想观念，并且与孔子的亲缘关系很近。也许正是为此，他们才会自认为也被认为是"真孔"的代言人，也才能在颜渊去世以后，依然具有与其他七派抗衡的能力。也正是由于这样的缘故，韩非子才会称之为"颜氏"的一派。在这一派中，毫无疑问，颜回是其中的佼佼者。因而我们要研究颜氏之儒的思想主张，也当以颜回的思想为是。

而关于颜回的思想，今能看到的材料甚少。可信者更微。唯一可知者是他自比于帝舜。《孟子·滕文公上》记载颜回的言论："舜何人也，予何人也；有为者亦若是。"《荀子·哀公》记载：定公以东野子之驭问于颜渊，颜渊则断定东野子之马将失。其中他的解释是"昔舜巧于使民，而造父巧于使马。

舜不穷其民，造父不穷其马，是以舜无失民，造父无失马也。……'鸟穷则啄，兽穷则攫，人穷则诈。'自古及今，未有穷其下而能无危者也"。可见其尊崇的舜治，是统治者不能穷其下的宽民之道，也是孔子所寄托于他的仁政的具体表现。

### 四、孟氏之儒

关于孟氏之儒，历来疑义甚微。孟氏之儒即为孟轲之儒，亦为后人所知之孟子。孟氏的学说，简而言之，即性善论、仁政思想及行义的主张、大丈夫人格等。若细细言去，则两倍于本文的文字未必能尽其意。限于篇章，恕笔者不为详述。

### 五、漆雕氏之儒

"漆雕氏之儒"为谁，似乎也有疑问。按郭沫若《儒家八派的批判》："孔门弟子中有三漆雕，一为漆雕开，一为漆雕哆，又一为漆雕徒父，但从能构成为一个独立的学派来看，当以漆雕开为合格。他是主张'人性有善有恶'的人，和宓子贱、公孙尼子、世硕等有同一的见解。……这几位儒者大约都是一派吧。"

按《史记》：漆雕开，字子开。郑玄曰鲁人，《孔子家语》曰字子若，蔡人。《汉书·艺文志》在《漆雕子》十三篇后云："孔子弟子漆雕启后"，以"漆雕启"为孔子弟子，而《史记·仲尼弟子列传》中并无此人记载。宋代学者王应麟考证："子开盖名启，字子开。史记避景帝讳也，论语注以开为名，著书者其后也。"先秦人姓名不用同字，司马迁"漆雕开，字子开"之说，名字之间必有一字为误。且司马迁居汉武帝朝，为景帝避讳，讳启为开，所以漆雕开其人，或名漆雕启字子开，或名漆雕开字子启。王应麟因《论语·公冶长》第五章作"漆雕开"而证明其人名启，字子开，以前文所叙《论语》直呼有若其名的例子来看，恐怕是有失偏颇的。又按《家语》，以漆雕开为其名，以子若为字。"启"字繁体有若干种写法，其中"啓"的写法绝类"若"字，故极有可能是《家语》编纂者之误。漆雕开字子启，于此明矣。汉书所言《漆雕子》十三篇的作者"漆雕启后"亦即"漆雕开后"。

关于这一派的学说，王充《论衡·本性篇》言："周人世硕，以为'人性有善有恶，举人之善性养而致之则善长，恶性养而致之则恶长'。如此，则性各有阴阳善恶，在所养焉，故世子作《养书》一篇。宓子贱、漆雕开、公孙尼子之徒亦论情性，与世子相出入，皆言性有善有恶。"这里提到漆雕开的人性观是作为同一个体而言，人性有善有恶，正如天地有阴有阳，关键在于人怎样使用。用善良的一面则人为善，用恶的一面则人为恶。性犹湍水也，这一点同孟子当中的告子"决诸东方则东流，决诸西方则西流。人性之无分于善不善也，犹水之无分于东西也"的说法相类。所以告子很有可能就是漆雕氏一系的传人。又《左传》等诸书多有人名合音之例，如《左传·哀公二十三年》注颜浊聚字庚。古人姓名多有联系，唯此则无。且颜浊聚本人名诸书多异，因而黄侃先生《春秋名字解诂补谊》[①]考证，"浊聚"二字合音为续，"庚"亦训续也。又如李维琦先生认为宋玉《登徒子好色赋》中，"登徒"合音为"都"。所谓"登徒子"不过是"子都"的另一种说法。所以我颇怀疑"告"字乃是"漆雕"二字的合音。告子亦即漆雕氏族人。漆雕开之子名漆雕凭。《孔子家语·好生第十》载："孔子问漆雕凭曰：'子事臧文仲、武仲及儒子容此三大夫者，孰为贤？'对曰：'臧氏家有守龟焉，名曰蔡文仲，三年为一兆焉；武仲立，三年为二兆焉；儒子容立，三年为三兆焉。凭从此见之。若夫三大夫贤与不贤，所未敢识也。'孔子曰：'君子哉，漆雕氏之子也。其言人之美也，隐而显；其言人之过也，微而著。'"这里漆雕凭只言其占卜情况，而不肯言其贤否，孔子夸奖他能够看到别人隐处的优点，同时能洞察最微小的过错。刘向《说苑》在此后尚有一句："故智不能及，明不能见，得无数卜乎？"[②]智不能及是一种缺憾，但了解自己的智不能及同时也是一种贤德。所以前人有智，后人有自知之明，漆雕凭不做贤与非贤的评论，只就事论事，因而深得孔子的欣赏。

《韩非子·显学》论漆雕氏云："漆雕之议，不色挠，不目逃，省曲则违于臧获，省直则怒于诸侯，世主以为廉而礼之。"可见漆雕氏亦尚"礼"，但此礼与后来的荀氏之礼大不同，这种礼更近于孟子所说的义与勇，是一种敢爱敢恨、正义凛然的廉洁之礼。值得注意的是，韩非子"不色挠，不目逃"的评论，虽然仅仅归于对"漆雕之议"的阐述上，但其实漆雕氏已有侠义的

---

[①] 《新辑黄侃学术论文集》，南京大学出版社，2008年版。

[②] 《说苑校证》，中华书局，1997年版。

精神展现。漆雕氏之儒的存在，可以证明窥见孔孟之间由仁到义的发展过程。

### 六、仲良氏之儒

仲良氏之儒是儒家八派之一，在先秦儒学之中是很重要的一派。然而我们对他却知之甚少。郭沫若承袭梁启超说，认为仲良为楚国儒者陈良。笔者以为，这是很值得商榷的，因为《孟子·滕文公上》中说得很明白："陈良，楚产也。悦周公、仲尼之道，北学于中国。北方之学者未能或之先也"。从中我们可以获得这样几个线索：

第一，陈良与孔子没有师承关系。

第二，陈良本是楚国人，北上中原来学习，成绩很好，北方的同学没有超过他的，但绝非"北方之人莫能先也"。而孟子与之说话的陈良之徒陈相与其弟辛，"负耒耜而自宋之滕"，所以可以证明。

第三，陈良后来的行动局限于楚宋一带，并没有到中原与孔门弟子争雄，"自谓真孔"。何况孔门弟子及再传弟子众多，绝不可能容忍一个没有丝毫师承关系的陈良来争夺"真孔"之位，并且这样的一个外来血统的人物也并不可能在争"真孔"的过程中，产生太大的影响。因而仲良氏的创立者应该另有其人。

对此，陈奇猷先生认为，所谓仲良氏即仲梁子："卢文弨曰：'良'，张本作'梁'，顾圹圻曰：藏本'良'作'梁'。按'梁''良'同字也……良，迂评本《韩非子》亦作梁，字同。《汉书·古今人表》中上有仲梁子，但列与齐襄王（起纪元前二八二）同时……郑注《檀弓》云：'仲梁子，鲁人。'又案《左传》定五年有仲梁怀，盖其先也。"这个考证是很服人的，因为既有古本作为证明，又有严密的推理作为支撑。《诗传诗说驳义·卷一》释《定之方中》引仲梁子曰："初立楚宫也。遂以定之方中，为楚宫大雅之抑。"《毛诗注疏·卷四》释《定之方中》亦引此论。可知仲梁子或许传《诗》，但凡引注者皆无逾此篇，因而不能作定论。又按《小戴礼记·檀弓上》："曾子曰：'尸未设饰，故帷堂。小敛而彻帷。'仲梁子曰：'夫妇方乱，故帷堂。小敛而彻帷。'"则可见仲梁氏之儒和曾子之儒的区别，两家皆通礼，但曾氏是从礼本身的角度来解释礼，而仲梁氏是从人和人性的角度解释礼。"礼云礼云，玉帛云乎哉？乐云乐云，钟鼓云乎哉？"礼的背后站立的一定是人性的精神，这种精神在仲梁氏之儒这里算是得到了传承。

## 七、孙氏之儒

孙氏之儒的创立者，共有两说。一种是传统意义上认为的孙氏即荀氏，一种是日本学者津田凤卿在《韩非子解诂全书》提出的公孙尼。津田凤卿言："恐脱'公'字，《艺文志》：'《公孙尼子》，二十八篇'，七十子之弟子。《太平御览》引《公孙尼子》，一曰：'恐公孙丑也。'或曰：'指孙卿子'，非。"这个观点是可以得到支持的，首先宋代王应麟所编《玉海·卷一百三十四》引《韩非子·显学》时"孙氏之儒"前有一"公"字。晋陶渊明在《圣贤群辅录》释"八儒"时也说："公孙氏传久《易》为道，为洁净精微之儒"——以公孙氏为八儒。但这三个理由都靠不住。首先，前文既已证明，公孙尼子与宓子贱、漆雕启、世子（世硕）观念相近，皆言性有善有恶。此一派即为漆雕派，且公孙尼子与漆雕子（漆雕启后）大约同时，不可能同为两派。其次，《玉海·卷一百三十四》引《显学》时确为"公孙氏之儒"，然而四库本中，词条之下即注"一无'公'字"。《圣贤群辅录》则早已断定是伪书，而释"八儒""三墨"之两篇尤甚。宋人晁公武《郡斋读书志·卷四上》说："其次第最有伦贯，独《四八目》后'八儒''三墨'二条似后人妄加。"所以终究靠不住。且持孙氏之儒为公孙尼子的论者，有一点恐怕很难释通，便是儒家八派既是孔子逝后最有实力的八家，荀氏作为儒家晚起的集大成者为何不能入内？此道理解释不通，则荀子必为八派之一明矣。关于荀子的学说，其学说虽与孟子迥异，然而艰难处却同一。

## 八、乐正氏之儒

关于乐正氏之儒，郭沫若与陈奇猷的观念又是相左。郭认为，乐正氏乃与孟子同时的乐正克。但郭老以为乐正克是孟子的弟子，恐怕未确。《孟子·梁惠王下》：乐正子入见，曰："君奚为不见孟轲也？"我们知道弟子对别人称自己的老师只能称字，不能称名。子贡对叔孙武叔便说："仲尼不可毁也。"而"孔丘"两个字，是他万万不敢叫的。按古礼，只有自称，或者称呼晚辈方或同辈分的下级可以以名称之。则孟子最少是这位乐正子的平辈下级。陈则以为，乐正氏乃曾子弟子乐正子春。此人以孝道闻名，《礼记》《吕氏春秋》

等多有其孝行的记载。此处笔者以为，当以陈说为是。因为《孟子》所载之乐正克并非儒者。

《孟子·告子下》："鲁欲使乐正子为政。孟子曰：'吾闻之,喜而不寐'"一节，我们可以在文段中能够看到的，并非是一个儒者，而仅仅是一个好善的从政之人的形象。而到了《离娄上》，我们对乐正子连这一点的好感也消殒了："孟子谓乐正子曰：'子之从于子敖来，徒餔啜也。我不意子学古之道，而以餔啜也。'"一个学古人之道只为了混饭吃的人物,我们如何可以想见他能广收门徒，而传播大道呢？自然不会。所以，所谓乐正氏之儒的领袖，只能是曾子门人乐正子春。

《大戴礼记·曾子大孝》记载了一个故事：乐正子春下堂时扭伤了脚，脚伤已经痊愈，于是几个月不出门，脸上有忧戚的颜色。弟子问他当中的缘故。乐正子春则做出的回答是："吾闻之曾子，曾子闻诸夫子曰：'天之所生，地之所养，人为大矣。父母全而生之，子全而归之，可谓孝矣；不亏其体，可谓全矣。故君子顷步之不敢忘也。'今予忘夫孝之道矣，予是以有忧色……夫子曰：'伐一木，杀一兽，不以其时，非孝也。'"《吕氏春秋·孝行》的记载与此大同。从这短短的一个故事里，我们可以得到三个讯息：

第一，乐正子春受业于曾子，同时自己也收授门徒，有自己的弟子。

第二，乐正子春的思想以孝为主，并且把孝道落实到日常中的一言一行，虽然"数月不出"未免有些过分，然而把孝具体化以后能同时常的行为相结合，使从学者有所信仰，从而达到行为和精神上双重的良善。

第三，乐正子春短短一段话里，两次引述夫子（即孔子）的言论，可见亦是以"真孔"自居的人物。所以我们认定,乐正子春才是乐正氏之儒的领袖。

# 第二节 《孟子》与四书

南宋朱熹取《礼记》里的《大学》《中庸》为之作"章句"，又为《论语》《孟子》二书作"集注"，定为《四书》。在朱熹看来,《大学》为曾子所述,《中庸》乃子思所著，因此将其联系起来就能凸显很多有价值的内涵。

第一,《四书》分别为孔子、曾子、子思、孟子的言行录,所以又称《四子书》《四子》。朱熹将此四子连贯起来,其价值与意义十分重大。

第二,朱熹凸现其中内在的逻辑,孔子传递至弟子曾子,曾子又传递给孔子的孙子子思,子思及其弟子传递至孟子,于是这四子构成儒家正宗的一脉相承的道统。另外《四书》又是登上"六经"的阶梯,正如《朱子语录》:"四子,六经之阶梯;《近思录》,四子之阶梯。"《近思录》,朱熹与吕祖谦同撰,摘录周敦颐、程颐、张载的言论,分成14门,有622条。

第三,再深层次看,寻觅出其中的另一线索,便是《大学》言"心",《中庸》言"性",《孟子》讲究心性之学、性善之学,正好体现出其中的渊源关系。这一切也与宋儒当下开辟心性之学联系在一起了,宋儒们从而可以凭借过去的经典服务于时代的需要。

## 一、《孟子》与《大学》

《孟子》全书与《大学》的关系很密切,也多有学者关注,并从多方揭示。唐文治《大学大义》(《唐文治文选》,上海交通大学出版社)有一番话是从整体来比较的,可以参考。择其要点如下:

第一,《孟子》阐明《大学》的大义颇多。唐文治说:"《孟子》七篇,发明《大学》之义尤夥。"

第二,两书均说"本",即相同者之一。唐文治说:"(孟子)曰:'人有恒言,皆曰天下国家。天下之本在国,国之本在家,家之本在身。'(姚按,见《离娄上》7.5)所谓'一是皆以修身为本'也(《大学》之语),'于所厚者薄,无所不薄也'(《尽心上》)。"孟子之说"本"与《大学》之说"本",最后完全吻合,都聚焦于人自身之"本",有自身修养之根本,再扩充开去便是修身——齐家——治国——平天下的逻辑路径。

第三,两书均说格物、修身、絜矩之道。唐文治说:"'万物皆备于我矣。反身而诚,乐莫大焉。强恕而行,求仁莫近焉。'是数言,尤赅《大学》全书之旨。盖万物皆备于我,格物之本也。反身而诚,修身之以诚意为本也。强恕而行,所藏乎身者恕,絜矩之道也。"——此中的孟子之言,唐氏认为尤其概括了《大学》全书之要旨:"格物之本""以诚意为本""絜矩之道"。

第四,两书均重视义利之辨。唐文治又说:"是以学《大学》一书,以辨

义利终。《孟子》一书,以辨义利始。《大学》曰:'未有上好仁而下不好义者也。未有好义其事不终者也。'《孟子》曰:'未有仁而遗其亲者也,未有义而后其君者也。'遥遥相印证,盖学说如此,师法如此也。"——此两者或"以辨义利终",或"以辨义利始",均汲汲于是"义利之辨",彼此遥相印证,师法也同有渊源。

第五,两者说世事与事理之有相同者。唐文治说:"《孟子》用是兢兢于庠序之教,申之以孝悌之义。又曰:'设为庠序学校以教之。'(《孟子》语)盖是时学校公然废弃,欲闻方策之遗训,古圣贤之道学威仪,而老师宿儒云散久矣。于是世道日衰,利欲日炽,人皆失其本心,平旦之气,不足存其好恶之公(或当作'分')。在上者拂人之性,其所令(政令)反(违背)其(民众)所好,而民不从。以身发财之说(《大学》语)盈天下,财聚民益散(《大学》语),府库空虚,而灾害并至。且夫争民施夺,不夺则不餍也(《孟子》语)。悖而人,亦悖而出(《大学》语),出乎尔者,反乎尔者也(《孟子》语)。孟子因季氏之聚敛,喟然叹曰:'君不行仁政而富之,皆弃于孔子者也,况于为之强战?争地以战,杀人盈野,争城以战,杀人盈城。血肉暴于郊原,性命等于土芥。痛乎哉!(《孟子》语)一人贪戾,一国作乱(《大学》之语),其机乃如此哉!"——唐文治比较此两书,面对乱世都提出了要重视教育、修身、理财,而面对统治者的战争、聚敛、贪婪等,都进行了深刻的揭露与规正。

如若再从局部来对照,那么学者也多有阐发。如明代罗钦顺《困知记》里评论孟子的内容很多,比如他说:"《尽心》一章,实与《大学》相为表里。盖'尽心知性'乃'格物致知'之验也,'存心养性'即'诚意正心'之功也,'修身以俟'则其义亦无不该矣。孟得圣学之传,实惟在此,始终条理甚是分明,自不容巧为异说。且学而至于'立命',地位煞高,非平生心事无少愧怍,其孰能与于此!"这里是就《孟子》的《尽心》一篇来说的,虽仅举一隅,但是执此或可反三隅矣!

## 二、《孟子》与中庸

若说两书之相同者,那么《孟子》与《中庸》不仅同为儒家经典文献,且都关注"性"的问题,都讨论"诚"的课题,都蕴有某些神秘性的内涵,而且在段落文句上也有相似的话语出现。

王国维《孟子之学说》里曾比较《孟子》与《中庸》的几段文字:

孟子曰："悦亲有道：反身不诚，不悦于亲矣。诚身有道：不明乎善，不诚其身矣。是故诚者，天之道也；思诚者，人之道也。至诚而不动者，未之有也；不诚，未有能动者也。"《中庸》20章："顺乎亲有道：反诸身不诚，不顺乎亲矣。诚身有道：不明乎善，不诚其身矣。诚者，天之道也，诚之者，人之道也。"

此一组文字比较，王国维说："此（孟子之言）与《中庸》之文正同。"

孟子曰："尽其心者，知其性也。知其性，则知天矣。存其心，养其性，所以事天也。"（《尽心上》）孟子又曰："万物皆备于我矣，反身而诚，乐莫大焉。"（《尽心上》）

《中庸》22章："唯天下至诚，为能尽其性；能尽其性，则能尽人之性；能尽人之性，则能尽物之性；能尽物之性，则可以赞天地之化育，可以赞天地之化育，则可以与天地参矣。"

第二组文字比较，王国维说：孟子"皆谓人之性即天地之性也"。《中庸》"亦谓天之性与人之性一，即与孟子之言，其所归一也"。

孟子曰："动容周旋中礼者，盛德之至也。"（《尽心下》）

《中庸》20章："诚者不勉而中，不思而得，从容中道，圣人也。"

第三组文字比较，王国维说："其意正同。由是观之，则《史记》谓孟子'受业于子思的门人'，非无据之言也。即孟子与子思同以'诚'为人之性。然'诚'者何？毕竟谓伦理的法则之渊源耳。伦理的法则，社会谓之善也，故孟子从师说而断人性为善。"

如果再从某些段落与观点上看，相通处还真的不少：

《中庸》14章："故君子居易以俟命。"孟子曰："莫非命也，顺受其正（顺从天命是接受的正常命运）；是故知命者不立乎岩墙（将要倒塌之墙）之下。尽其道而死者，正命也，桎梏（拘禁罪犯的刑具）死者，非正命也。"

此"俟命"之说与孟子讲"命"之言可以通观。

《中庸》20章："天下之达道五，所以行之者三：曰：君臣也，父子也，夫妇也，昆弟也，朋友之交也，五者天下之达道也。知、仁、勇三者，天下之达德也，所以行之者一也。"孟子曰："圣人有忧之，使契为司徒，教以人伦：父子有亲，君臣有义，夫妇有别，长幼有序，朋友有信。"

这些又是近似的言语与观念。再如陈荣捷还曾说：《中庸》"与《孟子》书中所显示的神秘层次非常近似，这两本著作的某些段落几乎完全相同"。(《中

国哲学文献选编》)此说也提供了比较两者之同的又一相同的视角。

再从其异处来看,《中庸》与《孟子》主题是有所不同的,其基本向度也是有差异的。《中庸》着重于研究心理学、世界观与宇宙观,重在形而上学问题的研讨,《孟子》则以伦理观与人生观为主题,虽然也有不少形而上学的思想,但是与《中庸》相差较远。

李石岑《中国哲学十讲》曾说:《中庸》着重在宇宙与人生的关系的说明,其中的形而上的思想,在《孟子》里面很少。《孟子》谈性,只谈"人之性",既不是"犬之性",也不是"牛之性",若《中庸》谈性,则并犬马牛羊,人类物类一切赅括之,所以曰:"天命之谓性。"我们拿《中庸》和《孟子》相比较,处处可以见到《中庸》在《孟子》之后,而是以形而上学的建立为其主题的。(李石岑《中国哲学十讲》)

这里还提到《中庸》在《孟子》之后的说法,如早在崔东壁《洙泗考信录》里早就认为,从两书的内容、文体以及孟子称述的话来看,证明《中庸》在《孟子》之后,并认为"《中庸》之文,采之《孟子》"。他又说:"《中庸》袭《孟子》,非《孟子》袭《中庸》。"(《孟子事实录》)

## 三、《孟子》与《论语》

孟子作为亚圣,当然是精熟孔子史料的了,不仅研究孔子之言论,还精通孔子之行迹、理念与思想,且是亦步亦趋的。《孟子》曾多次引用《论语》。顾炎武在《日知录》(卷七)里有一则是专论"孟子引《论语》"这一问题的,此内容亦然可以再说明两书关系的密切。

顾炎武说:"《孟子》书引孔子之言凡二十有九,其载于《论语》者八,又多大同而小异,然则夫子之言,其不传于后者多矣!故曰'仲尼殁而微言绝。'"[①]这里我也列出《孟子》引《论语》的条目,有的或是全引,有的或是部分引,有的或是已经加于某些取舍:

(1)孔子曰:"圣则吾不能,我学不厌而教不倦也。"(《公孙丑上》)——此或可能对应今本《论语·述而》:"子曰:默而识之,学而不厌,诲人不倦,何有于我哉?"文字相差较大。

(2)孔子曰:"里仁为美。择不处仁,焉得智?"(《公孙丑上》)——此见《论

---

[①]《顾炎武全集》,上海古籍出版社,2012年版。

语·里仁》："子曰：'里仁为美。择不处仁，焉得知？'"

（3）孔子曰："君薨，听于冢宰，歠（cuò，饮，喝）粥，面深墨。即位而哭，百官有司，莫敢不哀，先之也。"（《滕文公上》——《论语·宪问》）："子曰：'何必高宗，古之人皆然。君薨，百官总己以听于冢宰三年'。"文字相差较大。

（4）孔子曰："君子之德，风也；小人之德，草也。草尚之风必偃。"（《滕文公上》）——此见《论语·颜渊》："子曰：'君子之德风，小人之德草。草上之风必偃'。"

（5）孔子曰："大哉，尧之为君！惟天为大，惟尧则之，荡荡乎民无能名焉！君哉，舜也！巍巍乎有天下而不与焉！"（《滕文公上》）——这里可能对应《论语》里紧接的两条：其一，《论语·泰伯》："子曰：'大哉，尧之为君也！巍巍乎，唯天为大，唯尧则之。荡荡乎，民无能名焉！巍巍乎，其有功也，焕乎，其有文章！'"其二，《论语·泰伯》："子曰：'巍巍乎，舜禹之有天下也而不与焉！'"

（6）孔子曰："求非我徒也，小子鸣鼓而攻之可也。"（《离娄上》）——此见《论语·先进》："子曰：'非吾徒也，小子鸣鼓而攻之可也'。"

（7）孔子在陈曰："盍归乎来！吾党之小子狂简，进取，不忘其初。"（《尽心下》）——此见《论语·公冶长》："子在陈曰：'归与，归与！吾党之小子狂简，斐然成章，不知所以裁之'。"

（8）孔子曰："过我门而不入我市，我不憾焉者，其惟乡原乎！乡原，得之贼也。"（《尽心下》）——此见《论语·阳货》："子曰：'乡愿，德之贼也'。"

（9）孔子曰："恶似而非者：恶莠，恐其乱苗也；恶佞，恐其乱义也；恶利口，恐其乱信也；恶郑声，恐其乱乐也；恶紫，恐其乱朱也；恶乡原，恐其乱德也。"（《尽心下》）——此见《论语·阳货》："子曰：'恶紫之夺朱也，恶郑声之乱雅乐也，恶利口之覆邦家者'。"

虽然文字或有出入，此中有着复杂的原因，如历史的、各种流传本子、引用原文的方式与习惯等等多种情况，已经不能详细考证了。然而，这里又确实可以从这一维度说明孟子心仪孔子，熟读与运用《论语》的情况。孔子是孟子与心目中的至圣，孟子自述："乃所愿，则学孔子也。"（《公孙丑上》）孟子说："当今之世，舍我其谁也。"（《公孙丑下》）这里也含有继承复兴孔子之学的志愿在！

# 第三节 《孟子》与《十三经》

《孟子》是儒家的最重要经典之一，在后人汇集儒家十三部经典而集成的《十三经》里，《孟子》是其中一经。《孟子》与《十三经》之间的关系是怎样的？这里也有许多的历史之谜。

## 一、居《十三经》末之谜

"经学"，是指解释与阐发儒家经典之学。汉武帝独尊儒术，设立今文"五经"博士，传授弟子，经学也就成为封建王朝的学术正统。这"五经"，便是《诗》《书》《易》《礼》《春秋》。

唐代又把"三礼""三传"与《诗》《书》《易》一起称为"九经"。所谓"三礼"，即《周礼》《仪礼》《礼记》，"三传"即《公羊传》《穀梁传》《左传》。唐文宗开成二年（837）刻石经，又将《孝经》《论语》《尔雅》列入经部，于是开成石经为十二经。此石经典现在还存于西安碑林。

宋代又将《孟子》列入经部，因此有"十三经"之称。清代乾隆时，既刻十三经的经文于石，立于太学，而阮元又合刻《十三经注疏》，从此"十三经"之称盛行。

## 二、《孟子》列为"经"的进程

（1）《孟子》在两汉的境况

两汉时期，《孟子》地位处于"经"与"子"之间，属于"传记"之列。汉文帝时，《孟子》与《论语》《孝经》《尔雅》都作为《传》来看待，并特置传记博士、后传记博士之罢是在武帝时，其在《汉书·艺文志》里被列入"子部"儒家类，此可看出《孟子》于汉代的地位还不很高，没有列入经部。

（2）《孟子》在隋唐的地位

《孟子》在《隋书·经籍志》里还是列在"子部"儒家类，此可见在当时以及此前，《孟子》尚处在冷漠状态。

隋唐之间，陆德明（约550—630），苏州吴县人，在隋炀帝时，擢秘书学士，迁国子助教。入唐，任国子博士。其撰作《经典释文》，因六朝时期重视老庄思想，明知《老子》《庄子》属于子书,还是附在《论语》之后予以注音;但《孟子》却未纳入。此可见在唐初《孟子》还是没有凸出而起。

唐宪宗李纯(778—820),公元805—820在位,其时,韩愈表彰《孟子》,所著《原道》文内将《孟子》列入"道统",但仍没被朝廷重视。

唐文宗李昂(809—840),公元827—840在位,刻开成石经,然而《孟子》未列入其中。

(3)《孟子》在宋代进入经部

《孟子》至于宋代,才正式获得了列入经部的地位,又得以置身于《四书》。

北宋仁宗赵祯(1010—1063)时,开始正式将《孟子》列入经部,司马光、程颐等均曾为《孟子》作注。

南宋孝宗赵昚(1127—1192)之淳熙年间,朱子将《论语》《孟子》与《大学》《中庸》并列,为《四子书》,简称《四书》。

南宋光宗赵惇(1147—1200)之绍熙年间,已经有了合刊本《十三经注疏》,《孟子》终于列入了《十三经》。

### 三、《十三经注疏》里的《孟子注疏》

《十三经》是哪些?"注疏""正义"是什么意思?又是哪些人撰作的?简略列出来:

(1)《周易正义》十卷,魏王弼、韩康伯注,唐孔颖达等正义。

(2)《尚书正义》二十卷,旧题汉孔安国传,唐孔颖达等正义。

(3)《毛诗正义》七十卷,汉毛亨传,汉郑玄笺,唐孔颖达等正义。

(4)《周礼注疏》四十二卷,汉郑玄注,唐贾公彦疏。

(5)《仪礼注疏》五十卷,汉郑玄注,唐贾公彦疏。

(6)《礼记正义》六十三卷,汉郑玄注,唐孔颖达等正义。

(7)《春秋左传正义》六十卷,晋杜预注,唐孔颖达等正义。

(8)《春秋公羊传注疏》二十八卷,汉何休注,唐徐彦疏。

(9)《春秋穀梁传注疏》二十卷,晋范宁注,唐杨士勋疏。

(10)《论语注疏》二十卷,魏何晏集解,宋邢昺疏。

(11)《孝经注疏》九卷,唐玄宗注,宋邢昺疏。

(12)《尔雅注疏》十卷,晋郭璞注,宋邢昺疏。

（13）《孟子注疏》十四卷，汉赵岐注，宋孙奭疏。

这《十三经注疏》416 卷大多数是汉魏人或魏晋人作的注，唐宋人作的疏，或称正义。这是因为到了唐代，与汉代相隔了六七百年了，要读明白汉代的注释已经有困难了，于是因需要而出现了新的注解，不仅解释经典的原文，而且还解释前人的注解。这就称为"疏"，也称为"正义"。从这里，我们或许也可以明白了，《孟子》排列在《十三经》的最后是有道理的，其中主因是由于历史上将《孟子》列入经籍的时间较晚。

### 四、《孟子正义》孙奭疏之谜

孙奭（962—1033），字宗古，宋代博州博平（今山东聊城北）人。端拱进士。幼从王彻学，深解经义。彻卒，门人数百皆从之以终业，可见其学术不凡。他历任数朝：宋太宗时，九经及第，迁大理评事，为国子监直讲。宋真宗时，累迁工部郎中，擢龙图阁待制。真宗大中祥符间受命校勘《孟子》，并"请以孟轲书镂板"（司马光《涑水纪闻》），又撰作《孟子音义》二卷，以此来补充唐代陆德明《经典释文》缺少《孟子》的不足。宋仁宗时，又以经术名儒召为翰林侍讲学士，知审官院，判国子监。修《真宗实录》，后三迁兵部侍郎、龙图阁学士。年逾七十，三请致仕。优拜工部尚书，改礼部尚书，累次上表乞归，以太子少傅致仕。

依照孙奭的学术与地位，以及前面提及的他与《孟子》的诸多关系，完全可以完成《孟子正义》之疏，但是事实又是怎样的呢？

《四库全书总目》："今考《宋史·邢昺传》，称昺于咸平二年，受诏与杜镐、舒雅、孙奭、李慕清、崔偓佺等校定《周礼》《仪礼》《公羊》《穀梁春秋传》《孝经》《论语》《尔雅义疏》，不云有《孟子正义》。《涑水纪闻》载奭所定著有《论语》《孝经》《尔雅正义》，亦不闻有《孟子正义》。其不出奭手，确然可信。"

其实，朱熹早就怀疑《孟子正义》(即《孟子注疏》)作者为孙奭。《朱子语类》（卷 19）曰："《孟子疏》，乃邵武士人假作。蔡季通（此人曾与朱熹交游熟识）识其人。当孔颖达时，未尚（崇尚、推崇）《孟子》，只尚《论语》《孝经》尔。其书全不似疏样，不曾解出名物制度，只是绕缠赵岐之说耳。"这里很犀利地指出：

其一，《孟子注疏》的作者是邵武之士人的"假作"，即假托孙奭之名的伪作。

其二，朱熹确指自己熟识的友人蔡季通就知晓那一个"假作"者。

其三，当孔颖达时，还没崇尚《孟子》，因此那段时间里去为《孟子》作注疏，还不可能。

其四，"假作"的水准太差，以至于不像个作疏的样子。

清代钱大昕在《十驾斋养新录》里对孙奭的《孟子注疏》有进一步的评说，其要点：

第一，他赞同朱文公（即朱熹）之说，谓邵武士人所作，并非出自孙奭之手。

第二，钱大昕指出孙奭只是作了《孟子音义》，并没有作《孟子注疏》。

第三，宋人晁公武撰《读书志》，只是录下了孙奭的《孟子音义》，没有录《孟子正义》，不录的原因是当时《孟子正义》还未形成。

第四，然而到南宋陈振孙撰作《直斋书录解题》时，将《孟子音义》和已经出现的《孟子正义》两书同时收录了。这可能也是当时学人一般都已经这样认同了的。

第五，至于元代马端临撰作《文献通考·经籍考》，又进而将两书合成一书，命名为《孟子音义正义》，共十六卷，还引用晁公武、陈振孙之说来坐实，并加上"大中祥符（宋真宗年号）中书成，上（上献）于朝（朝廷）"。从此孙奭作《孟子注疏》也就进一步得到学坛的认可。钱大昕说："马氏（马端临）既不能辨《正义》之伪托，乃改窜晁（晁公武）语以实之，不知晁（晁公武）《志》本无《正义》也。"这里显示出讹误就是这样一波一波地荡漾开来了。

再说，当学者看清楚了这一作伪以后，就称十三经里的《孟子注疏》为"伪孙奭疏"，或称为"旧题宋孙奭疏"。当然这并不是孙奭本人的过错，所以不能错怪了孙奭！

## 第四节 《孟子》与心学

子思与孟子都谈心性，尤其是孟子之说对后人影响很大。南宋出现了陆九渊研究心性之说的"陆学"，至于明代王阳明则继承、阐扬、广大其说，形成"陆王学派"，也被称为了"心学"。《孟子》谈心性，是怎样影响了陆九渊，

由此又再影响了王阳明的？其与陆王的心学有何关系呢？

## 一、陆九渊与心学

陆九渊（1139—1193），字子静，抚州金溪（今江西省金溪县）人，南宋哲学家、官员，陆王心学的代表人物。因书斋名"存"，世称存斋先生。又因讲学于象山书院，被称为"象山先生"，学者常称其为"陆象山"。陆九渊为宋孝宗乾道八年（1172）进士，初调靖安主簿，历国子正。有感于靖康时事，遍访勇士，商议恢复大略。曾上奏五事，遭给事中王信所驳，遂还乡讲学。绍熙二年（1191），升知荆门军。在任内创修军城，稳固边防，甚有政绩。绍熙三年十二月（1193年1月），陆九渊逝世，年五十四。嘉定十年（1217），追谥"文安"。陆九渊为宋明两代"心学"的开山之祖，与朱熹齐名，而见解多不合。主"心（我）即理"说，言"宇宙便是吾心，吾心即是宇宙"，"学苟知道，六经皆我注脚"。

"陆学"，此也称"三陆子之学"，这是南宋期间陆九渊与其兄陆九韶、陆九龄倡导"心学"的学派陆九渊的弟子曾问："先生之学，亦有所受乎？"陆九渊答曰："因读《孟子》而自得之。"[①]他视己为孟子的继承者，曾说："窃不自揆，区区，之学，自谓孟子之后，至是而始一明也。"陆九渊是以遥接孟子而传承道统自任的人。如后来王阳明甚至这样说："陆氏之学，孟子之学也。"陆九渊的"心学"，即是以心为本的"本心""明心"之说。陆九渊说："心一心也，理一理也，至当归一，精义无二，此心此理，实不容有二。"他又说："人皆有是心，心皆具是理，心即理也。"他还说："四方上下曰宇，往古来今曰宙。宇宙便是吾心，吾心即是宇宙。"他又说："人孰无心，道不外索，患在戕贼之耳，放失之耳。古人教人，不过存心、养心、求放心。"他论修养说："人心有病，须是剥落，剥落得一番即一番清明，后随起来，又剥落又清明，须是剥落得净尽方是。"他反对程朱学派的"即物而穷其理"，认为这样求理于事事物物，过于烦琐，陷溺于支离。

南宋孝宗淳熙二年（1175），朱熹与陆九渊相会与辩论，便是著名的"鹅湖之会"。当初"婺学"代表金华人吕祖谦访问朱熹后归家，朱熹送行至信州

---

[①]《陆九渊集》，中华书局，1980年版。

铅山鹅湖寺（州治在今江西上饶市），吕祖谦提出约请陆九渊、陆九龄前来相会讨论，意在调和朱陆之争。"鹅湖之会"上就治学方法之论辩来说，朱熹强调从"道问学"出发，提倡"即物而穷其理"，主张"泛观博览而后归之约"。陆九渊则强调从"尊德性"出发，认为"先发明人之本心，而后使之博览"。虽然在一些问题上朱陆也有一致的意见，但在治学方法论的辩论上未能统一，最后也是不欢而散。

陆九渊的"心学"后来被其门人后学进一步发展，特别是经南宋浙江慈溪人杨简（1141—1226）的推衍，在当时的思想学术界也占有一定的地位。至明代王阳明继承发展，则"心学"又出现新的气象。

## 二、王阳明与心学

王守仁（1472—1529），汉族，幼名云，字伯安，别号阳明，浙江绍兴府余姚县（今浙江省宁波余姚市）人。明代著名的思想家、哲学家、书法家兼军事家、教育家。弘治十二年（1499）进士，历任刑部主事、贵州龙场驿丞、庐陵知县、右佥都御史、南赣巡抚、两广总督等职，晚年官至南京兵部尚书、都察院左都御史。因平定宸濠之乱等军功而封爵新建伯，隆庆时追赠侯爵。王守仁（心学集大成者）与孔子（儒学创始人）、孟子（儒学集大成者）、朱熹（理学集大成者）并称为孔、孟、朱、王。王守仁的学说思想王学（阳明学）的直接源头是陈献章与湛若水的"陈湛心学"，明代心学发展的基本历程，可以归结为：陈献章开启，湛若水完善，王阳明集大成。其学术思想传至中国、日本、朝鲜半岛以及东南亚，立德、立言于一身，成就冠绝有明一代。弟子极众，世称姚江学派。其文章博大昌达，行墨间有俊爽之气。有《王文成公全书》。

其实王阳明起先是醉心于朱熹之学的，21岁中乡试后曾遍读朱熹著作，并依照朱熹"一草一木，皆涵至理"的格物之教，去学做圣贤。他曾让一位姓钱的友人对着亭前的竹子去穷格竹子的道理，结果"格"了三天"便致劳神成疾"。王阳明自己去"格"竹子，"七日亦以劳思致疾"。于是对朱熹之说产生怀疑，开始反省，终于在贵州龙场悟道，"乃知天下之物，本无可格者。其格物之功，只在身心上做"。

王阳明终于由先前潜心程朱理学与佛学，转向了陆九渊的心学，并成为心学的集大成者。王守仁与陆九渊一样都把"心"看做宇宙万物的本源，提

出"圣人之学，心学也，尧舜之相接受"。王阳明认为："心即是理"，"理也者，心之条理也"；"心外无理""心外无物""心外无事"等。他形成了"良知""致良知"的学说，"良知，是天理之昭明灵觉处，故良知即是天理"。"良知即是天植灵根"。"致良知"，即是内心的反省，反求于内心的求知，"致吾之良知者，致知也"。这又是修养的方法。王阳明又提出"知行合一""知行并进"之说，反对宋儒的"知先行后"。主张做人要"诚意""慎独""立志""事上磨炼"。他传承了"陆学"又发展成"王学"，并形成了"阳明学派"，或称"姚江学派"，最后共同定格为"陆王心学"。

此后"王学"在中国流行了百多年，康有为、梁启超乃至熊十力等都非常推崇。明代中叶后，"王学"还流传到"日本"，并成为显学，后来又推动了日本的明治维新运动。这是很有意思的事情，在今人看来这些很唯心的主张与内容，当时与此后居然会产生如此巨大的影响，似乎不可理解。但是历史的事实就是如此，究其原因是在其中有许多理念与智慧，可供人们汲取吧。其实也很好理解，极言之，即使是"腐朽"的东西，中国古人也早就智慧地揭示过"化腐朽为神奇"，更何况"王学""陆王之学""朱熹之学"等里面确实有许多值得开掘的理念与智慧。

# 第十一讲 《孟子》与当今社会

孟子上承孔子，下启百代，正所谓"孔孟之道"。孟子擅长以故事陈述事理，尖刻锐利，有不容置辩之势。孟子思想通过多种渠道和方式，影响、渗透于中华民族社会生活、精神世界的诸多方面，至今仍闪耀着智慧的光芒，对当今社会主义建设仍具有重要的借鉴价值。

## 第一节　孟子安身立命思想与社会主义核心价值观

孟子是中国古代伟大的思想家，被后世尊称为"亚圣"，儒家学说由孔子开创、经孟子的传承与创新,对中华民族精神的塑造产生了深远影响。孟子"安身立命"思想中的精华部分，对于社会主义核心价值观的培育具有重要的理论意义和实践意义。

孟子受学于子思门人，效仿子思的思想，但他最为推崇的还是孔子。儒家学者中，第一个思考安身立命之道的是孔子，孟子在内圣学的维度上发展了孔子思想，将孔子所举其要，阐述详尽，使得儒家学说由初步的想法变成系统的理论，完善了儒家的"安身立命"之道。宋以后，多用"孔孟之道"指代儒家学说，亦可理解为以孔孟为代表的儒家学者用一套完整的理论学说去引导人们的安身立命。孟子"安身立命"思想的基本架构由"五伦"说、"四德"说、性善论、"天命"这四点构成。

### 一、"五伦"说与安身立命

《论语》里有多达几十种的伦理关系，让人无所适从。孟子在孔子学说的基础上，"解码"复杂无序的伦理关系，找寻到了伦理规律，指出诸多伦理关系中最具基础性的五种。"人之有道也；饱食、暖衣、逸居而无教，则近于禽兽。圣人有忧之，使契为司徒，教以人伦——父子有亲，君臣有义，夫妇有别，长幼有序，朋友有信。"父子、君臣、夫妇、长幼（兄弟）、朋友这五种社会关系，构建了中国社会最基本的伦理体系。五伦的设计，最突出的特点有两个方面。一是把复杂的社会关系归结为植根于血缘之上的宗法关系，使得各种等级、宗法关系演变为"家国一体、由家及国"的伦理结构。第二，五伦之中，父子、兄弟是天伦，君臣、朋友是人伦，夫妇则介于天、人之间。人伦本于天伦而立，血缘之情与政治法理同宗，温情脉脉的同时，以礼驭人，重在"驭"字。在孟子看来，处理好家庭的关系就能处理好社会关系。如何处理，具体来说就是父子有亲、君臣有义、夫妇有别、长幼有叙、朋友有信。人与人之间的

各种关系以及与之对应的道德要求和义务,用亲、义、别、序、信这些"常规"来确定,既可保证个体间的关系,又在此基础上维系了社会的长久稳定。总之,孟子把繁杂的伦理关系简化后,构建的"五伦"体系,让身处其中的人有秩序感,找准自己的位置,知晓自己的义务所在,这为中国人的安身立命构建了最基本的社会关系框架。

践行社会主义核心价值观,应充分借鉴"五伦"说所蕴含的伦理价值。"五伦"说包含的人与人之间的温情、信任与理解,不是单向性要求,强调的是双向互动、共同践行,与社会主义核心价值观倡导的和谐、诚信、友善在价值诉求上是一致的,需要公民充分互动才能最终实现。

## 二、"四德"说与安身立命

孔子提出了很多德目,但没指出哪些是最基本的德性。孟子认为所有的德性中,仁、义、礼、智这四样最重要。四种德性从何而来,这是由人的四种本性决定的。"恻隐之心,仁之端也;羞恶之心,义之端也;辞让之心,礼之端也;是非之心,智之端也。人知有是四端也,犹其有四体也。""四端"即恻隐之心、羞恶之心、辞让之心、是非之心,"端"是萌芽,萌芽尚不能构成完整的善。"苟能充之,足以保四海;苟不充之,不足以事父母",在孟子看来,"四端"每个人都有,扩而充之,方能构成仁、义、礼、智"四德",上可治天下,下可事父母。扩而充之的过程,就是修身养性。孟子坚持仁义是天赋的,是每个人内在俱有的思想。"人之所不学而能者,其良能也;所不虑而知者,其良知也。孩提之童无不知爱其亲者,及其长也,无不知敬其兄也。亲亲,仁也;敬长,义也。无他,达之天下也。"爱亲、敬长之心包含有仁义的萌芽,推广出来以后就可以通达天下。孟子还强调自我批评的重要性,凡事达不到理想状态的时候,不要责怪别人,先反省一下自己的本心。"礼人不答,反其敬",一个人很礼貌地对待别人,但是得不到回应,这时应该静下心来思考自己有没有恭敬之心。

孟子将仁义礼智并提的"四德"说,是中国传统的伦理道德模式,并将这四种道德意识建立在人的情感基础之上,使之成为普遍可行的美德,从而为中国人的安身立命提供了精神上的指引。践行社会主义核心价值观,应充分借鉴"四德"说注重自我道德修养的一面。孟子认为形成良好道德修养的基础是人内心善端的扩充，这与社会主义核心价值观在公民层面提出的爱国、敬业、诚信、友善是相通的，加强自我修养是践行社会主义核心价值观的根本途径。

### 三、性善论与安身立命

战国时期，百家争鸣的一个焦点就是人性问题。当时具代表性的几种观点是：告子的"性无善无不善"论；世硕的"性可善可不善"论；无名氏的"有性善有性不善"论。孟子在和告子辩论的过程中，提出并完善了性善论。中国人性论的主流就是"性善论"，这也是孟子在中国思想史上具有重要地位的原因所在。管窥孟子的性善论，主要包括三个层面：首先是强调"人之异于禽兽者"，把人性理解为人类独有、动物所没有的一种本性；其次，主张从心善谈性善，仁义礼智这些道德源自本心，人天生具备追求善的积极性和自觉性；此外，根据孔子的"仁"讲性善，将孔子的仁学思想由松散的要求具体为伦理制度，激发人内心深处的善端去主导社会生活。孔子讲"里仁"，生活在仁德的思想境界里。孟子认为心向善而行不为善是很可悲的，他说："仁，人心也；义，人路也。舍其路而弗由，放其心而不知求，哀哉！"为善是心善在现实生活中的实践，君子安身立命，要把为善作为人生的最高追求。孟子说："人皆可以为尧舜"，每个人都可以成为人格完美的君子，关键是一要存养"仁义之心"，二是要颐养"浩然之气"，使人的善心更纯粹，善行更自觉。"养心莫善于寡欲"，君子要摒弃物质欲望对道德本性的蒙蔽，才能完善自我人格，将丢失的善心找回来。孟子强调："善养吾浩然之气"，养气就是培育无欲无求、不为物欲所动的道德理念，练就至大至刚、屹立不倒的"大勇"。可见，性善论规定了个体在传统伦理秩序中提升个人道德品质的途径和手段，这是孟子"安身立命"思想的重要实践环节。践行社会主义核心价值观重在"践行"性善论，以"善的实现"为本质要求，二者都强调发挥主观能动性，以自我修身养性为起点，以更远大的价值理想为目标，将个人对真善美的追求融入社会整体秩序的维系与完善，进而建构全体成员同享福祉的社会共同体。

### 四、"天命"论与安身立命

自孔子开始，儒家就面临"命运"与"使命"之间的冲突。"命运"的消极面使人受挫、沮丧，来自于知识分子觉悟的"使命"促人奋进、激昂。《孟子》

一书,出现"命"字多达54次,《尽心》篇提出著名的"立命"说:"尽其心者,知其性也。知其性,则知天矣。存其心,养其性,所以事天也;夭寿不贰,修身以俟之,所以立命也。"

可见,孟子继承孔子的思想与信仰,认为天是万物主宰,至高无上,但一个人充分实践内心所求,就会了解自己的本性,从而了解天命,进而事天。"存其心""养其性"是"事天"的正确方法,即通过保持内心的良善,扩充实际的善行去奉行天命,完成自己的使命。总之,在孟子看来,个人注重修身养性,就是顺乎天命、符合天道的表现。内在思想和外在行为都符合道德标准之后,个体才可以掌握命运。这包含着发挥主观能动性,积极应对外部环境压力,努力把控好自己命运方向的积极因素。

践行社会主义核心价值观,应充分借鉴孟子"天命"论弘扬人的主体性与道德理性的积极因素。当今社会,公共生活中始终存在一些矛盾,夹杂着不良习气。如果人人都能意识到自我行为的社会意义,弘扬道德理性,将有助于消解各种戾气、净化社会风气,促进整个社会和谐。

总而言之,经过孟子对孔子学说的创造性继承和发展,儒家学说更加完整地给人们的安身立命提供了一种思想理论的指引。儒家的人文传统,虽然有时代性、阶级性的内容,却也具有若干超越性的意义,如"修身、齐家、治国、平天下"的价值取向和我们今天倡导践行社会主义核心价值观是内在统一的。

## 第二节　孟子民本思想与社会主义生态文明建设

孟子与以往政治家、思想家的重要不同之一是看到了民众的伟大力量及民众在社会、国家中的重要地位,这就是他所首创的民本思想。孟子生活在战乱不断、群雄并峙的战国中期,他基于对当时社会现实的深刻认识,得出了"民为贵、社稷次之、君为轻"的政治历史性结论。孟子还说:"诸侯之宝三:土地、人民、政事。"怎样才能得民心呢?关键在于"保民"。孟子指出:"保民而王,莫之能御也。"不仅要"保民",还要富民、养民。孟子强调:"民之为道也，有恒产者有恒心，无恒产者无恒心。""明君制民之产，必使仰足以事父母，俯足以畜妻子，乐岁终身饱，凶年免于死亡，然后驱而之善，故民之从之也轻！"可见孟子的民本思想具体体现在养民以惠、教民以德两个方面。

### 一、养民以惠

先秦儒家对于"养民"有明确的表述。《论语·公冶长》："其养民也惠，其使民也义"；《荀子·富国》："垂事养民。"《孟子》一书里虽然没有"养民"一词，但《梁惠王章句》篇指出，君王应行仁政，"使民养生丧死无憾"，认为这才是"王道之始也"。这一说法正是典型的"养民"观念，而且贯彻孟子政治哲学与政治伦理思想之始终。

"无恒产而有恒心者，惟士为能。若民，则无恒产，因无恒心。苟无恒心，放辟邪侈，无不为己。及陷于罪，然后从而刑之，是罔民也。焉有仁人在位罔民而可为也？是故明君制民之产，必使仰足以事父母，俯足以畜妻子，乐岁终身饱，凶年免于死亡；然后驱而之善，故民之从之也轻。"孟子明确指出，对于普通民众而言，无恒产则无恒心，要使老百姓知仁义，行孝悌，就必得有"恒产"。而民之恒产如何得，要靠君主施政给予。

孟子的这种养民思想在我们当今得以延续。面对资源约束趋紧、环境污染严重、生态系统退化的严峻形势，必须树立尊重自然、顺应自然、保护自然的生态文明理念，走可持续发展道路。生态文明建设其实就是把可持续发展提升到绿色发展高度，为后人"乘凉"而"种树"，就是不给后人留下遗憾，而是留下更多的生态资产。生态文明建设是中国特色社会主义事业的重要内容。党中央、国务院高度重视，特别是党的十八大以来，以习近平同志为核心的党中央在推进中国特色社会主义伟大事业中，不仅把增强中国特色社会主义文化自信提到统筹推进"五位一体"总体布局。先后出台了一系列重大决策部署，推动生态文明建设取得了重大进展和积极成效。习近平同志在十九大报告中指出，加快生态文明体制改革，建设美丽中国。这也吸取了孟子几千前的智慧。

孟子不仅提出"天""人"和谐、均衡、统一，爱护人和万物的光辉思想，而且提出了维护生态平衡，保护生存环境的一些具体措施。他说："不违农时，谷不可胜食也；数罟（密网）不入洿池，鱼鳖不可胜食也；斧斤以时入山林，

材木不可胜用也。谷与鱼鳖不可胜食，林木不可胜用，是使民养生丧死无憾也。养生丧死无憾，王道之始也。"可见，孟子引导梁惠王推行仁政，维护生态平衡，保护水生动物自然资源。孟子指出作为一个君主，如果不去妨碍耕作收获的农时，粮食就不会短缺；如果不把细密的渔网撒向大湖深池，鱼类水产就不会断绝。如果上山伐木砍树能遵守季节，木材便不会匮乏。古人为了保护江河湖泊中的鱼种繁衍生息，不至灭绝，规定渔网网眼密度不得小于四寸，以维护生态持续发展。古人对于保护山林树木有很多具体措施，明确规定伐木时间。如《周礼·山虞》记载："仲冬斩阳木，仲夏斩阴木。"《礼记·王制》也记载："草木零落，然后入山林。"《逸周书·大聚解》称：夏禹禁止春三月伐木。古人从实践中认识到自然界万物繁衍生息都是有季节性的，春季阳光和暖，万物泛青，是树木生长的有利时期，因此禁止春季伐木。孟子很赞成古人的育林思想，认为只要保护好树木生长，保护好水生动物资源不使枯竭，那么老百姓生活就有保障，死亡能得安葬而无所怨恨，生有保障，死得安葬，老百姓就会安居，这是王道的开端。因此，作为统治者要重视养殖，"五亩之宅，树之以桑，五十者可以衣帛矣。鸡豚狗彘之畜，无失其时，七十者可以食肉矣。百亩之田，勿夺其时，数口之家可以无饥矣。"在五亩的宅院中，种上桑树，年满五十的人便可以穿上丝绵衣服。鸡、狗、猪一类的家禽饲养，不要使其错过繁殖的时机，七十岁上下的老人便能吃上肉食。百亩的土地，不要耽误它的农时，几口人的家庭就不至于挨饿。这里，孟子已将人的衣食生活直接与物产相联系，告诫统治者要广植桑林，以取丝帛；饲养家禽，使之繁衍有时；耕种以时，不误农活。如此，百姓便可以衣食无忧，安居故土，养老以送终。

孟子还主张有计划地种植林木，兼利物类，为我所用。他说："今有场师，舍其梧槚，状其樲棘，则为贱场师焉。"如今有一位园艺师，舍弃他的梧桐、楸树，却保养他的酸枣、荆棘，那大概是个很愚蠢的园艺师吧！孟子认为治理园圃，必须分主次，既要广植林木，又要突出主要，着眼于长远利益，做到有计划，不急功近利，种植一些既能起到保护环境，又能带来一定实用价值的树木，以求丰富生活之所用。孟子在对树木的培育和养护方面，已经注意到了科学性，强调种植、养护树木要遵循规律，不能急于求成。他说："拱把之桐梓，人苟欲生之，皆知所以养之者。"仅有一两把粗的桐树、梓树，人们要想让它成长成参天大树，就应该懂得如何去培养他。如果不去培养，"虽有天下易生之物也，一日曝之，十日寒之，未有能生者也。"即便是天下最容易成活、生长的植物，晒它一天，冻它十天，也不能够成长。孟子认识到事物成长都有其自身的规律性，树木也是一样，必须尊重树木自身生长的规律，注意科学种植和养护，这样才能有效地养殖和栽培。

孟子不仅重视植树造林，而且主张养林、护林，反对滥伐树木，维护生存环境。他以齐国都城郊野的牛山为例，说明山林护养及环境保护的重要性。"牛山之木尝美矣，以其郊于大国也，斧斤伐之，可以为美乎？是其日夜之所息，雨露之所润，非无萌蘖之生焉，牛羊又从而牧之，是以若彼濯濯也。人见其濯濯也，以为未尝有材焉，此岂山之性也哉？……故苟得其养，无物不长；苟失其养，无物不消。"牛山是位于齐国都城临淄郊野的一座山，牛山上的树木曾经是很繁茂的，可是因为它长在大都市的郊野，总遭到斧头的砍伐和牛羊的践踏，这怎么能保持它的茂盛呢？牛山上的树木日夜生长，受雨露滋润，并非不长新枝嫩芽，只是因为总是遭到破坏，所以后来成了光秃秃的荒山。人们见到它光秃秃的景象，还以为它原来就不曾长过成材的树木，难道这是山的本性吗？树木和人一样，如果受到培育，就没有不生长的事物；如果失去培育，也没有不消亡的事物。孟子以牛山的曾经繁茂，自然景色优美，但由于位于都城近郊，护养不好，滥砍滥伐，牛羊咬啃践踏，森林和植被遭到了严重破坏，最终失去了它曾经的美丽，变成了一座光秃秃的荒山。孟子通过对牛山由美变丑演变过程的分析，告诫人们不能对林木滥砍滥伐，甚至听任牛羊践踏，一定要保护植被，使树木能够自然生长，林木茂盛，水土资源好，人们才能欣赏到自然美景，享受到快乐的生活。孟子对那些破坏植被和自然资源的行为很愤恨，严厉地指出，"辟草莱任土地者次之。"对于那些开垦草地，强迫百姓耕种，破坏自然植被，毁坏生态资源的人要判刑，用刑仅次于好战者和怂恿好战者，孟子把爱护自然资源提高到法律层面，主张用法律强制保护植被、地表不致被破坏。孟子提出的这些具体措施，如果得以推行，必将有力地保护植被，维护生态平衡，使人类居住的家园更美丽。

发展与保护相统一的理念主要针对经济发展与环境保护的矛盾和经济社会发展与历史文化遗产保护的矛盾来讲的。我国古代哲人早已认识到不能过度开发利用的。当下，我们更要合理地处理资源保护和开发利用，从"先污染后治理"的发展老路中走出来，践行习近平总书记"绿水青山就是金山银山，

改善生态环境就是发展生产力"的生态文明思想，做到经济发展和生态环境保护并驾齐驱，坚持在发展中保护，在保护中发展。

## 二、教民以德

孟子在谈及"制民之产"之后，往往都会进一步提到对民众的教化问题。因为"民有恒产则有恒心"，恒产是恒心得以养成的基础。他说："今也制民之产，仰不足以事父母，俯不足以畜妻子；乐岁终身苦，凶年不免于死亡。此惟救死而恐不赡，奚暇治礼义哉？"但是，仅仅有恒产似乎并不能直接令民众有恒心，还需要对民众进行系统的教化，这就体现了"养民"之"养"的另一重内涵：对民众进行教养。事实上，这也是孟子强调国君"为民父母"的题中应有之义。

一般情况下，父母之于子女，不仅要保障子女能够吃饱穿暖，开心快乐，同时还要教育子女成人。所以，孟子在反复要求君主"制民之产""与民同乐"时，也一再强调"谨庠序之教，申之以孝悌之义，颁白者不负戴于道路矣"。关于"庠序之教"，孟子曰："设为庠序学校以教之。庠者，养也；校者，教也；序者，射也。夏曰校，殷曰序，周曰庠；学则三代共之，皆所以明人伦也。人伦明于上，小民亲于下。""庠序之教"的目的就是要通过一系列的"教""养"活动让人们"明人伦"，养成仁义之德性，从而彼此相亲相爱，建立起和谐的社会秩序与氛围。而"未有仁而遗其亲者也，未有义而后其君者也"。王者一方面通过自身率先垂范，以仁义之行感染民众，并推行仁义之政使民众"仰足以事父母，俯足以畜妻子，乐岁终身饱，凶年免于死亡"，让"老者衣帛食肉，黎民不饥不寒"，另一方面则通过孝悌礼义之教以"驱而之善"，引导人民向善，人民自然也就能够"亲其上"了。由此可见，制民之产与富而后教是一体相关的，前者为基础与前提，后者是对前者的补充和完善，唯有两者的有机结合，才能构建起一套完整的、具有可操作性的仁政实践体系。

传统似江河之水，又似生命之流。改革开放以来，我国社会主义意识形态建设不断进行新的探索，社会主义核心价值观的形成经历了从"八荣八耻"到"建设社会主义核心价值体系"再到"三个倡导"的提出，并总结成为社会主义核心价值观的24字。这是中国共产党领导的中国政府不断探索教民以德的实践。

## 第三节　孟子修身思想与党的建设

孟子思想特别注重人格和道德的修养，引导人崇尚真、善、美，倡导社会崇尚和谐安定。对于个人，他指出："富贵不能淫，贫贱不能移，威武不能屈，此之谓大丈夫。"孟子认为："古之人，得志，泽加于民，不得志，修身见于世。""穷则独善其身，达则兼善天下。"孟子还强调："养心莫善于寡欲""我知言，我善养吾浩然之气"。孟子传达的是一种做人的道理，他告诫我们：一个人，无论你贫穷还是富贵，都必须要有良好的修养和崇高的人格，否则将难以"见于世"。这一思想对于加强党的建设具有重要的指导意义。

十八大以来，老虎要打，苍蝇也要拍，落马的官员无论大小，归根结底都存在信念缺失、道德思想不规范的现象。早在20世纪中叶，毛泽东同志曾说："治国等同于治吏，礼义廉耻是国之四维，缺失礼义廉耻以后，国将不国。"

### 一、加强诚信建设

孟子曰："居下位而不获于上，民不可得而治也；获于上有道：不信于友，弗获于上矣；信于友有道：事亲弗悦，弗信于友矣；悦亲有道：反身不诚，不悦于亲矣；诚身有道：不明乎善，不诚其身矣。是故诚者，天之道也；思诚者，人之道也。至诚而不动者，未之有也；不诚，未有能动者也。"意思是说，做官得不到君主信任，是不能治理好民政的；得到君主信任有办法：不被朋友信任，就不能得到君主信任。所以说，真诚是天定的法则，追求真诚是人生的法则。极为真诚而别人不感动，从没有过；不真诚，也不可能感动别人。这段话好像绕了个大圈子，但出发点和落脚点依然是讲做人要真诚，要诚实、诚信，这是一切成功的前提。

党的十九大报告指出："推进诚信建设和志愿服务制度化，强化社会责任意识、规则意识、奉献意识。"新时代干部选拔任用的原则和干部队伍建设基本要求，广大的党员干部要在新时代有新作风新作为，必将"诚信"作为立身之本。诚信即诚实守信用，是个人基本修养，也是一个人道德品质的根基。《礼

记·中庸》记载:"诚者天之道也,诚之者人之道也。"将求诚以达到合乎诚的境界作为为人之道,是古人追索的道德境界。在今天诚信更是关系着一个人学习、生活、工作和人际的交往和社会的融入,一个人不讲诚信,将无法在社会上立足,人民群众给不讲诚信的人挂上了"老赖"的外号,一些部门和行业开出了专治"老赖"的"药方",例如:手机彩铃、墙体刷字、禁止乘坐交通工具等等。虽然,在社会掀起的浪潮沸沸扬扬,褒贬不一,但无疑都会给不讲诚信的人们敲响警钟。我国正处在全面深化改革的关键时期,社会上的一些不良风气和"一切向钱看"等扭曲的价值观充斥弥漫在社会上,也对公务员造成了一定的影响。但是公务员作为国家的公职人员,担负着执行落实各项政策,为公众服务,在广大的群众眼里,就是党和政府的"代言人",如果视诚信为无物、随意妄为、言不顾行、空话大话、避实就虚,败坏的是党和政府的形象、公信力,百姓将对党和政府产生疑问,给党和国家带来无法估计的损害,甚至动摇党的执政根基。

2018年,习近平总书记在辽宁考察时强调"领导干部要把深入改进作风与加强党性修养结合起来,自觉讲诚信、懂规矩、守纪律,襟怀坦白、言行一致、心存敬畏、手握戒尺,对党忠诚老实,对群众忠诚老实"。在实施伟大征程、进行伟大斗争的新时代,公务员要将"诚信"作为立身之本,树牢"四个意识",坚定"四个自信",做到心有所畏、言有所戒、行有所止;始终把人民放在最高位置,模范践行党的群众路线,不断提升自身诚信履职意识,构建一个诚实守信、履约践诺的社会氛围,推进诚信社会的建设。

## 二、注重道义

孟子曰:"生,亦我所欲也;义,亦我所欲也,二者不可得兼,舍生而取义者也。"意思是说,当生命和道义两者不能同时得到,需要面临选择的时候,我宁愿舍弃生命而选择道义。新中国成立前,革命先烈们为了实现中华民族的独立和解放,为了我们今天的幸福生活,他们不惜抛头颅、洒热血,赴汤蹈火、舍生取义,矢志不渝,用宝贵的青春和热血,谱写了可歌可泣的壮丽诗篇,立下了不朽的功勋。今天的党员领导干部,要学习先烈们不怕流血牺牲的革命精神,明确自己的使命和责任。"穷则独善其身,达则兼济天下。"不得志时就洁身自好,修养个人品德,得志显达之时就要造福天下百姓。身处今天的和平环境中,"舍生取义"虽不像先前的义士、烈士那般气壮山河,但始终把国家利益、集体利益放在首位,关键时刻舍小家、保大家,充分发挥党员先锋模范作用,以十二分的工作热情投入到实现中华民族伟大复兴的"中国梦"的伟大事业中,实现自己的人生价值。

### 三、善于反思

在孟子的修身思想中,还有很重要的一点,那就是"反求诸己",也就是凡事多开展自我批评,多从自己身上找原因。孟子是这样表达的:"爱人不亲,反其仁;治人不治,反其智;礼人不答,反其敬——行有不得者皆反求诸己,其身正而天下归之。"意思就是:"我爱别人,但是别人不亲近我,那得反问自己,我的仁爱还不够吗?我管理别人,可是没管好,那得反问自己,我的智慧和知识还不够吗?我有礼貌地对待别人,可是得不到相应的回答,那得反问自己,我的恭敬还不够吗?任何行为如果没得到预期的效果都要反躬自责,自己的确端正了,天下的人自会归向他。"经常反思自己是一种智慧,也是一种理性的表现,反思有助于吸取教训,纠正错误。孔子说:"躬自厚而薄责于人,则远怨矣";曾子提出"吾日三省吾身",孟子提出"行有不得,反求诸己"。批评和自我批评,是我们党的三大作风之一。我们党多次开展整党、整风等党内教育活动,通过批评与自我批评,"红红脸、出出汗",实现了党员干部的自我净化、自我完善、自我革新和自我提高。

### 四、遏制贪欲

孟子认为"养心莫善于寡欲"。因为欲望的发展是没有限度的。若欲望无限膨胀,就可能失去理智。领导干部一旦陷入庸俗浅薄、过度放纵欲望的泥潭之中,被贪欲所侵蚀,被情欲所玷污,被物欲所左右,被权欲所控制,被色欲所征服,自然就会引出祸端。贪欲是腐败高发的源泉。古往今来贪欲不知毁掉了多少人的功名事业,不知使多少人身败名裂。"贪如水,不遏则滔天;欲如火,不遏则自焚。"所以,只有"寡欲",自觉地对欲望进行理性的节制,让纯洁的品德永驻心灵的殿堂,才能不被欲所困、所累、所苦、所害,从而达到养心之目的。

江西是革命老区,为革命胜利作出了巨大牺牲,老百姓对党有着深厚、

真挚的感情，无论任何时候、什么情况下都没有动摇过。但是，苏荣到江西后的恶劣行径极大地伤害了老区人民的心，影响了党在人民心中的形象。苏荣及其家族形成了以卖官鬻爵、违规用人为依托，以插手项目为渠道，以假反腐为掩盖的敛财手法。苏荣在"忏悔录"中写道："我算了一下，副厅级以上干部给我送钱款和贵重物品的人数达40多人。我破坏了党的优良传统和规矩，严重违反了组织人事纪律，涉嫌受贿犯罪，真是悔恨交加、后悔莫及，现在说这一切都晚了。"综观苏荣全案，卖官鬻爵，用人唯财唯亲唯顺，搞团团伙伙，排斥异己，既是他严重违反政治纪律和政治规矩的突出表现，也为其亲属到处插手人事安排和经济活动"一路绿灯"、非法获取巨利创造了条件。但这些行为的背后还是他自己遏制不住的贪欲。孟子的修身思想，传达的是一种做人的道理，他告诫我们：一个人，无论你贫穷还是富贵，都必须有良好的修养和崇高的人格，否则将难以"见于世"。这一思想对于我们党政干部加强党性修养、永葆先进性同样具有借鉴意义。

## 五、广交良友

关于交友，孟子有很多精辟的论述。但综合起来看，不外乎这样几点：交朋友要以品德相交，自身的修养是交到好朋友的前提；好的君子朋友，能引你翱翔于天空，潜游于四海，坏的小人朋友，可能引你走入地狱而万劫不复；只有靠人格和品德的魅力交到的朋友才是真朋友；交友而想到双方地位的差距便不是真正的朋友了；朋友不是朋党，应该是诤友、知音，应该互相砥砺，共同进步。《孟子·万章下》中有这样一句话："不挟长，不挟贵，不挟兄弟而友。友也者，友其德也，不可以有挟也。"意思是说交朋友不倚仗年龄大，不倚仗地位高，不倚仗兄弟的富贵。所谓交友，是同他的品德交朋友，是不可以有所倚仗的。孟子和万章经常谈论交朋友的问题。有一次，孟子说："一乡之善士斯友一乡之善士，一国之善士，斯友一国之善士，天下之善士斯友天下之善士。"意思是说，优秀人物喜欢和优秀人物交朋友。这和我们现在经常讲的"物以类聚，人以群分"意思差不多。从朋友的身上可以照见自己的影子。

## 六、勇于担当

修身立世，还要有担当。孟子说："如欲平治天下，当今之世，舍我其谁也？"

民族英雄林则徐在国家民族利益遭受威胁的紧要关头，挺起胸膛，承担起了抗击外来侵略的重任，他领导的禁烟运动的胜利，展示出了中华民族反对外来侵略的决心，维护了中华民族的尊严和利益。"虎门销烟"是中国近代史上反对帝国主义的重要史例，也是人类历史上旷古未有的壮举。这是"苟利国家生死以，岂因祸福避趋之"的担当精神。面对国破家亡，文天祥写下了流传千古的爱国名篇《过零丁洋》，以气势磅礴和悲壮深沉的笔触抒发了他的爱国主义情怀。尤其是"人生自古谁无死，留取丹心照汗青"，更是写出了诗人要以赤诚的爱国之心来彪炳千秋的担当精神。"故天将降大任于斯人也，必先苦其心志，劳其筋骨，饿其体肤，空乏其身，行拂乱其所为，所以，动心忍性，曾益其所不能。"作为一名党员领导干部，要有大胸怀，勇于担当，处变不惊，树立正确的世界观和价值观。不论遭受多大的挫折，遇到多大的问题，领导干部都要恪守解放思想、服务群众、推动发展的坚定信念；敢于承担受挫的压力和言论，不怕吃苦，经受住苦与累的考验，以俭为荣，以苦为乐，把全部精力用在工作上，不求名利，不慕名利，把人生的价值体现在为人民服务的工作中。

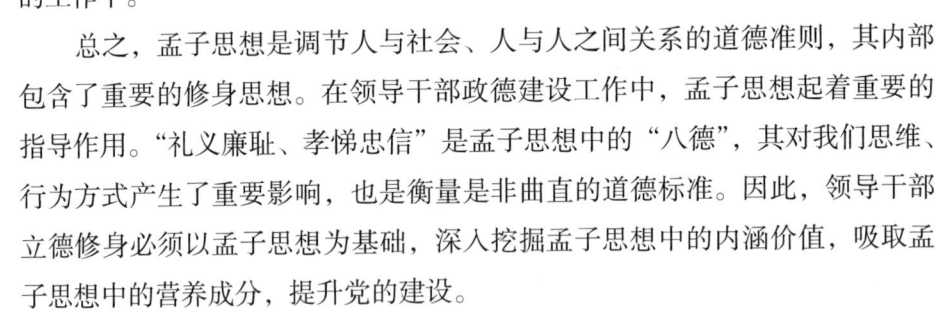

　　总之，孟子思想是调节人与社会、人与人之间关系的道德准则，其内部包含了重要的修身思想。在领导干部政德建设工作中，孟子思想起着重要的指导作用。"礼义廉耻、孝悌忠信"是孟子思想中的"八德"，其对我们思维、行为方式产生了重要影响，也是衡量是非曲直的道德标准。因此，领导干部立德修身必须以孟子思想为基础，深入挖掘孟子思想中的内涵价值，吸取孟子思想中的营养成分，提升党的建设。

# 第十二讲 孟子与当代大学生

习近平总书记指出:"优秀传统文化是一个国家、一个民族传承和发展的根本,如果丢掉了,就割断了精神命脉。"

"天下之本在国,国之本在家,家之本在身"(《孟子·离娄上》),孟子认为天下的基础是国,国的基础是家,家的基础则是每个人自身,这其实是告诉我们天下和国、国和家之间的关系,这对我们每个人尤其是处于人生黄金时期的大学生群体,在修身、处世、做人等方方面面都非常有教育意义。

# 第一节 "反身以诚"与大学生诚信意识

"诚信"自古以来就是中华民族传统伦理道德的标准之一，作为社会主义道德文明建设的重要内容，被列入社会主义核心价值观。"诚"作为我国传统文化的重要道德内容，历代的思想家和教育家都给予其极高的重视。孟子曰："诚者，天之道也；思诚者，人之道也。"又说："万物皆备于我，反身而诚，乐莫大焉。"可见孟子将诚信视为做人的根本，作为人保持"善端"的体现。孟子认为如果一个人在"善"的基础上想要达到仁德的境界，那么对其诚信度的提升会促使这个人的道德行为达到崇高的道德境界，反之则整个道德体系都会动摇。

当今，我们所讲的"诚信"一词属道德范畴，是人与人之间建立良好关系的一个重要表现，它更加注重对人内在的道德素质的修养，并要求将内在的道德修养付之于道德实践，进而促使两者的结合。"诚信"一词之所以在当前世界范围内被强烈呼吁，是因为它作为社会的灵魂不仅是个人修身立命之本，也是个体生命得以延续的重要支撑。"诚"在一个人的社会道德实践中有十分重要的意义，孟子说的"反身以诚"对当代大学生诚信品质的养成有现实的借鉴意义。

当代大学生群体中，同学之间彼此的经济条件难免有所差别，新生来学校报道的时候，有的家长开着豪车送孩子来上学，有的领着孩子坐几天卧铺一路颠簸而来，有的一家三口坐着飞机来报道，家庭经济背景有差异，父母工作有差别，有的孩子生活优越，还有一部分学生则生活窘迫。这个时候如果太看重物质条件之间的差异，做不到以诚待己，久而久之，产生了消极的心理，更有甚者怨天尤人，好高骛远，盲目攀比，常常违背了内心最真实的部分。尤其是现在的"校园贷"巨坑，就是利用大学生的攀比心理，只要和这个东西沾边，没有一个不是惨淡收场。2019年8月，深圳市民姜先生的儿子，刚刚读了一年大学，就因为校园贷不堪承受压力，在和父亲通话后，从10楼跳下身亡。2019年7月，海口24岁的女大学生同样是因为欠了25万元的贷

款无力偿还，将自己反锁在房间里烧炭自杀。南京的大学生小张也是校园贷的受害者，他是为了买一台3000多元的电脑而涉足校园贷的，但不到两个月时间内，他的借款金额就翻了1倍，不到4个月，还款金额已经到了2万元。这时候的小张已经无力偿还，只能在校园贷的路上越走越远，最终，小张的家人朋友先后帮他还了将近50万元才把这窟窿堵上。校园贷最普遍的情况就是提前消费种下的恶果。而提前消费对大学生群体有相当大的吸引力，自控能力差的学生非常容易掉进这个陷阱。

另外，还有一些大学生完全无视诚信，考试舞弊，弄虚作假，为了一己私利做出违背社会主义价值的非道德行为。有调查结果显示：有3.5%的大学生考试经常作弊，有41.9%的大学生偶尔有过一两次作弊，有20.9%的学生想过，但是不敢，有33.7%的学生从来没有过。同时，有47.7%的学生发现自己身边的很多同学有作弊行为，有50.0%的学生发现自己身边的同学有偶尔作弊行为——这样的数据让我们触目惊心。考试本是检查学生学习效果、考察学生学习能力和水平的一种手段，具有权威性、严肃性、真实性及公平性，而目前高校大学生考试作弊现象普遍呈现上升趋势，使考试失去了其原有价值和意义，"作弊"这一令小学生都备感羞耻的词汇在当代大学生之间却成了公开的秘密，对此，我们不能不感到深深的悲哀。社会心理学的理论认为：态度是个人依据自己的观念体系，对某一现象所持有的较稳定的评价与内在行为倾向。态度不是行为，但行为却以态度为先导。根据这一观点，高校大学生考试作弊的行为，就应该与他们对考试作弊的态度有密切的关系。

大学生考试作弊严重败坏学校的学风，使自己荒废学业，葬送一生。考试作弊则是对良好学风的污染和败坏，是对学校正面教育的亵渎与践踏。这与教育工作者要精心营造的校园文化氛围和学习风气背道而驰，是对学校良好校风和学风的严重污染与破坏。大学生考试作弊养成学生的冒险和侥幸心理，使自己怀疑自己能力，养成投机取巧的习惯，增长了惰性。虚荣心一天天膨胀，美丽的背后隐藏着丑陋。在学校践踏学校管理规范，走出校门后就可能漠视法纪法规，乃至以身试法。侥幸"成功"则可能为将来走向社会后在更广阔的领域采取不正当手段竞争、投机、欺诈乃至犯罪埋下隐患。大学生考试作弊破坏了公平竞争的规则，在走向社会后就可能去践踏竞争规则以便在竞争中获胜或避免被淘汰，在越来越完善的市场竞争规则之下破坏公平竞争规则将是越来越不可想象的，投机、作弊行为在丧失个人诚信的同时，也将失去竞争与发展的机会。

此外在整个作弊过程学生都承受着巨大的心理压力，考试作弊的过程与结果对作弊者身心的危害是不可小视的。我在读大学时有位同学，第一学期的时候期末考试有门课程，她本来准备得很充分，但因为想考得更好、想拿奖学金，选择了作弊，被老师抓住。毕业时她对我说整整三年多时光，心头都好似压了一块石头，悔恨得不得了。如果当时能够对自己真诚些，坦然面对可能拿不到奖学金的自己，就不会背负这么大的压力。可见对己、对他人不真诚的表现都严重阻碍了当代大学生道德人格健康发展的进程。

"万物皆备于我矣，反身而诚，乐莫大焉。"（《孟子·尽心上》）在孟子看来，成就道德的一切根据我都具有，遇事只要逆向反求这个根据，听从它的命令，不欺骗它，就可以得到一种快乐，而且是最高级的快乐。这里的"乐"字大有讲究。它显然不是指利欲之乐，也不是指认知之乐，而是指道德之乐。道德之乐是经过主观努力，反身而诚，服从良心要求后内心的满足。我将这种对道德之乐的解释称为"满足说"。所谓满足说，是指道德之乐是满足了自身道德要求之后内心的一种满足感。按照这种解释，道德之乐或道德幸福并不神秘，就发生在成德过程的每时每刻，是人们满足自身成德要求之后的切身感受。道德之乐可分为两种情况。在一般情况下，只要"反身而诚"就可以成就道德，从而体验道德之乐了。在特殊情况下，则必须经历艰难险阻，克服重重困难。这方面颜渊是一个很好的例子。"颜子当乱世，居于陋巷，一箪食，一瓢饮；人不堪其忧，颜子不改其乐，孔子贤之。"（《孟子·离娄下》）颜渊物质生活条件不好，吃得很差，住得很差，外人都认为是苦，他却不改其乐。这就说明，恶劣的条件，坎坷的路途，并不是一种享受，但对完善道德而言却是不可避免的，经过一种转折也可以成为一种乐、一种幸福。因为这种幸福必须经过一种转折，绕个弯子，所以层面更高，吸引力更大，也更为人们重视。孟子将"诚信"视为人的一种自我约束，认为对"诚"的追求是做人的基本道理，而"信"则是最起码的为人原则。孟子的"反身以诚"主要体现在以诚待己和以诚待人两个方面，以诚待己不仅是对自己高度责任的体现，同时也是以诚待人的前提条件。"反身以诚"如果能渗透当代大学生的学习和生活中，积极引导大学生从客观实际出发，客观地对待生活，真诚待己，诚

信待人，促使大学生用诚信来感化他人，用真实行动来回报社会，积极铸造一个诚信友爱的良好氛围。

## 第二节　推己及人与大学生利他精神

孔子的"己所不欲，勿施于人"是儒家在表述这一原则时的普遍说法。孟子在孔子"推己及人"的思想上，更加侧重对爱心的推广，主张个人要把自己对亲人的情感推及对其他人中，提倡人们在社会交往中要拥有"推己及人"的利他精神。孟子曰："老吾老以及人之老，幼吾幼以及人之幼。"意指尊敬自己家人长辈的同时也要敬爱别人家的长辈，疼爱自己家孩子的同时要兼顾别人家的孩子。这是一种充满人文关怀又先进的意识，没有将义和爱局限于家庭这样一个很小的范围内。"推己及人"思想是孟子理想人格的最高境界，也是实现和谐人际关系的重要之道。

同时孟子也指出："爱人者人恒爱之，敬人者人恒敬之。"孟子认为只有在互敬互爱的交往模式中，才能达到人际关系的融洽和谐。孟子在阐述"推己及人"这一基本道德原则时，首先强调人与人之间的交往应该学会换位思考，凡事须站在别人的角度加以考虑，学会用自己的心里去揣测他人的心思，将心比心，不苛求他人，设身处地地为别人着想。其次，孟子推崇反躬自问的做人准则，认为他人对你的态度取决于你如何对待他人，因而，想要让他人怎样对你，首先你就应怎样去对待他人。孟子强调为人处世之中，彼此间互助互信的关系是处理人际关系的重要法则。再次，孟子主张在做好换位思考与反躬自问的同时，须进一步做到"己欲立而立人，己欲达而达人"。即想要自己站得稳也要帮助别人站得稳，自己想要万事通也要帮助别人事事行得通。孟子主张应不断地增加人们的道德约束力，消除人与人之间的交往障碍，真正地做到己立、立人、己达、达人。

随着当代社会政治经济的快速发展，社会关系在日趋错综复杂的同时，人与人之间的交往也变得越来越密切，大学生群体作为社会主义现代化建设的主要力量，如何培养其良好的人际关系显得尤为重要。当代的大学生大多为00或10后的独生子女,他们中很多人初心是好的,但因为成长过程中没有兄弟姐妹的陪伴,不懂得如何与他人分享。甚至很多孩子在上大学之前,都是拥有独立的卧室,从未与几个人同吃同住一间狭小的宿舍,导致部分学生在步入大学以后,难以适应集体生活,不能很好地处理同学之间的作息时间、生活习惯、性格差异等方面的矛盾。久而久之,要么人际关系变得冷漠,性格也变得内向封闭,这在无形之中阻碍了大学生们身心健康的发展。甚至会因为矛盾的激化,引发恶性校园事件。

2015年12月9日,备受社会关注的"复旦大学医学院学生投毒案"的林森浩,被最高人民法院下发核准死刑的裁定书,12月11日下午,上海市二中院遵照最高人民法院院长签发的执行死刑命令。一起喧嚣了两年半的校园投毒案,终于以死亡的结局尘埃落定,但对两个家庭不可磨灭的影响相信谁也没法真切理解。只因为在学习生活过程中的矛盾,林森浩作为一名医学生,不仅没有治病救人,反而运用所学知识投毒杀害同窗之人。林森浩在辩护律师眼里性格太直,情智太低,处世不成熟,用斯伟江的话来说,"缺少人文滋养"。事发之前,他看过的人文书籍只有区区三本,《红楼梦》《围城》和《论语》。在理科的世界里,当时那个26岁的情绪并不稳健、人格也不平衡的男生,并不知如何在世俗世界里处理好人际关系,他认为的"玩笑"、恶作剧,夺去了一个年轻的生命,而他也付出生命的代价来偿债。

因此,当代大学生的道德人格教育中要借鉴孟子"推己及人"的德育思想,培养大学生利他精神。在具体实施工作中,首先积极引导当代大学生以爱己之心来对待周围的人和事,在处事之前用自己的感受去体会别人的感受,用自己的处境去想象别人的处境,设身处地地站在别人的立场看问题,不断培养大学生理解他人与帮助他人的良好道德品质。著名犯罪心理学专家李玫瑾教授在某次接受采访中就举过几个案例,证明有时候用自己的处境想象别人的处境心存理解和善念,甚至能救自己的命。再次,在社会交往中,大学生要养成助人为乐的良好品行,努力提高自身的道德素养,最终促使推己及人与利他精神的高尚情怀上升到对国家的热爱之情,不辜负这个新时代赋予他们肩头的历史责任。

## 第三节　舍生取义与大学生正确价值观的养成

孔子曰:"志士仁人,无求生以害仁,有杀身以成仁。"孔子认为仁人志士不要为了苟活而去做损坏仁德的事情,为了保全仁德,必要时应牺牲自己的生命。孟子继承并发挥了孔子"取义成仁"的思想,特别强调义的重要性,认为"生,亦我所欲也,义,亦我所欲也;二者不可得兼,舍生而取义者也"。

"舍生取义"是孟子价值观中仁义至上、道德至上精神的最高境界。自古舍生取义的美谈很多。晚清戊戌变法失败后,谭嗣同原本可以出走逃亡,然而他说历来各国变法都要有人流血牺牲,那么中国自我开始吧,昂然就义,留下"我自横刀向天笑,去留肝胆两昆仑"的绝命诗。

孟子坚信一个人的道德和节操比生命更加重要,当生命和道德发生冲突时,一个人的选择是判定其人生价值的根本依据。孟子认为如果人们都把"利"作为个人行动的目标,不仅会加速个人私欲的膨胀,破坏人伦关系,甚至还会危害社会秩序和国家的稳定。由此只有舍己为公、舍生取义的人才能彰显其人生价值,实现人生的辉煌。

2009年10月,面对江水中挣扎的少年,长江大学10多名"90后"大学生舍生忘死,手拉着手,搭起一张令人肃然起敬的"生命之梯"。两名少年得救了,陈及时、何东旭、方招3名年仅19岁的大学生却献出了宝贵的生命。早在上世纪80年代,24岁的第四军医大学学员张华为救69岁的淘粪老农不幸牺牲,"该不该救""值不值得"曾引起社会广泛争议。其实无论哪个年代,在救人的英雄看来,值与不值从来都不成其为一个问题,"只要有百分之一的希望,就要尽百分之百的努力。"因为生命无价,责任无价,良知永恒。从舍身救人的张华,到广东韶关为救一名少女牺牲的4名男子,再到长江大学的英雄群体,一个个动人事例说明,在生与死的紧要关头,哪有值与不值的斤斤考量?深深植根心底的良知,是刻不容缓的责任与担当,在惊心动魄的一瞬间迸发出无穷的勇气和力量,化成他们不约而同的一致行动,这个行动就是舍生取义。

当然，孟子在重视个人群体价值与社会价值的同时也不否认人的个体价值，孟子指出适当的物质利益是人进行生存的必要条件，每个人都有追求"利"的需求，合理地去追求适度的利是可以享有的。同时，孟子将个人能否处理好私欲的问题看成是对其道德评价的唯一标准。孟子认为"利"起源于人本身固有的生理欲望，而"义"则来源于人的本性良知，人之所以区别于动物在于人在追求"利"的同时还受道德准则的约束。由此可见，孟子强调的重义轻利集中体现的是一个人的人生价值观，而培养个人"大丈夫"的品质正需要舍生取义、不卑躬屈膝，并将道义视为生命之上的坚韧品质。孟子"舍生取义"的实质是主张个体要为国家民族和人民的大义而牺牲个人的小利。这不仅培养出一代又一代为国家事业而勇于奉献的英雄楷模，同时为树立当代大学生社会主义核心价值观提供了有力的思想保障。孟子"舍生取义"的道德观念体现的是重视对人气节的培养，在当今可幻化为坚持正义、以义成德、勇于奉献的高尚情操。孟子强调"义"与"利"的对立关系，更加突显"义"的重要意义，这同我们当代所说的正确处理个人利益和集体利益的关系问题有异曲同工之妙。孟子主张无论是国与国还是人与人之间，都应讲义弃利，而这对当代大学生传承中华民族的优良品格有积极的指导意义。

当代大学生肩负着振兴中华民族的历史重任，他们能否树立正确的义利观，不仅关系到当代大学生自身民族品格的形成，还关系中华民族坚忍不拔精神品质的传承与发扬。受当前市场经济的负面影响，当代的部分大学生在价值取向上存在错误的偏差，他们往往不能处理好"义"和"利"之间的取舍问题，因此，继承和发扬孟子"舍生取义"的利义观有助于当代大学生正确价值观的树立。"舍生取义"作为高尚的道德法则，它时刻提醒大学生们学会关心和尊重他人的正当利益。当私欲和道德法则发生冲突时，它指引当代大学生不为一己私利而背叛道德法规；当面临生命和道义两难抉择时，它提醒当代大学生应保持人格的尊严，必要之时舍生取义，全力捍卫国家和人民的正当利益。

## 第四节　耻感教育与大学生良好心态的建立

所谓的"耻感"是指个体对自我过错所产生的痛苦的、内疚的体验。"耻感作为自己的行为与内化为自身的社会价值观念和道德观念产生差距或发生冲突时所产生的痛苦体验的心理机制。"

它在个体的自我评价活动中所形成，能够促使人们明确地分辨对错、善恶与美丑。从"耻感"的产生与发展来看，《孟子·公孙丑上》说道："无羞恶之心，非人也。"孟子认为耻感来源于人的羞恶心，有耻感的人往往能够自己正视自己的错误，进而加以弥补。同时，孟子也提及："人不可以无耻，无耻之耻，无耻矣。"

换言之，人应该有羞耻之心，并且强调对于应该感到耻辱的事情而不觉得耻辱，才是真正意义上的不知羞耻。由此可知，孟子将知耻看成是人的基本道德素养和保持自身道德人格完整的前提条件，对于可耻的行为没有感触，或任由其放纵才是最无耻的行为。

从"耻感"的道德意义上来看，道德上的耻感是指道德观念与个体的行为发生冲突时，个体由此产生自责内疚的情感。孟子认为："耻之于人大矣，为机变之巧者，无所用耻焉。不耻不若人，何若人有？"意指"羞耻之心"对于个体来说是极为重要的，一个人敢于承认自己不如别人并向别人看齐，才能不断地改进自己，而善于玩弄诡计的人是不知羞耻的。孟子所提倡的耻感教育能够促进人们加强自我独立反省的能力，同时也深深影响着当代大学生的心态。

2015年12月8日，"大连交通大学唐老师致所有学生的一封信"在网上流传，信是通过投影仪放出的。信中称，教《软件工程实践》课的唐老师接到一名女学生的电话，对方请求他接受钱款以便让其及格，在接到电话的那一刻唐老师无比愤怒。在信中，唐老师怒斥学生不要拿钱践踏他的尊严。唐老师在信中表达着他的愤怒，围观者从这愤怒中感受着一丝欣慰，欣慰于唐老师恪守了为师者的底线。"我有我的原则,你把钱甩给我,你把我当什么了"？

恪守为师之道，怒斥学生混乱的是非观，不该是唐老师一个人的原则。说白了，这是为师者的底线，也是做人的底线。更值得探讨的是，这名学生"送钱求及格"的底气从何而来。这些年，高校的学风问题一直是舆论场里的热门话题。高校学风好坏，从大学课堂日新月异的"点名术"便可窥见一斑。从雷达点名、拍照签到到电脑摇号、扫码上课，课堂"点名术"更新换代，只为保证学生的出勤率。大学里，学生逃课的情况较为普遍，而且有越来越严重的趋势，老师的"拴"与学生的"逃"不断博弈，这其中固然有课程设置不合理、老师讲课枯燥无味等因素，但学生的个人选择恐怕是更为主观的因素。对于那些对各种门类、各种气质、各种层次的信息都有天然的好奇和敏感的人来说，大概是舍不得逃课的，因为他们有求知的欲望。可是，求知欲似乎已成很多高校学子的奢侈品，"不求高分但求及格"的散漫学风在不少高校存在。很难相信，"送钱求及格"的学生，是学习刻苦的学生。若进一步剖析"不求高分但求及格"的心理动因，恐怕又与我们长期浸染的教育环境有关。中学时埋头苦读废寝忘食，多半是为了考上大学，至于考上大学之后要干什么，很少有学生会认真考虑。有时候甚至连老师都会说，"坚持坚持，等上了大学你们就可以轻松了"。所以，很多学生从踏进大学的那一刻起，便真的放松了。再加上长期以来形成的"严进宽出"模式，进一步放纵了学生。平时混日子，考试搞突击，60分万岁，真挂科了就千方百计求老师放一条生路，这在高校应当并不鲜见。唐老师信中"送钱求及格"的刺眼之处在于，学生对"送钱"这种举动毫无耻感，"用钱摆平一切"的畸形价值观似已形成。按说，年轻学子应当自觉抵制社会陋习，但实际上一些大学生已将这些陋习或潜规则带入校园生活，并成为自己与他人的交往方式、立身社会的生存法则，这才是真正可怕的。

  因此，在当代大学生道德人格教育中，要侧重于对大学生群体荣誉与逆境中的自我体验教育，将耻感教育与见贤思齐的优良品行渗透大学生的学习和实践活动中。

## 第五节　反求诸己与大学生自我批评意识的形成

孔子曰："君子求诸己，小人求诸人。"即君子凡事要求自己，小人要求别人。孟子对孔子的这一理论进行总结并提出"行有不得者，皆反求诸己，其身正而天下归之"。主张凡事首先要反躬自问，严于律己。孟子认为："仁者如射，射者正己而后发，发而不中，不怨胜己者，反求诸己而已也。"意指人的道德修养如同射箭一样，在放箭之前必须端正姿势，如没有射中，不要嫉妒和怨恨他人，而要反躬自问，从自身内部找原因。在孟子看来，一个人保持先天的"善端"既不是出于任何非道德的目的也不是迫于任何外部舆论的压力，而恰恰是完全从理性自觉的高度来看待道德修养问题，而"反求诸己"作为修身养性的重要方法，正是提升个人自觉性的重要体现。与此同时，孟子进一步肯定了只要具有高度的自觉性，并能充分地发挥个人的主观能动力，任何人都能够达成"善"的崇高道德境界。可见，孟子"反求诸己"的思想有其合理性，它能够有效地激发大学生的主观能动性，在培养大学生的自觉能力上具有普遍性的现实意义。

孟子"反求诸己"的修养方法具有浓厚的理论思辨色彩，同时也蕴含着积极的社会功效，是难得珍贵的个人修养方法，也是当代大学生道德人格修养的行为指南。在经济快速发展、文化多元化的当今，"反求诸己"对当代大学生不断地开展自我批评教育以及树立良好的道德人格都具有积极的现实意义。孟子从"改过迁善"和"自我反省"两个方面来阐述"反求诸己"这一修身方法。在孟子看来，"改过迁善"是个人对自己行为及时作出调整的必要途径。《左传·宣公二年》中说："人非圣贤，孰能无过；过而能改，善莫大焉。"意在说明人总会有过错，关键在于能否勇于承认和改正错误。从"自我反省"角度来分析，外在的约束对人和事物不能起到根本的作用，只有自身高度的自觉性才能从根本上来约束自己。而"反求诸己"能够取消心里的杂念，找到自身的不足。孟子所强调的这种自我批评的能力不仅有助于个人修身能力的提升，在当今的和谐社会主义建设中也具有非常重要的价值。个人是处在集体中的个人，如果遇事单从别人身上找原因，那么这个集体也将会成为散沙。因此，在当代大学生的日常人际交往中，遇事应先检讨自己，关键在于行动。行动的第一要素，就是反省。严于律己，宽以待人，凡事多做点自我批评，这总是好的。肯反省的人生，无非是多问几个为什么。不是问别人，而是问自己。不是求原谅，而是自我检点。可检点的地方很多。很多时候，是不是自己先关上了一扇门，封闭了自己？求同存异，哪里有那么多不共戴天？三观不同，各喝各的茶，无须统一。百花齐放，允许别人发表意见，兼听则明，多听听没坏处。行动的第二要素，就是改变。屡教不改，把自己封闭起来，要不得。先列出可改变的条目，继而制定行动方案，越细越好，不求大，关键在于能落实。一天保证做一件实事，做到有所改变、有所突破、有所积累。从自身做起，从身边事做起。多主动一点，多做一点。既来之，则安之。不抱怨、不等待。心无旁骛，做点喜欢的事，做点有意义的事，就好了。第三是实事求是。做做就迷茫了，就忘了初心了，核心是往往不能实事求是了，不能合理地评价自己。实事求是，不是墙头草，而是及时根据环境情况调整战术，不忘初心、实事求是，方得始终。办法总比问题多，尽管问题也是层出不穷，只要肯反求诸己，肯行动起来，没啥大不了的。

总之，当代大学生在开展自我批评教育中要借鉴孟子"反求诸己"的修身方法，不断反思其在仁、义、礼、智等方面的得失，分别从自身的思想意识、情感态度、言行等各个方面去反省与剖析自己。同时也要懂得尊重他人，理解他人与宽恕他人，力图在道德实践中培养高尚的道德情操，及时杜绝和遏制自身不合道德规范的想法，从而提升个人的道德修养。

## 第六节　孟子生命观与大学生生命教育

知名学者冯建军教授认为，"人是双重生命的存在，既具有和动物共有的种生命，又具有自己独特的类生命"，人首先是自然界的一部分，是自然的存在物；然后人是人自身的自然存在物，衣食等生理机能都带有属人性；最后人还是未特定化的生物体，具有未特定化、可塑性。因其所处时代背景的影响，

孟子对生命具有了前所未有的认识，形成了他的生命观，成为一个伟大的人道主义者。

孟子面见齐宣王时，孟子问齐宣王最大的愿望是什么，"为肥甘不足于口欤？轻暖不足于体欤？抑为采色不足视于目欤"（《孟子·梁惠王上》），由此可以看出，孟子肯定了人的生存发展需要基本的饱暖衣食，肯定了这些满足人生命基本运转的物质资料的合理地位，为此孟子提出了通过君王施行仁政保障百姓生命真实存在的基础措施，即制民之产。

孟子主张人性善，人天生具有良知良能，人自然而然地应该敬畏生命、珍惜生命、重视死亡，孟子认为这是人性所固有的应然表现。孟子对生命的珍惜爱护以及对生命的死亡重视，是按照"亲亲而仁民，仁民而爱物"（《孟子·尽心上》）的爱的等差次序表现出来的，这种爱的等差次序是指爱有等差、爱有次序、爱有轻重、爱有缓急，这是孟子思想区别于杨朱为我、墨翟兼爱的核心所在。

孟子认为人也应当对世间万物的生命保持爱护、敬畏之心，达到普遍意义上的敬畏生命的境界，孟子在觐见齐宣王时说齐宣王以羊换牛的原因是"君子之于禽兽也，见其生，不忍见其死；闻其声，不忍食其肉"（《孟子·梁惠王上》），这与"仲尼曰：'始作俑者，其无后乎'"（《孟子·梁惠王上》）所表达的珍爱生命、敬畏生命、保障基本的生命权的思想是一致的。

在生与死二者哪个更为重要的问题上，孔孟更为重生，但这并非表明他们忽视了死亡，孟子认为死亡是一次性的，不可重复的，人死了就不能复生，所以对待死亡一定要重视。对于至亲的死亡，孟子认为"养生不足以当大事，惟送死可以当大事"（《孟子·离娄下》），对于至亲的死亡，为人子女应当竭尽自己的心意、孝心，在合乎当时法制的前提下，不以棺木太过华美为然；对待其他亲人的死亡，孟子认为嫂嫂掉到水里而不去救她，这种行为是豺狼行径，所以当亲人的生命面临死亡的威胁时，人应当打破礼法，施以援手，救生命于危难，这表现了孟子对亲人死亡的重视，生命重于礼法的观点。这在封建社会是非常难得的观点。

孟子认为杀害别人亲人的后果非常严重，一个人杀了别人的父亲，别人也会想杀了那个人的父亲，一个人杀了别人的兄长，别人也会想杀了那个人的兄长，虽然不是那个人自己杀了自己的父亲和兄长，但结果其实差不多，因为一个人对于"我"来说可能是陌生人，但他终究会是某些人的父亲或兄长亲人，在此体现了孟子对陌生人生命死亡的重视。

于个体生命来说，孟子认为看见小孩落井，生命有危险，人应当及时搭救，于群体生命来说，孟子寄希望于君王施行仁政，"不嗜杀人者能一之"（《孟子·梁惠王上》），不喜欢杀害人的生命的国君能统一天下，同时孟子反对战争、反对杀戮，认为善战者应当受到最重的刑罚，因为善战者每争夺一块土地，每争夺一座城池，都要以付出遍地生命为代价。

孟子珍爱生命，敬畏生命，却也不回避死亡，反而相当重视死亡。"先秦儒家追求死而不朽"，孟子的死而不朽即"尽其道而死者，正命也"（《孟子·尽心上》），孟子认为为了人间正道竭尽全力而死是人的正命，"儒家把'得其正而死'看做善终"；在孟子看来，为了实现人间向善的天下大义，必要时刻可以"舍生而取义者也"（《孟子·告子上》），他认为在有些时刻，道义比生命更重要；但须注意的是"可以死，可以无死，死伤勇"（《孟子·离娄下》），这说明了在可以选择不死的情况下，孟子对生命的珍惜。

2004年云南大学发生轰动一时的马加爵案件，他在云大宿舍连杀四人。作案后从昆明火车站出逃，被公安部列为A级通缉犯。昆明中院在审理此案时，既体现了"稳、准、狠"打击的原则，又注重保护了被告人合法权益。一审法院准许了对马加爵的精神状态进行了鉴定，并综合各种因素认定，马加爵没有精神方面问题，其作案计划周密、步骤清晰、犯意坚决，且自首情节不成立，不具有任何法定从轻、减轻或免除处罚情节。根据对马加爵的数次采访和披露的案件信息，能看到他扭曲的心理，犯罪心理学教授李玫瑾奔赴云南，专门为马加爵设计了心理问卷，做了心理测试，之后写出了上万字的《马加爵犯罪心理分析报告》。报告指出，真正决定马加爵犯罪的心理问题，是他强烈、压抑的情绪特点，是他扭曲的人生观，还有"自我中心"的性格缺陷。马加爵案发生之后，许多社会公众，包括一些媒体，对马加爵表现出了同情，把其杀人动机归结于他的贫困、他因为贫困而受到的"歧视"，和因此而对社会产生的仇恨。甚至认为，这是当前社会矛盾和不公平的结果，社会应对此悲剧负主要责任，对马加爵的量刑应予从宽。李教授的报告对这种观点进行了反驳：如果马加爵真的因为贫困和受歧视而杀人，那么他报复的对象，应该是那些凭借自身富有而对其付诸了歧视行为的人。但事实是，受害

者多数是跟他一样家境贫寒的同学，甚至包括他最要好的朋友、身边对他最友善的人之一。李教授的这一驳论是成立的。马加爵的杀人行为，与贫穷无关、与歧视无关，应该对此血案负责的，不是社会而是马加爵本人。而现行的法律，也没有任何条文规定，在犯下此种罪行后，仅仅因为贫穷就可以减轻处罚。但对李教授报告中的主要结论，即马加爵的杀人行为，源于他"自我中心"的性格缺陷，我完全不能苟同。首先，自我中心不是什么性格缺陷，而是一种自然状态。自私，也就是谋求自身利益最大化的经济人理性，是人的本能，也是现代社会的基石。正如亚当·斯密所言，我们之所以能享受到他人提供的各种产品和服务，不是因为他们无私的慷慨，而是因为他们可以从中牟取利益。

其次，即使我们真的希望不以自我为中心，而以他人为中心，我们也无法做到。人的价值观是各不相同的，对于任何一个"他人"，什么对他有利，什么对他不利，只有他自己才知道。因此我们无权为他人做出自以为能为其谋取幸福的行为，除非获得他的认可，而我们获得他人认可的前提，必须是这个人本身以自我为中心。在我看来，促成马加爵杀人的心理特征，不是什么自我中心的缺陷，而是他对生命的漠视。据传马加爵拒绝了好几位律师提供的免费辩护，原因很简单，他现在只求一死。许多人将这评价为良知的觉醒，而在我看来，这恰好说明了他对生命——包括自己的生命——的轻贱。

人对于生命的敬畏，对于悲剧的恻隐，并非与生俱来，亦非千人一面。后天所受的教育、话语系统的感染至关重要。如果孩子们从小喝的是"狼奶"，道德课上讲述的不是宽容，而是斗争，历史书上充斥的是歼敌多少万人的丰功伟绩，电视屏幕上活跃的是杀人不眨眼的英雄好汉，他们的慈悲之心从何而来？《孟子》七篇中，从头到尾蕴含着孟子对生命的敬畏、尊重、珍爱，是加强大学生生命观教育的重要资源。

总而言之，"大学之道，在明明德，在亲民，在止于至善"。当代大学生要努力学习传统文化，认真领悟植根于实践的中华优秀传统文化思想精髓，深入挖掘温润而隽永的中华优秀传统文化人文精神要旨，延续中华民族的文化基因和精神命脉。

# 后 记

我读《孟子》，常见孟子跃然纸上，有抱负、有才华、有气魄、有个性，深深为之折服。

党的十八大以来，习近平总书记在多个场合反复强调文化自信的重要性。走进书店，尤其是高铁、机场等地的书店，最先看到的是一排励志类书籍，美国的卡耐基、日本的青木仁志等等。我常想，孟子在两千多年前就写下了"故天将降大任于斯人也，必先苦其心志，劳其筋骨，饿其体肤，空乏其身，行拂乱其所为，所以动心忍性，曾益其所不能"的励志语录，这是何等的了不起！读《孟子》，足以让我们立志和励志，拥有更健全的常识、更优质的品德，更好地应对人生的起起落落。

感谢项目课题组，感谢各位领导同事，让我有机会将这些年来读《孟子》的一点点感悟付梓出版。

沈薇

2019 年 10 月于江西南昌